4年

実力アップ
漢字練習ノート

特別（とくべつ）ふろく

教科書の順（じゅん）に練習できる！

光村図書版
完全準拠

年	組	名前

「漢字練習ノート」はとりはずして使用できます。

もくじ

漢字練習ノート

光村図書版 国語 4年

この本の使い方

- ✪教科書に出てくる漢字を、単(たん)元ごとに練習しましょう。
- ✪４年生で学習する漢字202字を、全て出題しています。
- ✪全ての漢字を、正しく書けるようになれば、合格(かく)です。

白いぼうし
図書館の達人になろう

第1回　/20問

☆ □に漢字をかきましょう。〔　〕には、漢字とひらがなをかきましょう。（☆は、新しい漢字のべつの読み方です。）

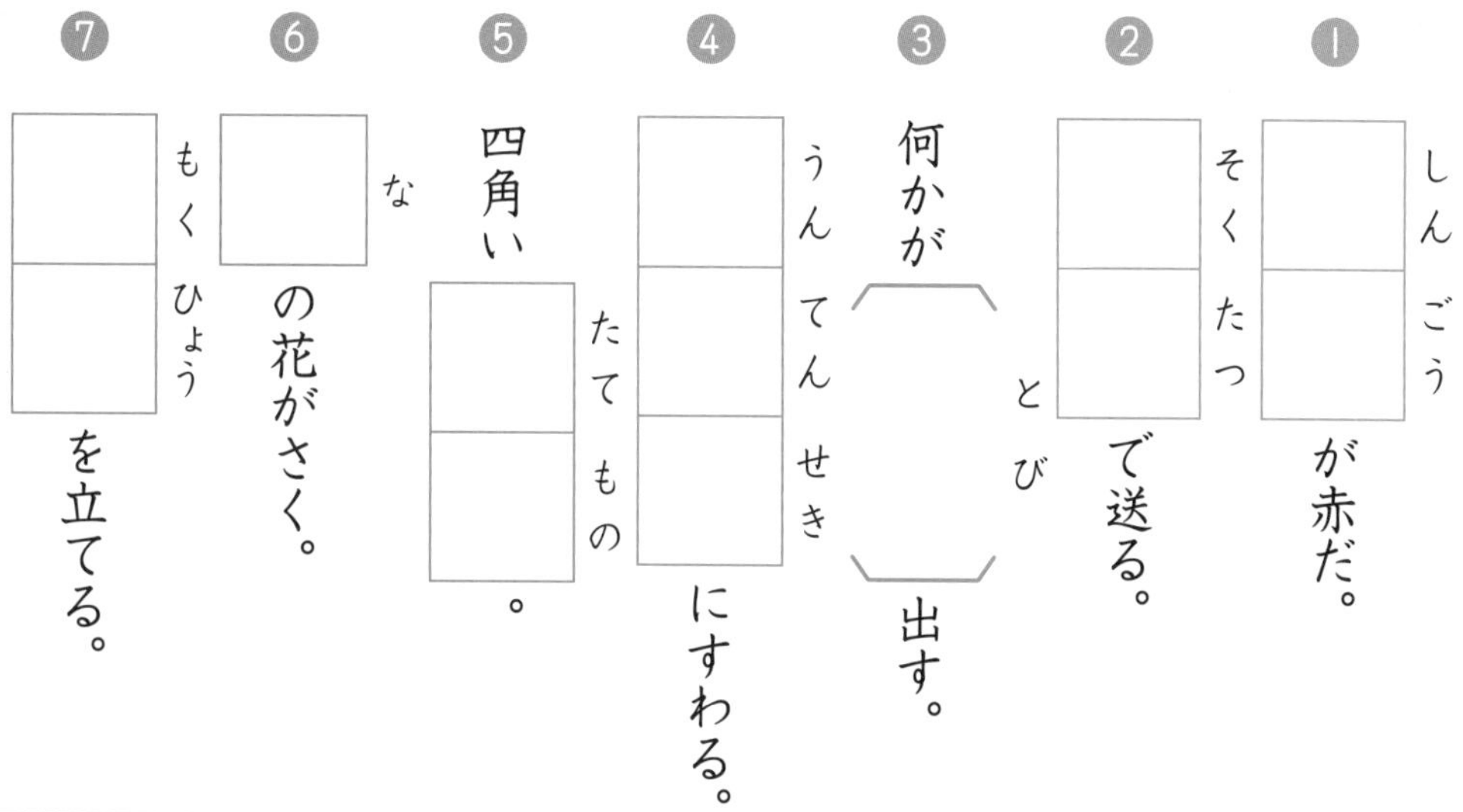

白いぼうし

① □□（しんごう）が赤だ。

② □□（そくたつ）で送る。

③ 何かが〔　　〕（とび）出す。

④ □□□（うんてんせき）にすわる。

⑤ 四角い□□（たてもの）。

⑥ □（な）の花がさく。

⑦ □□（もくひょう）を立てる。

⑧ □（れい）を挙（あ）げる。

⑨ □□（ともだち）の考え。

⑩☆ □□（やさい）を育てる。

⑪☆ 花びらを雪に〔　　〕（たとえる）。

図書館の達人になろう

⑫ 本をさがす□□（ほうほう）。

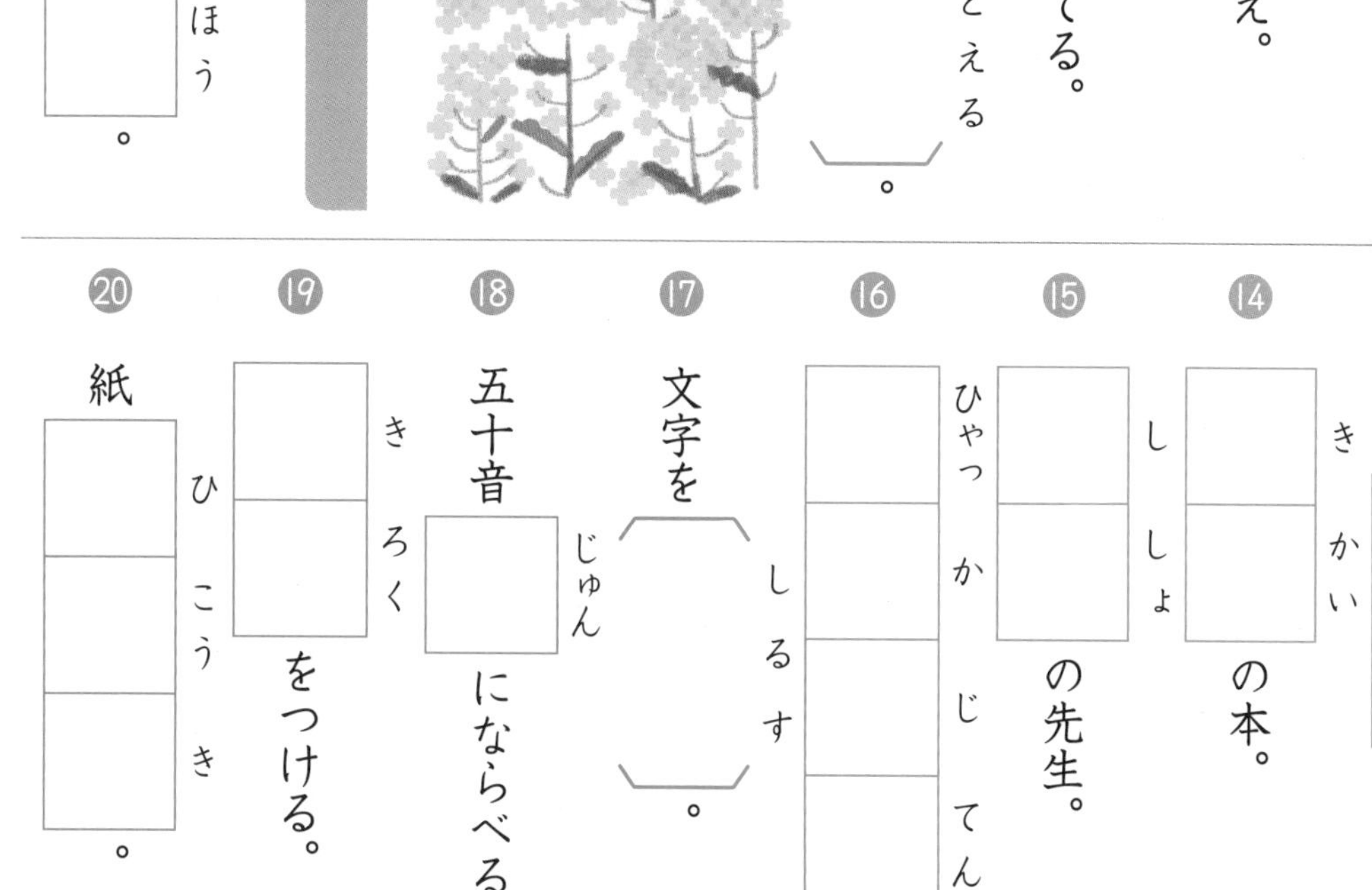

⑬ 本の□□（ぶんるい）。

⑭ □□（きかい）の本。

⑮ □□（ししょ）の先生。

⑯ □□□□（ひゃっかじてん）。

⑰ 文字を〔　　〕（しるす）。

⑱ 五十音□（じゅん）にならべる。

⑲ □□（きろく）をつける。

⑳ 紙□□□（ひこうき）。

漢字辞典を使おう

第2回 /22問

☆ □に漢字をかきましょう。〔 〕には、漢字とひらがなをかきましょう。（☆は、新しい漢字のべつの読み方です。）

1 漢字□□（じてん）を使う。
2 漢字の〔 〕（なり）立ち。
3 □□（かくすう）が少ない。
4 □□（おんくん）さくいん。
5 漢字の□□（ぶしゅ）。
6 形のうえでの□□（めじるし）。
7 □□□□（とうざいなんぼく）。
8 〔 〕（しずか）に話を聞く。

9 古いお□（やしろ）がある。
10 母の□□□（あいどくしょ）。
11 □□（さくや）の出来事。
12 生活の□（もと）を正す。
13 やさしい□□（せいねん）。
14 □（しろ）を見学する。
15 緑の美しい□□（しょか）。
16 山の上から見る□□（ふうけい）。

17 羊の〔 〕（むれ）。
18 □□（かいが）のてんらん会。 
19☆ 子どもが□□（せいちょう）する。
20☆ □□□（じょうかまち）を歩く。
21☆ □□（はつゆき）がふる。
22☆ 〔 〕（はじめて）飛行機に乗る。

●勉強した日　月　日

きせつの言葉１　春の楽しみ 聞き取りメモのくふう カンジーはかせの都道府県の旅１ (1)

第３回　/19問

□に漢字を書きましょう。〔　〕には、漢字とひらがなを書きましょう。（☆は、新しい漢字のべつの読み方です。）

きせつの言葉１

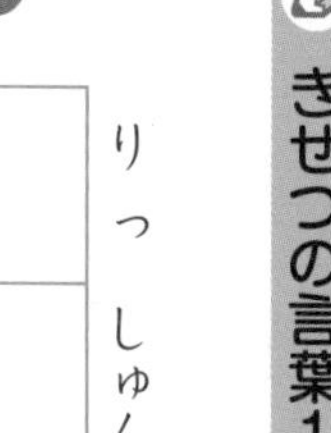

❶ □□（りっしゅん）をむかえる。

聞き取りメモのくふう

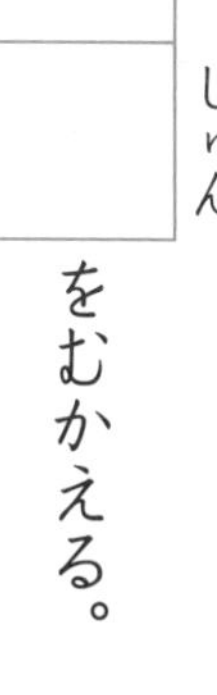

❷ □□（ひつよう）な言葉。

❸ □□（もくてき）に合わせる。

❹ 記号を〔　　〕（もちいる）。

❺☆ 夜は〔　　〕（かならず）歯をみがく。

❻☆ 矢が□（まと）に当たる。

カンジーはかせの都道府県の旅１ (1)

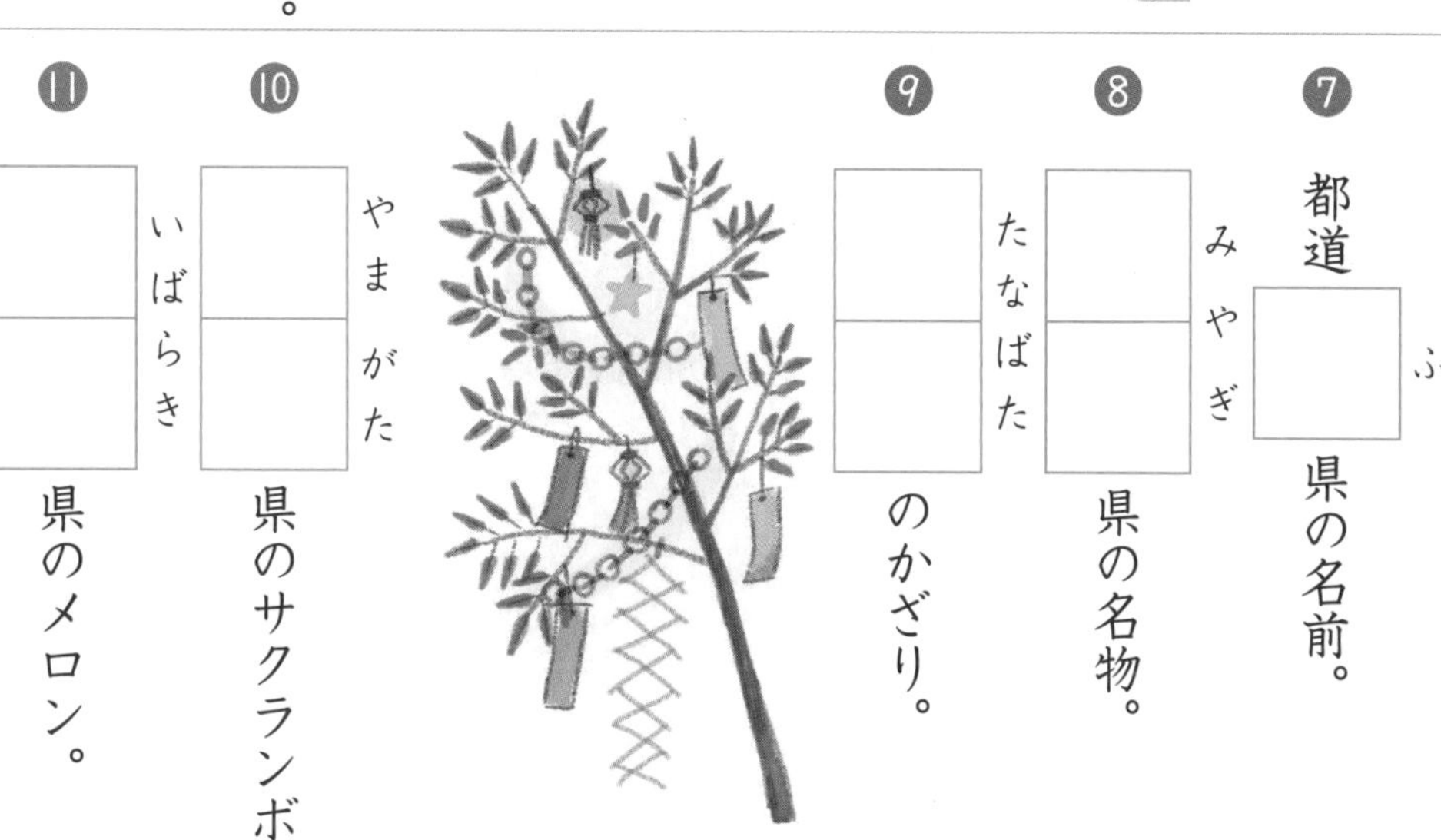

❼ 都道□（ふ）県の名前。

❽ □□（みやぎ）県の名物。

❾ □□（たなばた）のかざり。

❿ □□（やまがた）県のサクランボ。

⓫ □□（いばらき）県のメロン。

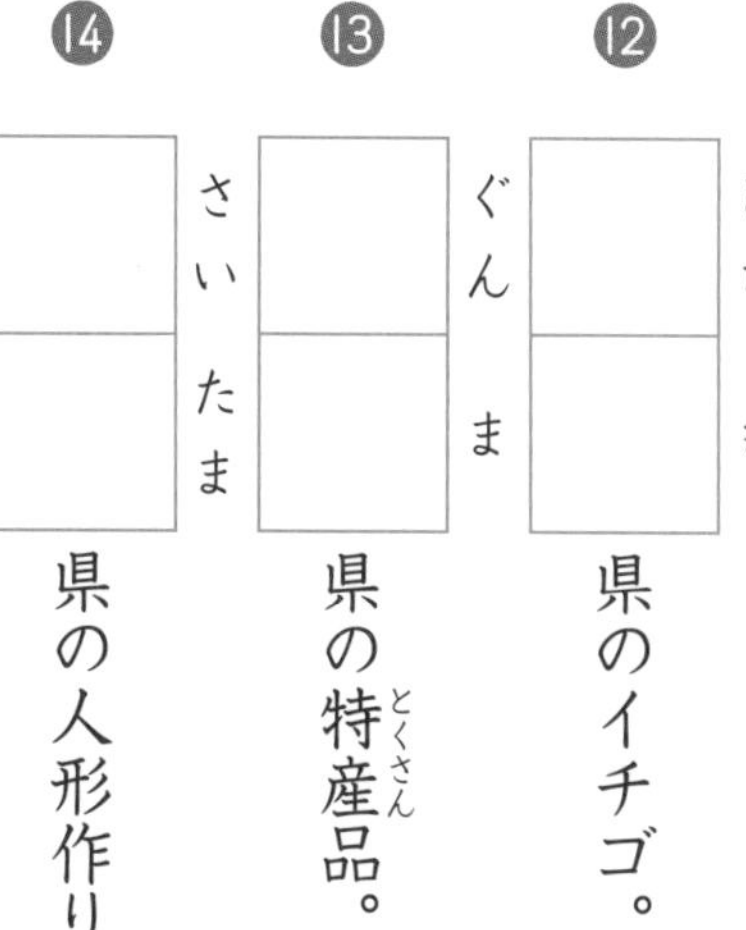

⓬ □□（とちぎ）県のイチゴ。

⓭ □□（ぐんま）県の特産品（とくさん）。

⓮ □□（さいたま）県の人形作り。

⓯ □□（じんこう）が多い。

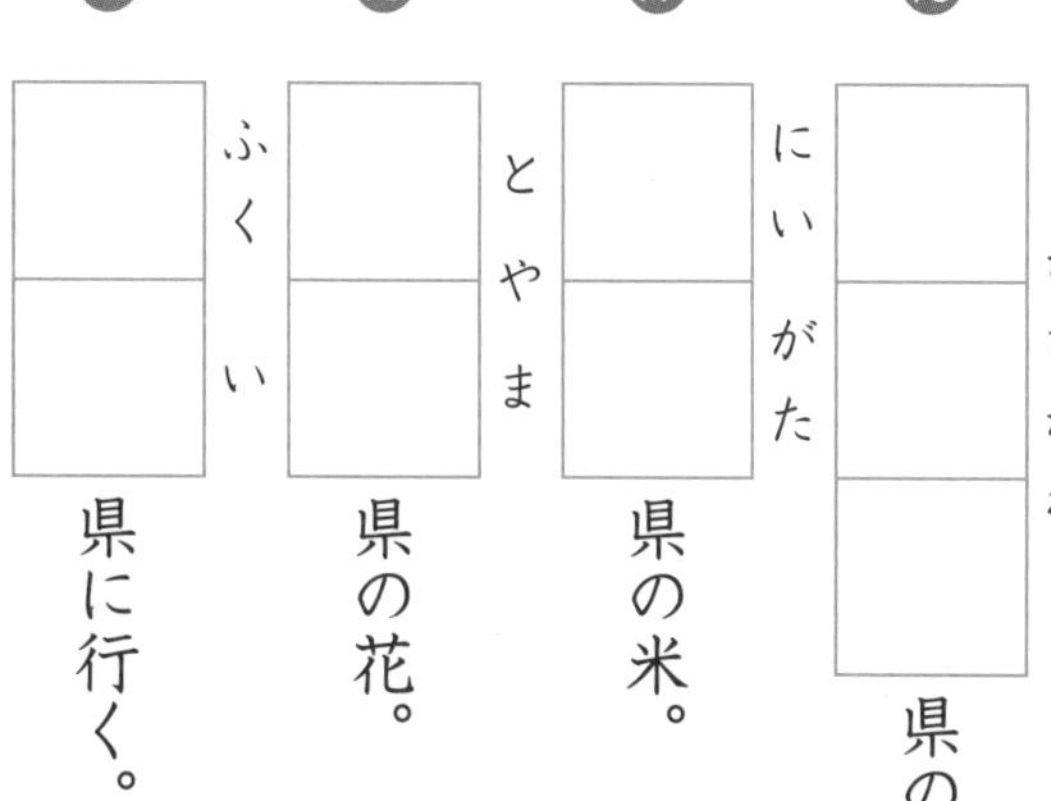

⓰ □□□（かながわ）県の港。

⓱ □□（にいがた）県の米。

⓲ □□（とやま）県の花。

⓳ □□（ふくい）県に行く。

カンジーはかせの都道府県の旅1 (2)
漢字の広場① 3年生で習った漢字

第4回

/20問

☆ □に漢字を書きましょう。〔 〕には、漢字とひらがなを書きましょう。（☆は、新しい漢字のべつの読み方です。）

カンジーはかせの都道府県の旅1 (2)

1. □（やまなし）県のブドウ。
2. キノコの生産（さん）□（りょう）。
3. □（ぎふ）県の名物。
4. □（しずおか）県のお茶。
5. ☆ 体重を〔はかる〕。

漢字の広場①

6. 遠くに□（しま）が見える。
7. 船が□（みなと）に向かう。
8. お□（みや）に参（まい）る。

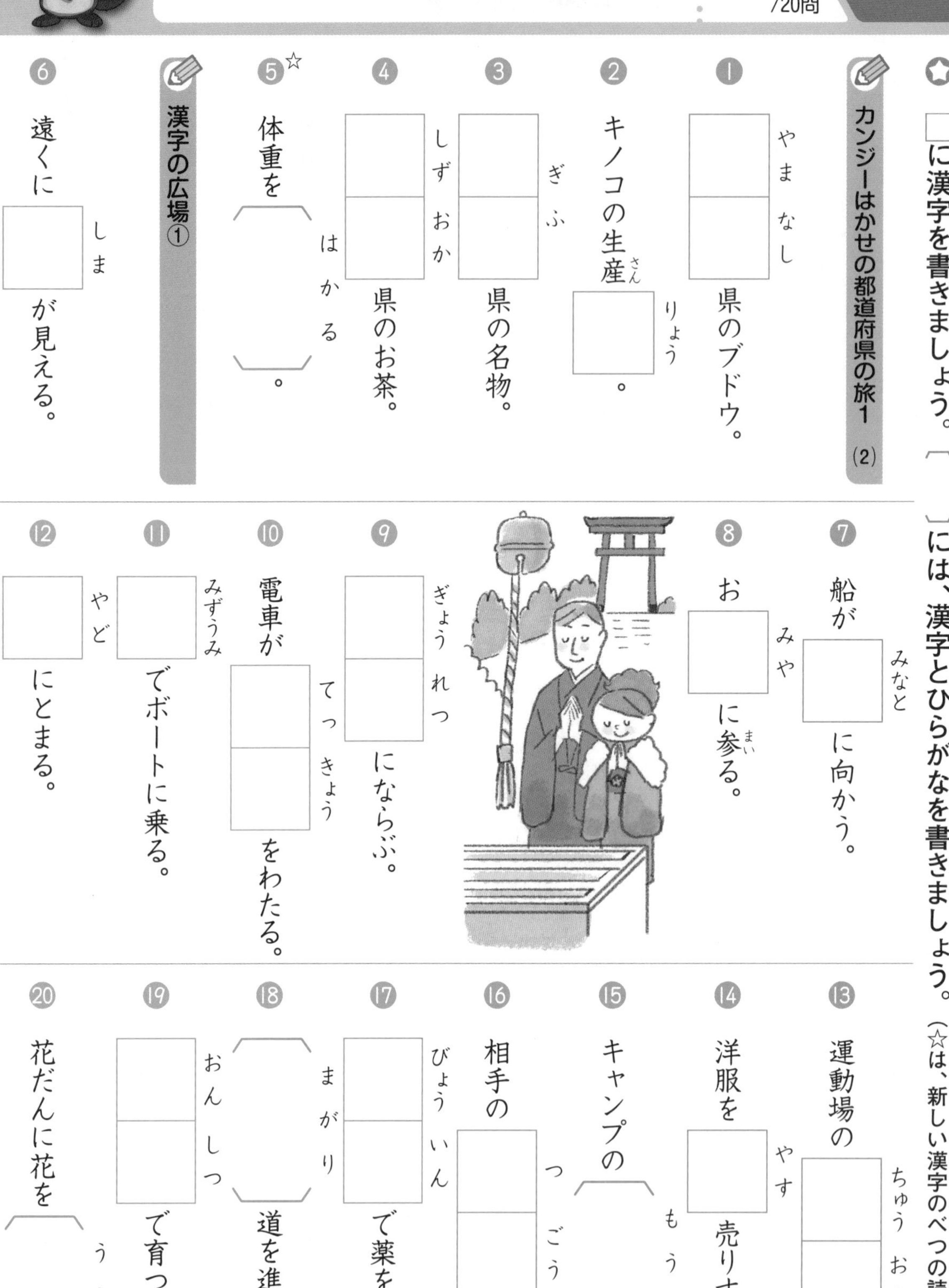

9. □（ぎょうれつ）にならぶ。
10. 電車が□（てっきょう）をわたる。
11. □（みずうみ）でボートに乗る。
12. □（やど）にとまる。
13. 運動場の□（ちゅうおう）。
14. 洋服を□（やす）売りする。
15. キャンプの〔もうし〕こみ。
16. 相手の□（つごう）をきく。
17. □（びょういん）で薬をもらう。
18. 〔まがり〕道を進む。
19. □（おんしつ）で育つ野菜。
20. 花だんに花を〔うえる〕。

[練習]思いやりのデザイン アップとルーズで伝える

/20問 第5回

☆ □に漢字を書きましょう。〔 〕には、漢字とひらがなを書きましょう。（☆は、新しい漢字のべつの読み方です。）

[練習]思いやりのデザイン

1 たくさんの人に〔つたえる〕。

2 □□□（あんないず）を作る。

3 使い方の□□□（せつめいず）。

4 見える□□（けしき）。

5 □□（めいあん）がうかぶ。

6 □□（しょうせつ）を読む。

7☆ ふしぎな□□（でんせつ）。

アップとルーズで伝える

8 サッカーの□□（しあい）。

9 □□（こうはん）が始まる。

10 両チームの□□（せんしゅ）。

11 □□□（かんきゃくせき）にすわる。

12 □（はた）をふる。

13 □□（しょうり）をよろこぶ。

14 新聞の□□（しゅざい）。

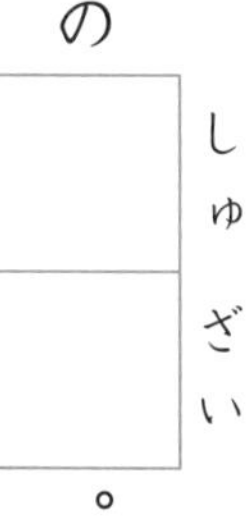

15 文と文の□□（かんけい）。

16☆ 発表を〔こころみる〕。

17☆ すきな服を〔えらぶ〕。

18☆ □□（きしゅ）をつとめる。

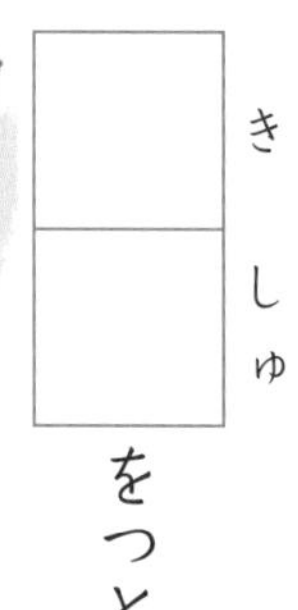

19☆ 子どもと〔かかわる〕仕事。

20☆ □□（せきしょ）のあった場所。

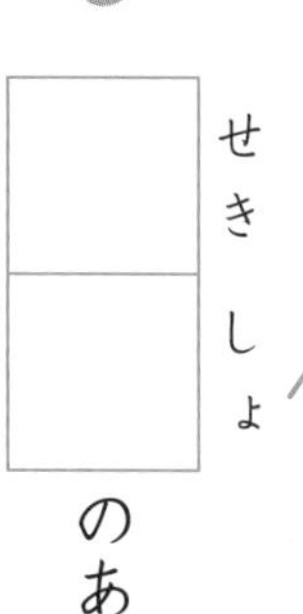

お礼の気持ちを伝えよう 漢字の広場②　3年生で習った漢字

第6回

/20問

☆ □に漢字を書きましょう。〔 〕には、漢字とひらがなを書きましょう。（☆は、新しい漢字のべつの読み方です。）

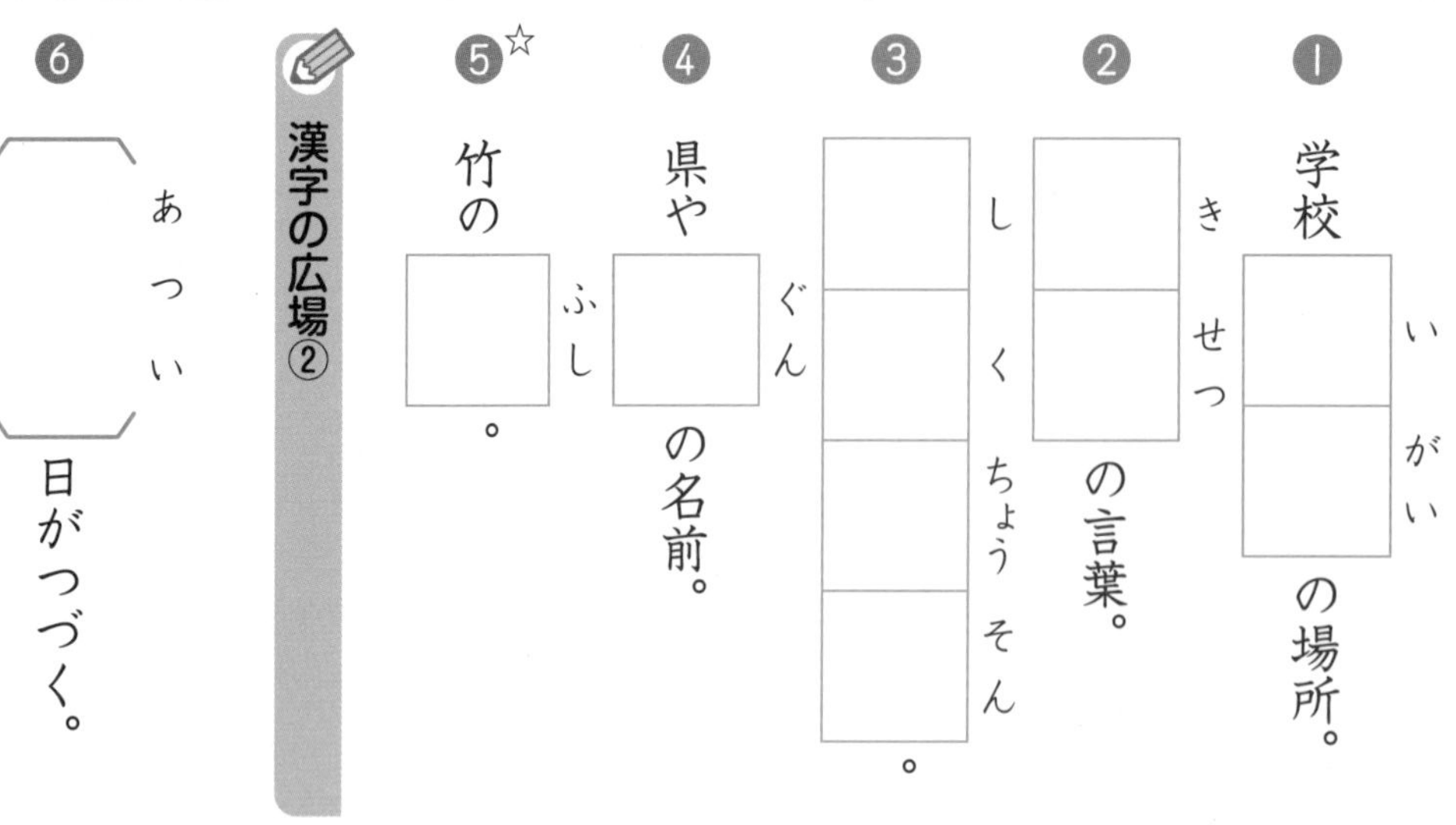

お礼の気持ちを伝えよう

1 学校□□（いがい）の場所。

2 □□（きせつ）の言葉。

3 □□□□（しくちょうそん）。

4 県や□（ぐん）の名前。

5☆ 竹の□（ふし）。

漢字の広場②

6 〔　　〕（あつい）日がつづく。

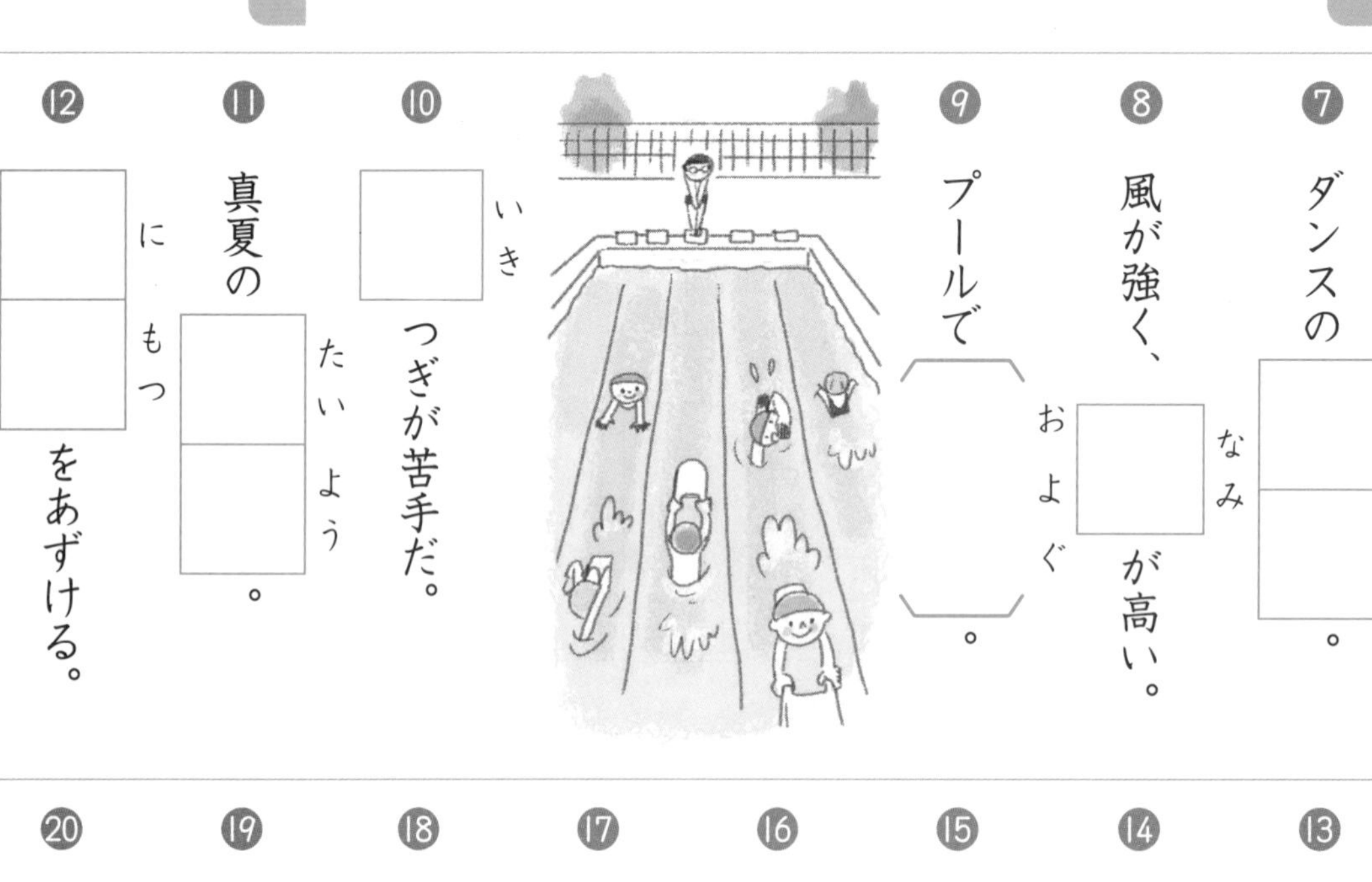

7 ダンスの□□（れんしゅう）。

8 風が強く、□（およ）が高い。

9 プールで〔　　〕（およぐ）。

10 □（いき）つぎが苦手だ。

11 真夏の□□（たいよう）。

12 □□（にもつ）をあずける。

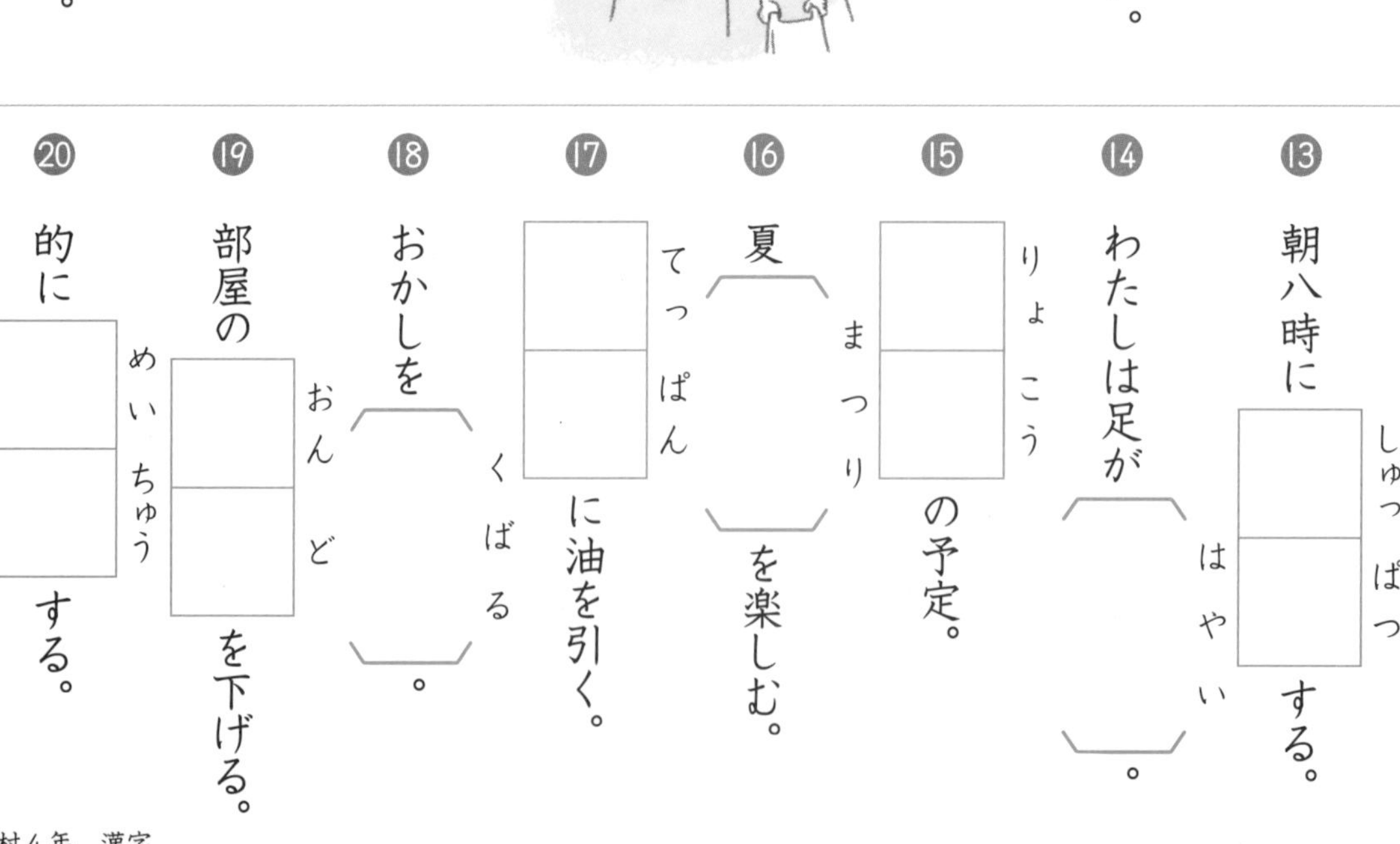

13 朝八時に□□（しゅっぱつ）する。

14 わたしは足が〔　　〕（はやい）。

15 □□（りょこう）の予定。

16 夏〔　　〕（まつり）を楽しむ。

17 □□（てっぱん）に油を引く。

18 おかしを〔　　〕（くばる）。

19 部屋の□□（おんど）を下げる。

20 的に□□（めいちゅう）する。

●勉強した日　月　日

一つの花

第7回

/20問

☆ □に漢字を書きましょう。〔　〕には、漢字とひらがなを書きましょう。（☆は、新しい漢字のべつの読み方です。）

① □□（せんそう）がはげしい。
② □□（はいきゅう）のおいもや豆。
③ ご□（はん）をほしがる。
④ 防空（ぼう）□（ず）巾（きん）をかぶる。
⑤ □□（ほうたい）や薬。
⑥ 〔　〕（なき）顔を見せる。

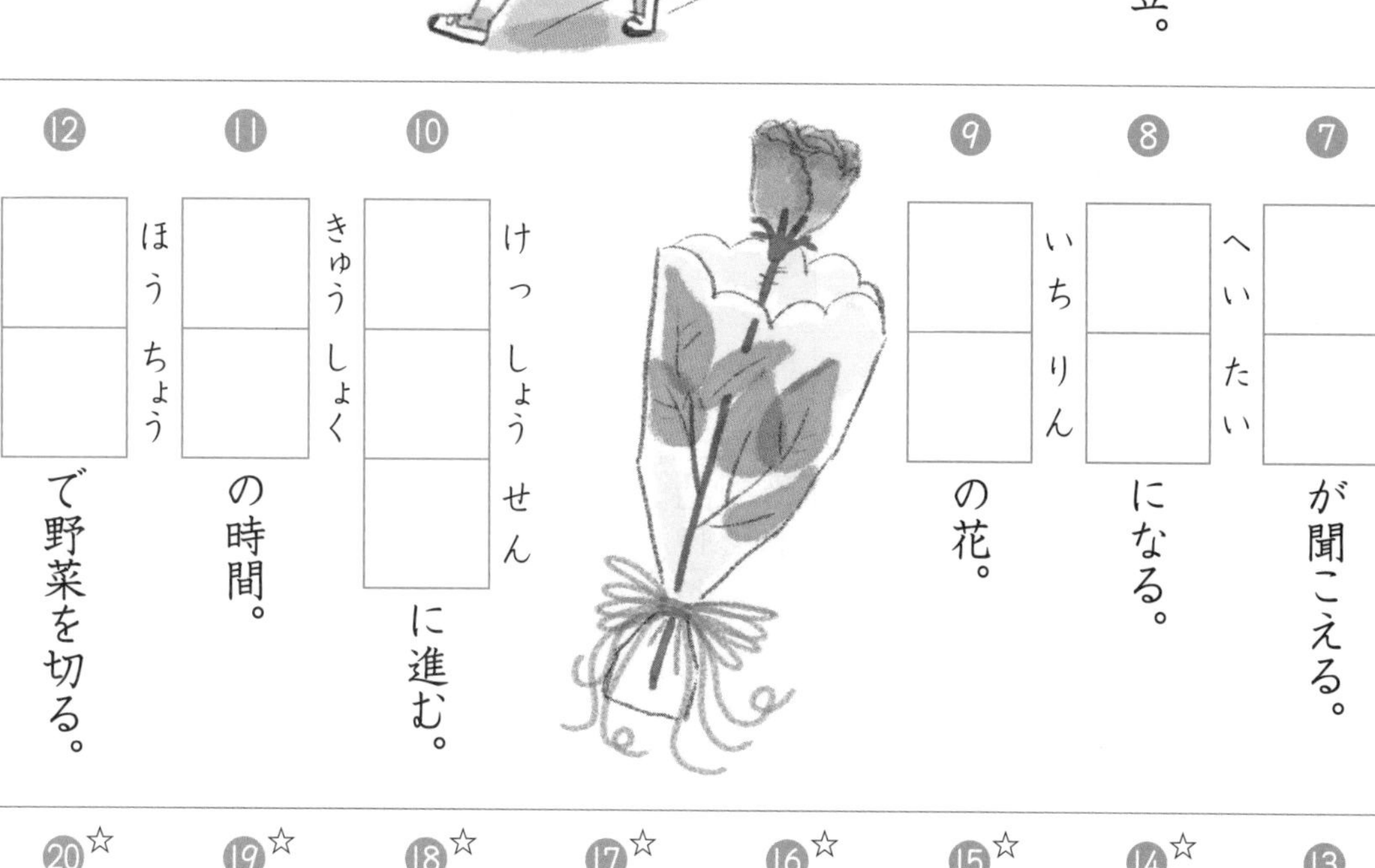

⑦ □□（ぐんか）が聞こえる。
⑧ □□（へいたい）になる。
⑨ □□（いちりん）の花。
⑩ □□□（けっしょうせん）に進む。
⑪ □□（きゅうしょく）の時間。
⑫ □□（ほうちょう）で野菜を切る。

⑬ 外国の□□（ぐんたい）。
⑭☆ 試合で〔　〕（たたかう）。
⑮☆ 先を〔　〕（あらそう）。
⑯☆ □□（ひるめし）のおにぎり。
⑰☆ おかしを紙に〔　〕（つつむ）。
⑱☆ 着物の□（おび）をむすぶ。
⑲☆ 電気を〔　〕（おびる）。
⑳☆ □（わ）投げをする。

つなぎ言葉のはたらきを知ろう

/18問　第8回

☆ □に漢字を書きましょう。〔　〕には、漢字とひらがなを書きましょう。（☆は、新しい漢字のべつの読み方です。）

① □□（けんこう）な体を作る。

② □（おっと）と買い物に行く。

③ 坂口□（し）は、科学者だ。

④ 今度の□□（しゅくじつ）。

⑤ □□□（ひゃっかてん）に行く。

⑥ □□（たいふう）がすぎ去る。

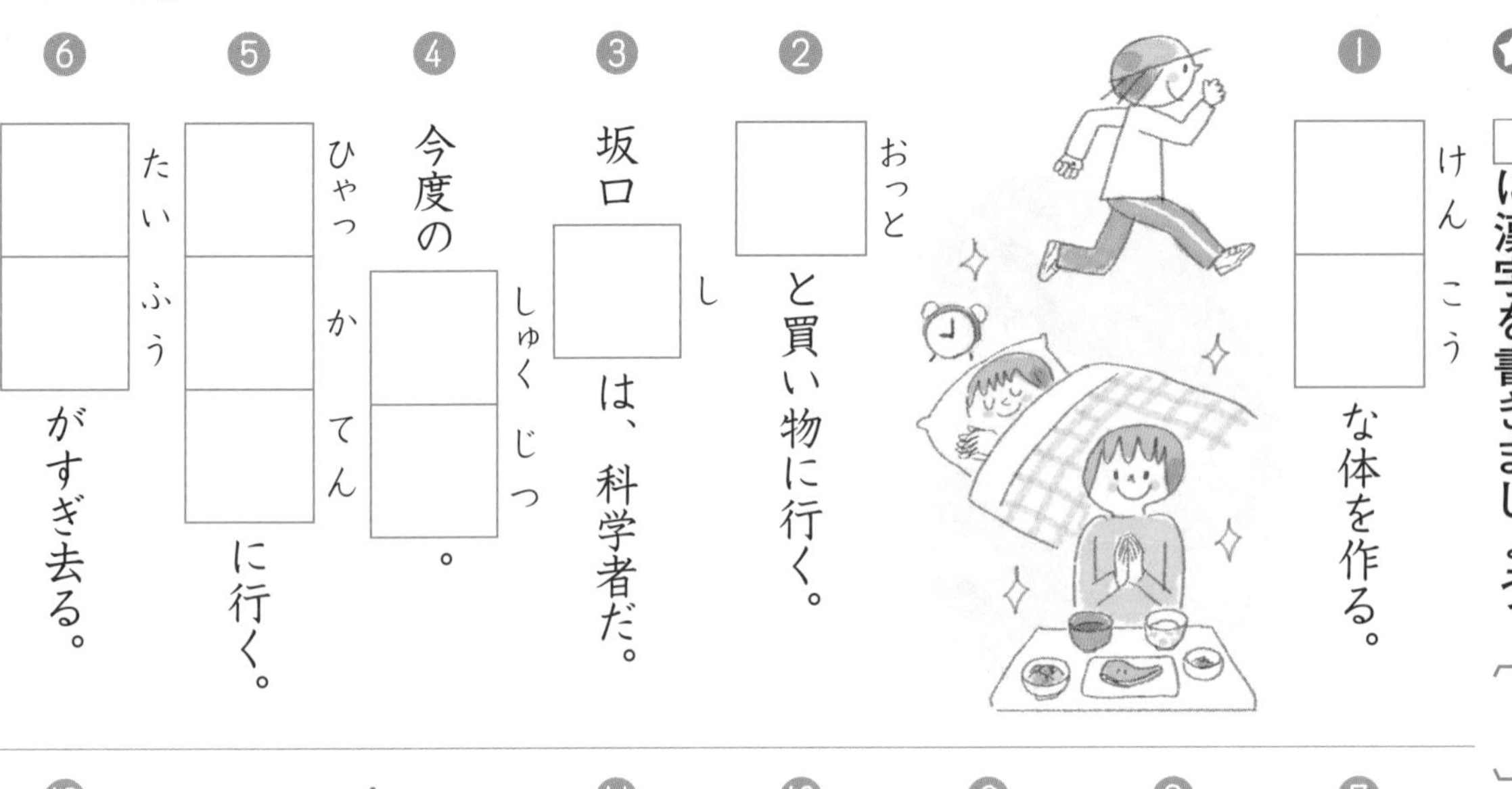

⑦ □□□（じどうかん）で遊ぶ。

⑧ □□（きのう）は雨だった。

⑨ 声を出すための□□（きかん）。

⑩ 〔　〕（よい）品物を売る。

⑪ □□□（ときょうそう）で勝つ。

⑫ 結こんを□□（しゅくふく）する。

⑬ □□（がっき）をえんそうする。

⑭ 中学校の□□（せいと）。

⑮☆ キュリー□□（ふじん）の伝記。

⑯☆ たん生日を〔　〕（いわう）。

⑰☆ □□□（りょうしんてき）なねだん。

⑱☆ □□（けいば）を見る。

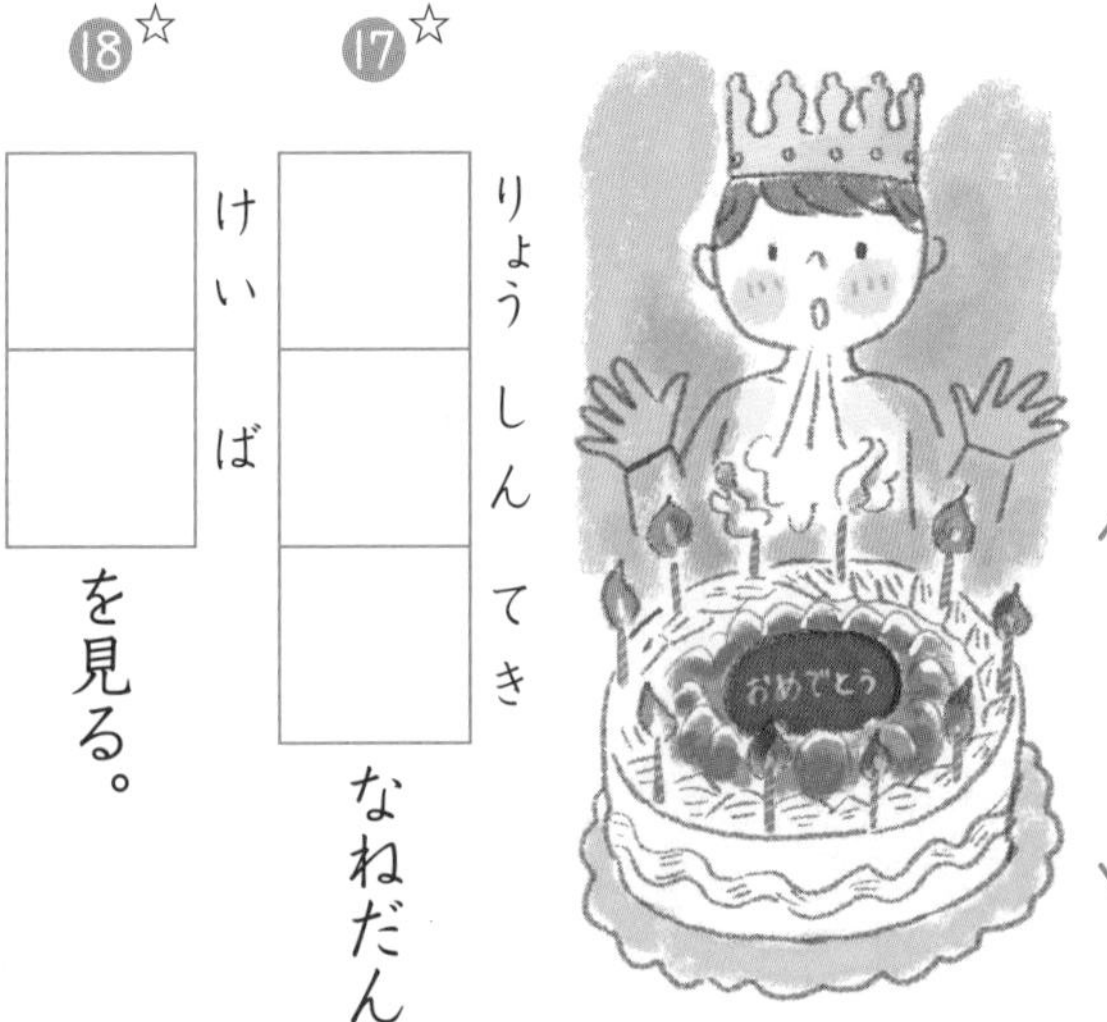

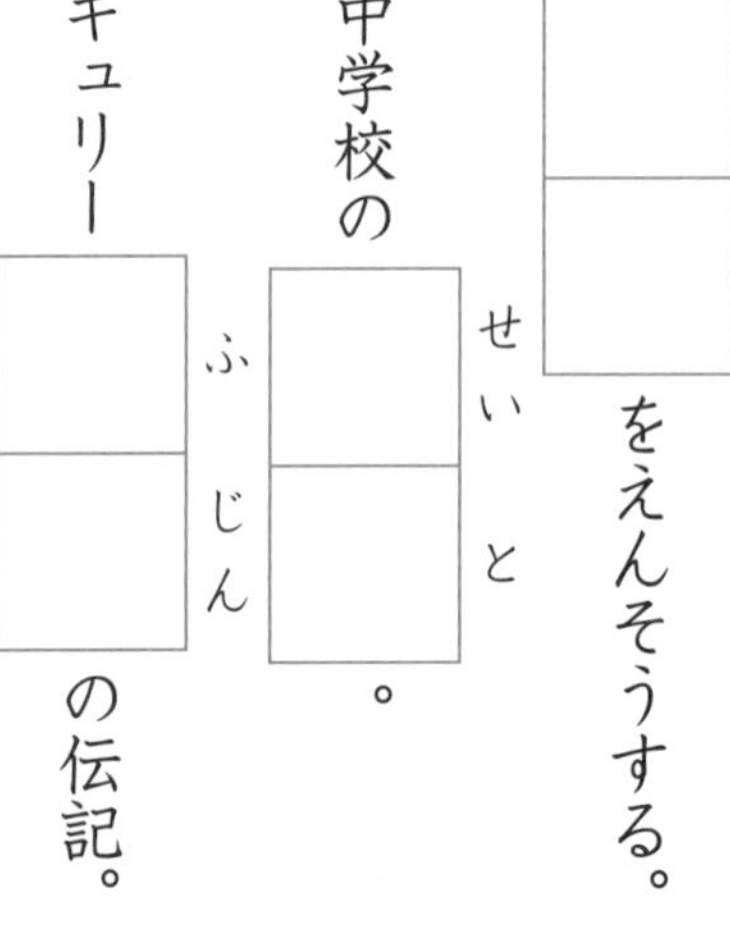

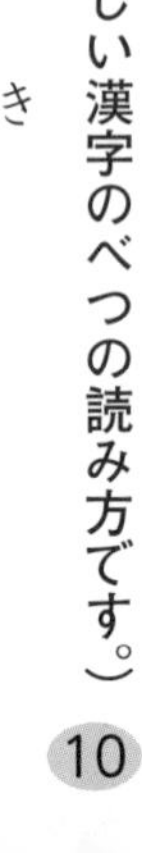

短歌・俳句に親しもう（一）／［じょうほう］要約するとき／新聞を作ろう／アンケート調査のしかた

第9回

/14問

☆ □に漢字を書きましょう。〔　〕には、漢字とひらがなを書きましょう。（☆は、新しい漢字のべつの読み方です。）

短歌・俳句に親しもう（一）

① わらびが□（め）を出す。

② □□（なら）の八重桜。

③ □（うめ）の花がさく。

④☆ アサガオが□□（はつが）する。

⑤☆ □（ばい）雨前線が近づく。

［じょうほう］要約するとき

⑥ 文章を□□（ようやく）する。

⑦ 電気代を□□（せつやく）する。

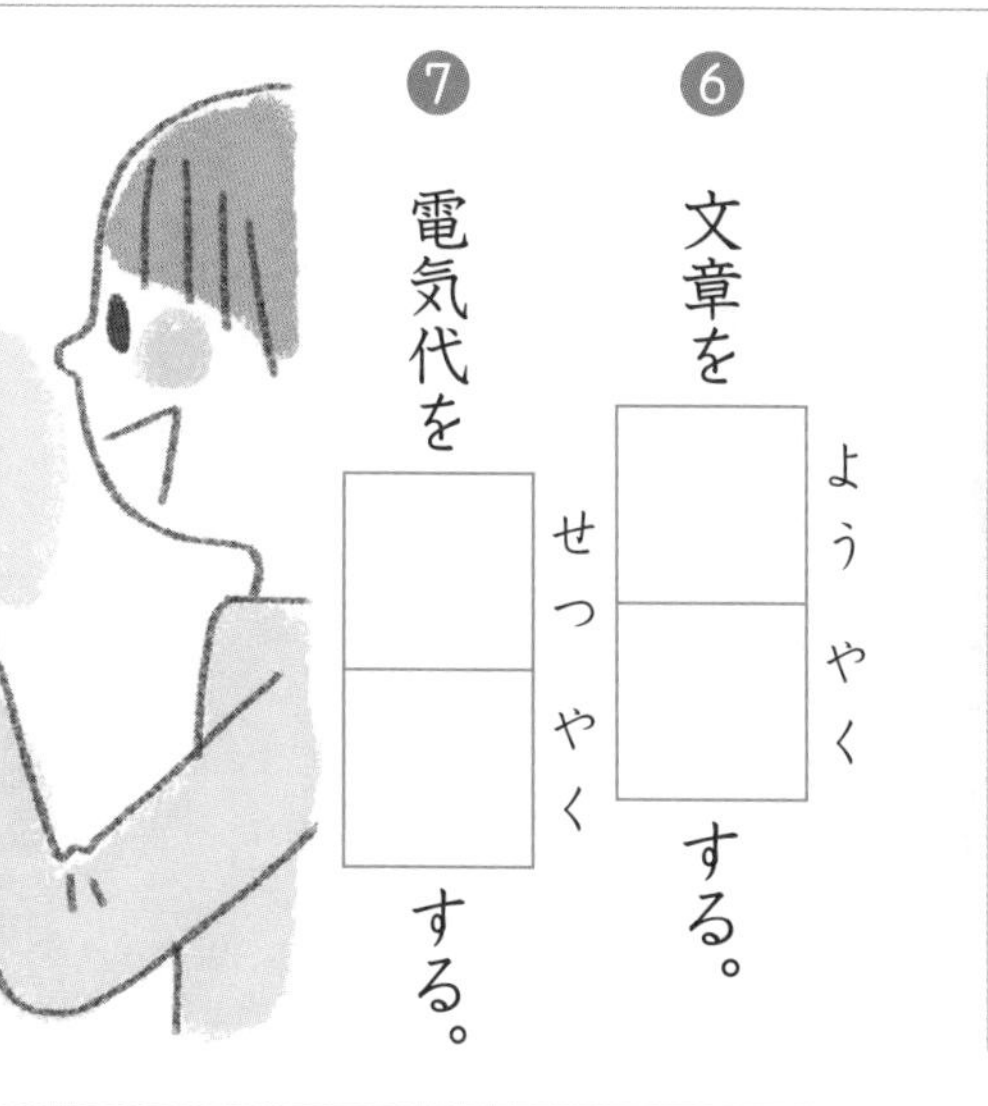

新聞を作ろう

⑧ 見せ方を□□（くふう）する。

⑨ わり〔　　（つけ）　〕を決める。

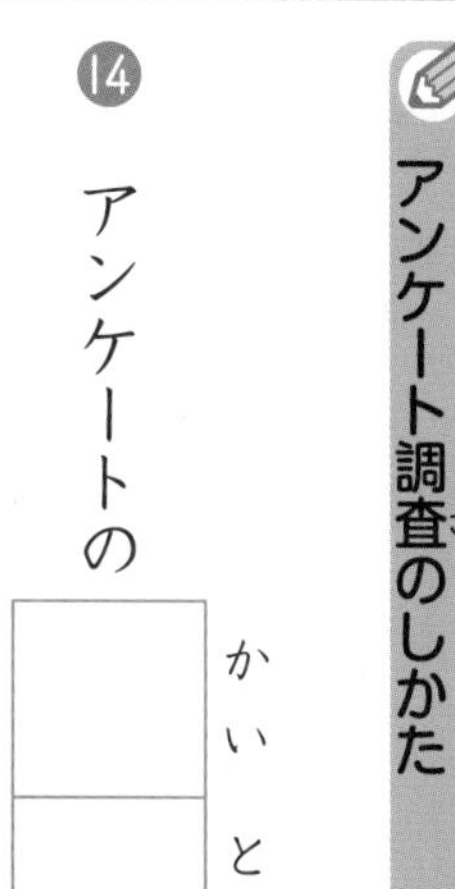

⑩ 作文を□□（せいしょ）する。

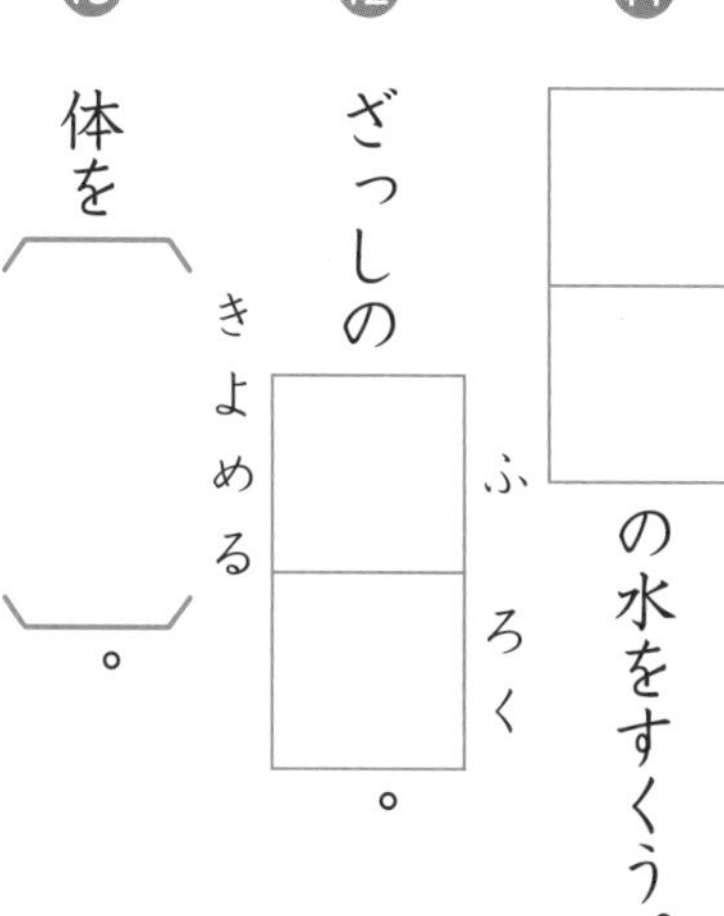

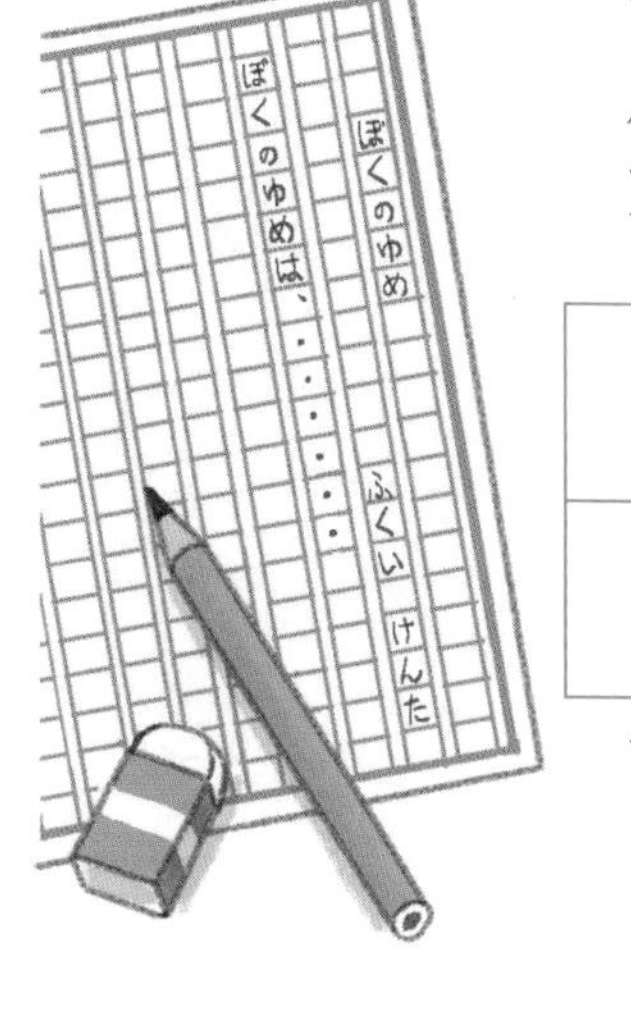

⑪ □□（せいりゅう）の水をすくう。

⑫☆ ざっしの□□（ふろく）。

⑬☆ 体を〔　　（きよめる）　〕。

アンケート調査のしかた

⑭ アンケートの□□（かいとう）。

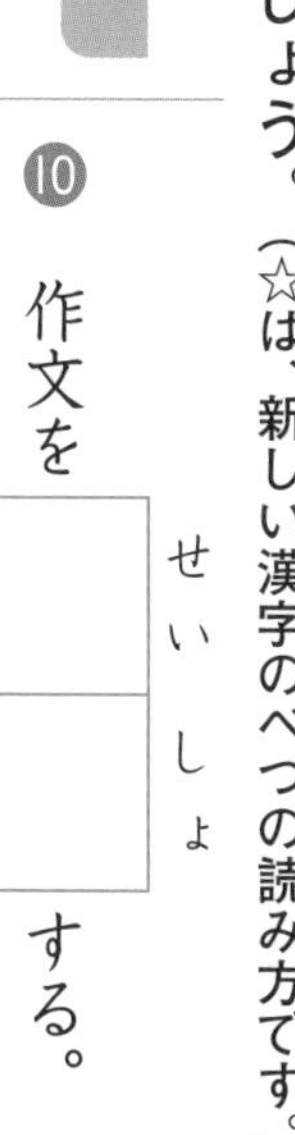

カンジーはかせの都道府県の旅２

/18問　第10回

☆ □に漢字を書きましょう。〔　〕には、漢字とひらがなを書きましょう。（☆は、新しい漢字のべつの読み方です。）

① □□（しが）県の琵琶湖（びわこ）。

② □□（おおさか）府のたこやき。

③ □□（とっとり）県のさきゅう。

④ □□（とくしま）県の阿波（あわ）おどり。

⑤ □□（かがわ）県のうどん。

⑥ □□（えひめ）県のたい飯（めし）。

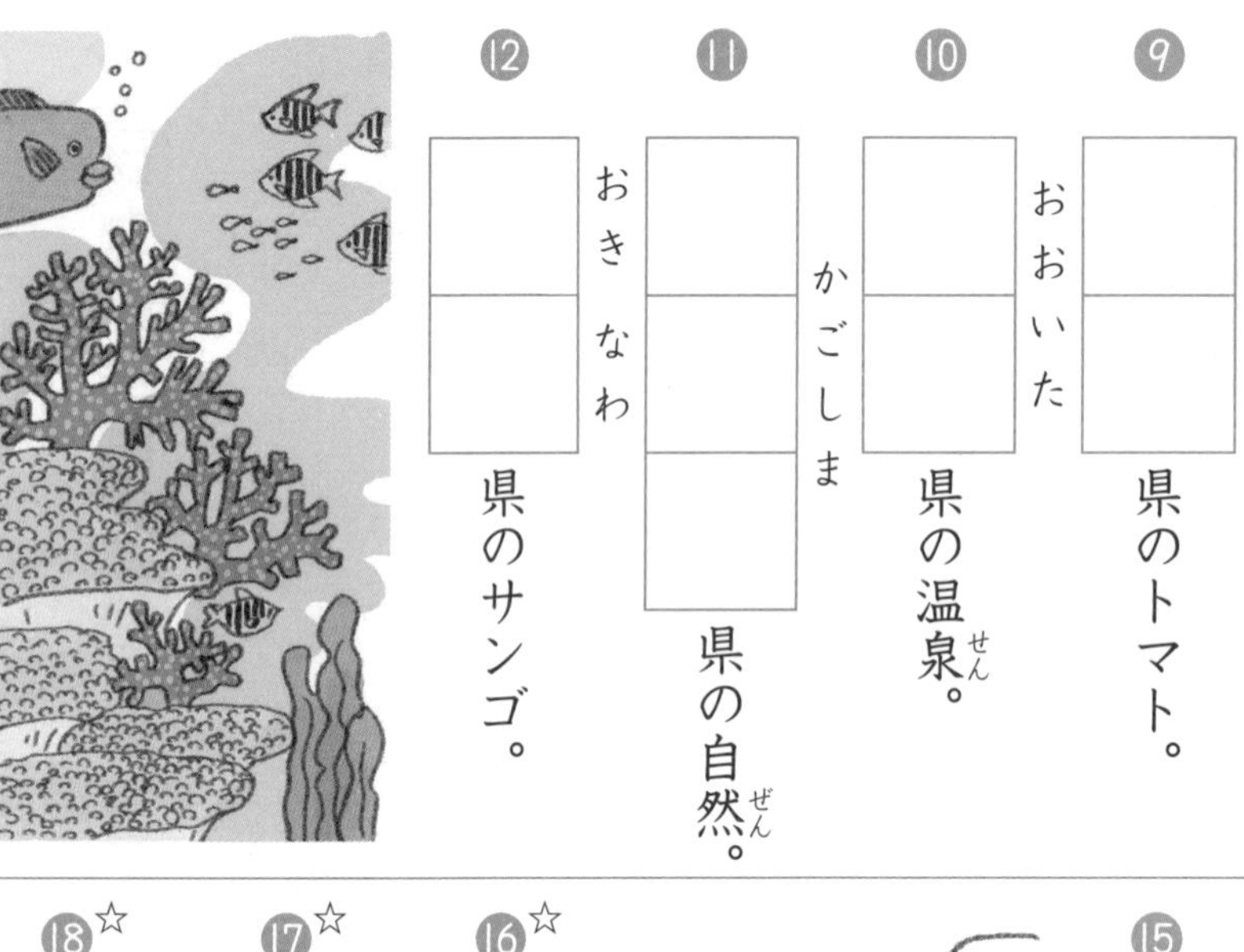

⑦ □□（さが）県の有田焼（ありたやき）。

⑧ □□（ながさき）県のちゃんぽん。

⑨ □□（くまもと）県のトマト。

⑩ □□（おおいた）県の温泉（せん）。

⑪ □□□（かごしま）県の自然（ぜん）。

⑫ □□（おきなわ）県のサンゴ。

⑬ □□（どうとく）の教科書。

⑭ □□（ねんが）状（じょう）を書く。

⑮ 動物園で□□（しろくま）を見る。

⑯☆ レモンの〔　　（かおり）　　〕。

⑰☆ 奈良公園の□（しか）。

⑱☆ □（か）の子もよう。

神様の階段(だん)

第11回 /15問

☆ □に漢字を書きましょう。〔 〕には、漢字とひらがなを書きましょう。（☆は、新しい漢字のべつの読み方です。）

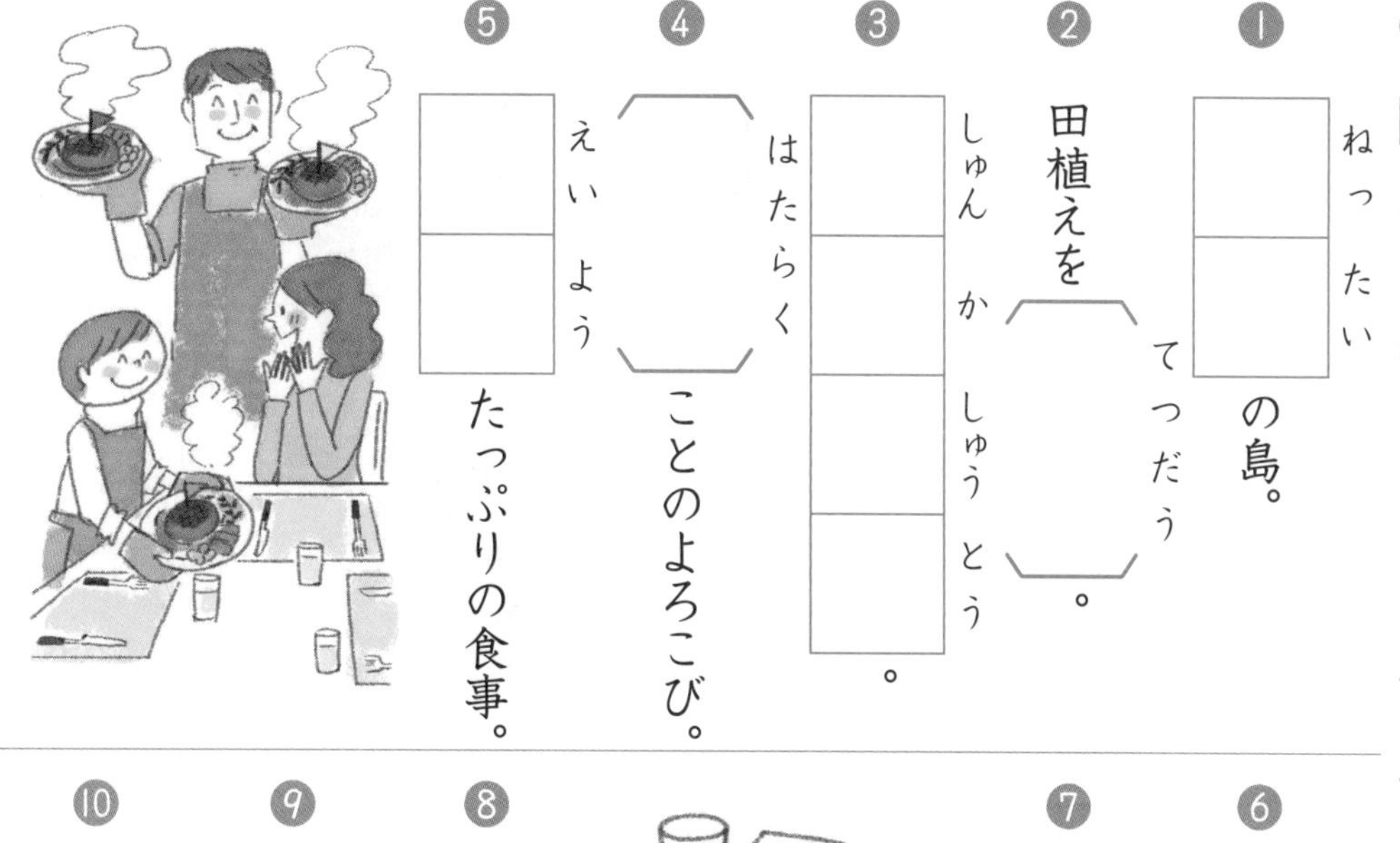

1 □□(ねったい)の島。
2 田植えを〔 〕(てつだう)。
3 □□□□(しゅんかしゅうとう)。
4 〔 〕(はたらく)ことのよろこび。
5 □□(えいよう)たっぷりの食事。

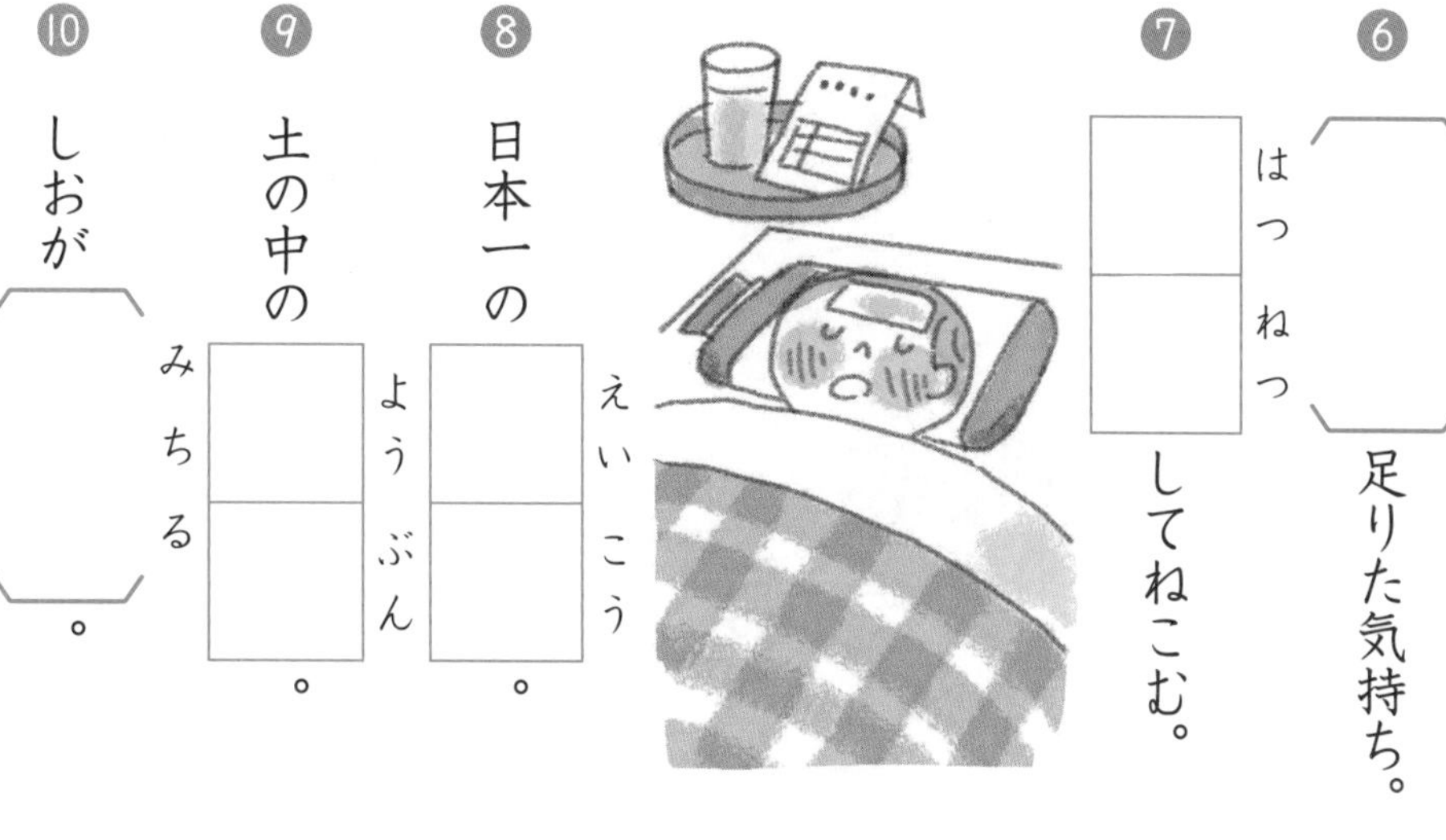

6 〔 〕(みち)足りた気持ち。
7 □□(はつねつ)してねこむ。
8 日本一の□□(えいこう)。
9 土の中の□□(ようぶん)。
10 しおが〔 〕(みちる)。

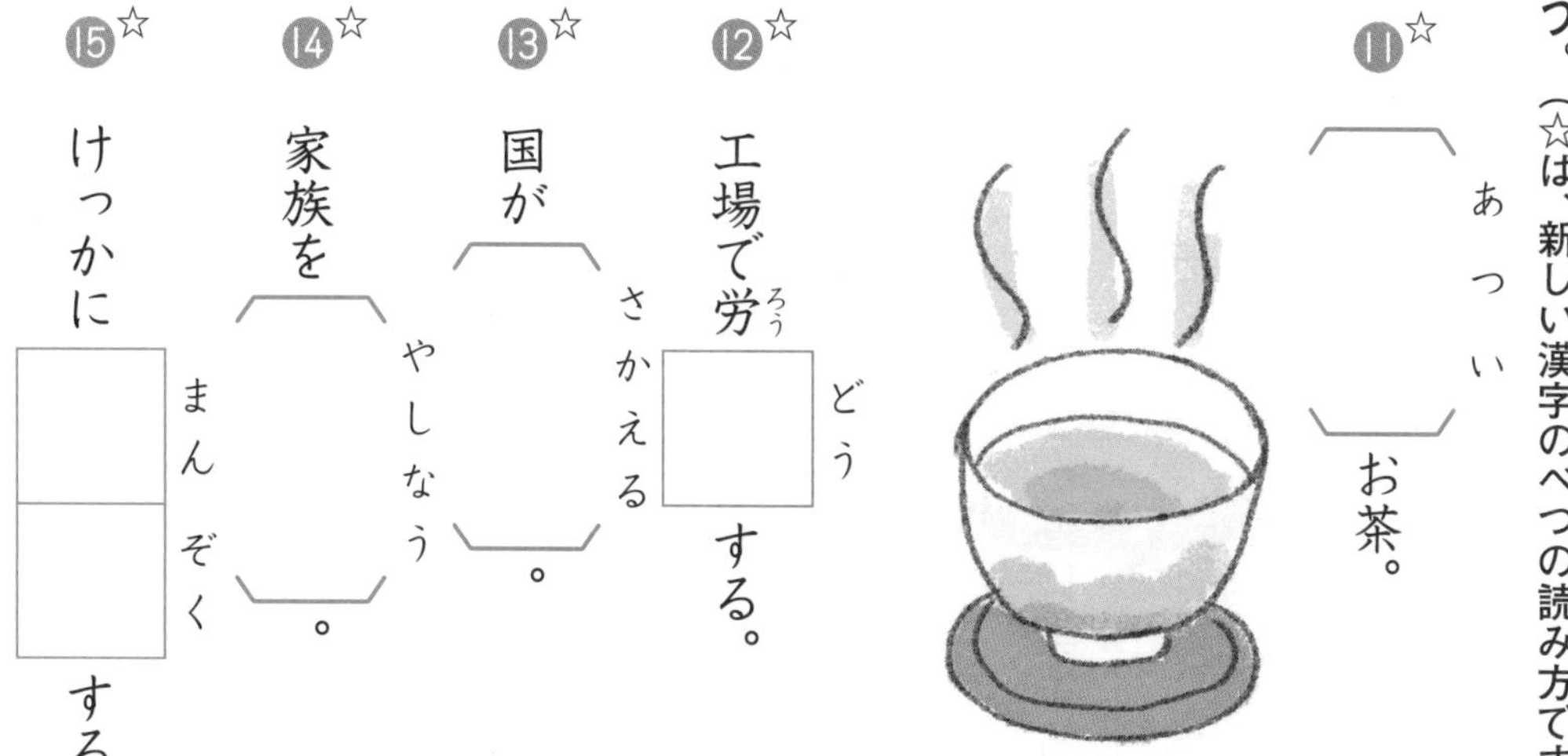

11☆ 〔 〕(あつい)お茶。
12☆ 工場で労(ろう)□(どう)する。
13☆ 国が〔 〕(さかえる)。
14☆ 家族を〔 〕(やしなう)。
15☆ けっかに□□(まんぞく)する。

ぼくは川／あなたなら、どう言う
パンフレットを読もう
どう直したらいいかな

/14問

第12回

□に漢字を書きましょう。〔　〕には、漢字とひらがなを書きましょう。（☆は、新しい漢字のべつの読み方です。）

ぼくは川

1 〔まっか〕なりんご。

あなたなら、どう言う

2 お□（ねえ）さんが家に帰る。

3 □□（めいれい）されたと感じる。

4 □□（ごうれい）をかける。

パンフレットを読もう

5 文字の□□（いち）。

6 徒競走で□□（いちい）になる。

7 家具の□□（はいち）を考える。

8☆ 百の□（くらい）の数。

9☆ つくえに本を〔おく〕。

どう直したらいいかな

10 □□（ぎょぎょう）がさかんだ。

11 □□□□（かいすいよくじょう）。

12 □□（ぎょせん）が港に集まる。

13☆ □（りょう）に出て魚をとる。

14☆ シャワーを〔あびる〕。

いろいろな意味をもつ言葉
ローマ字を使いこなそう (1)

第13回　/16問

☆ □に漢字を書きましょう。〔　〕には、漢字とひらがなを書きましょう。(☆は、新しい漢字のべつの読み方です。)

いろいろな意味をもつ言葉

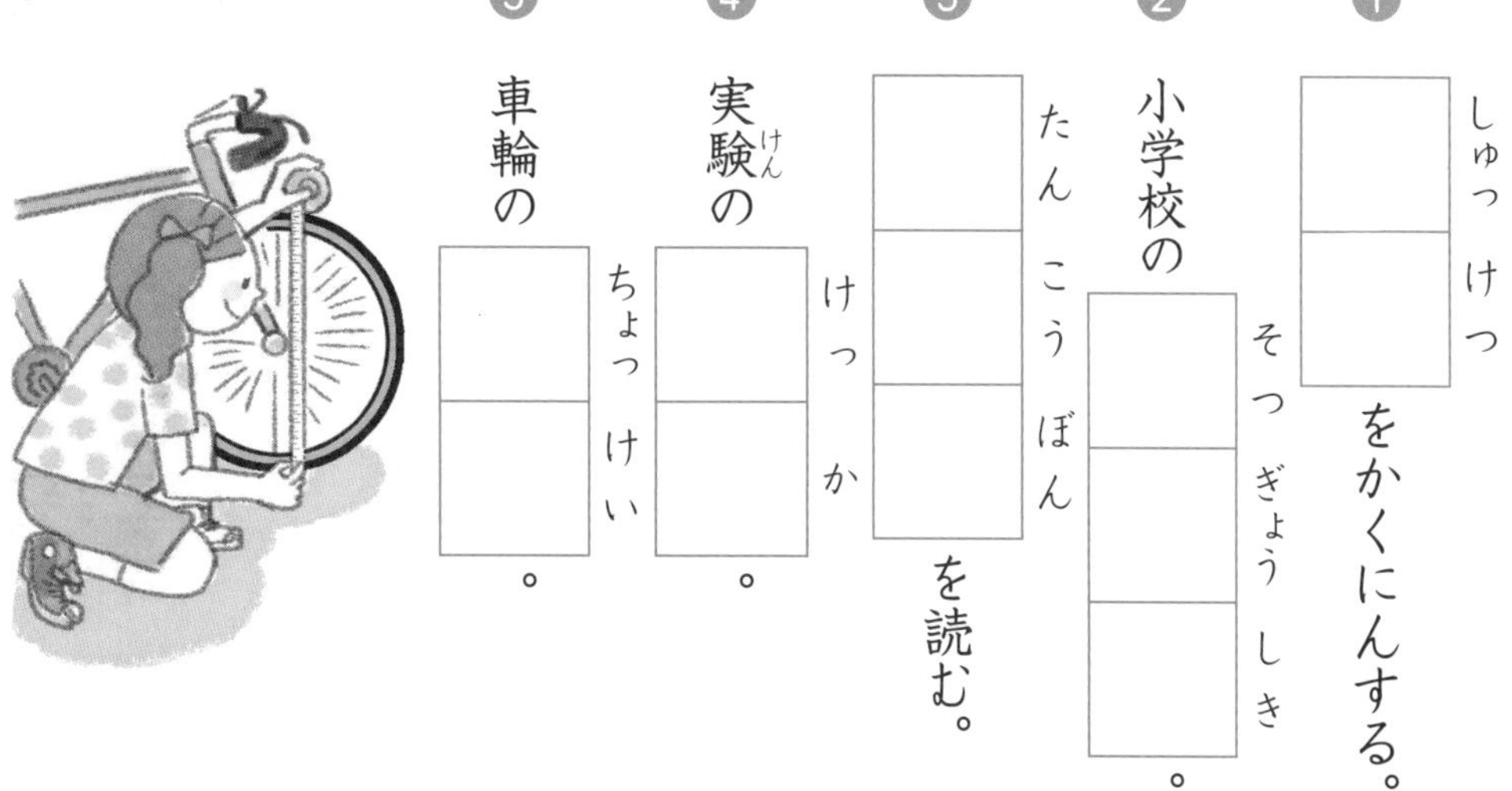

① □□(しゅっけつ)をかくにんする。
② 小学校の□□□(そつぎょうしき)。
③ □□□(たんこうぼん)を読む。
④ 実験(けん)の□□(けっか)。
⑤ 車輪の□□(ちょっけい)。

⑥ □□□(ふくだいじん)の仕事。
⑦ □□(がいとう)がともる。
⑧☆ 月の満ち〔　　〕(かけ)。
⑨☆ くつひもを〔　　〕(むすぶ)。
⑩☆ 役目を〔　　〕(はたす)。
⑪☆ とのさまの□□(かしん)。

ローマ字を使いこなそう (1)

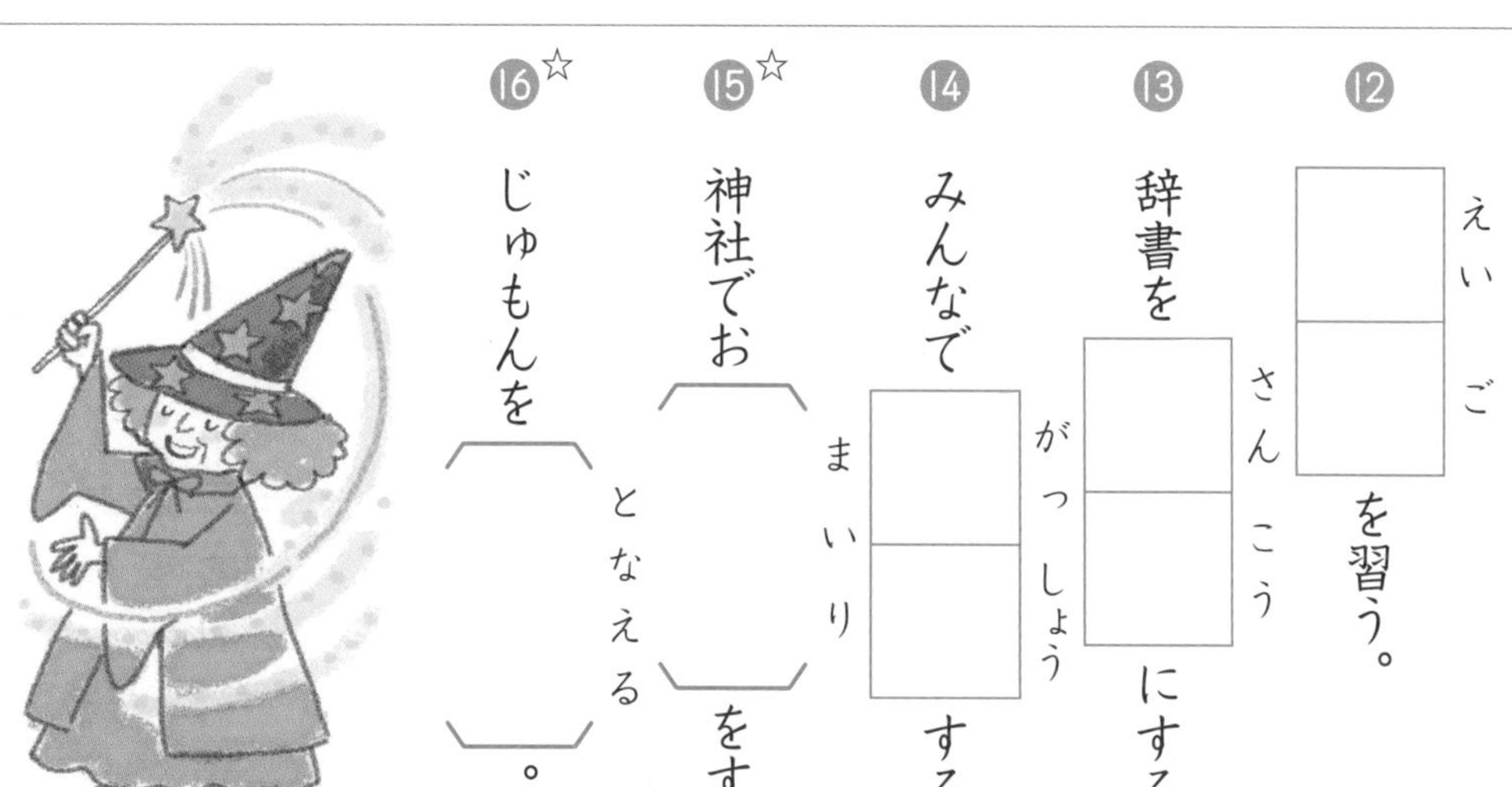

⑫ □□(えいご)を習う。
⑬ 辞書を□□(さんこう)にする。
⑭ みんなで□□(がっしょう)する。
⑮☆ 神社でお〔　　〕(まいり)をする。
⑯☆ じゅもんを〔　　〕(となえる)。

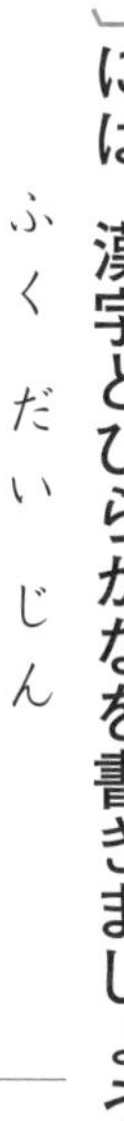

ローマ字を使いこなそう　(2)
漢字の広場③　3年生で習った漢字

/20問

第14回

□に漢字を書きましょう。〔　〕には、漢字とひらがなを書きましょう。（☆は、新しい漢字のべつの読み方です。）

ローマ字を使いこなそう　(2)

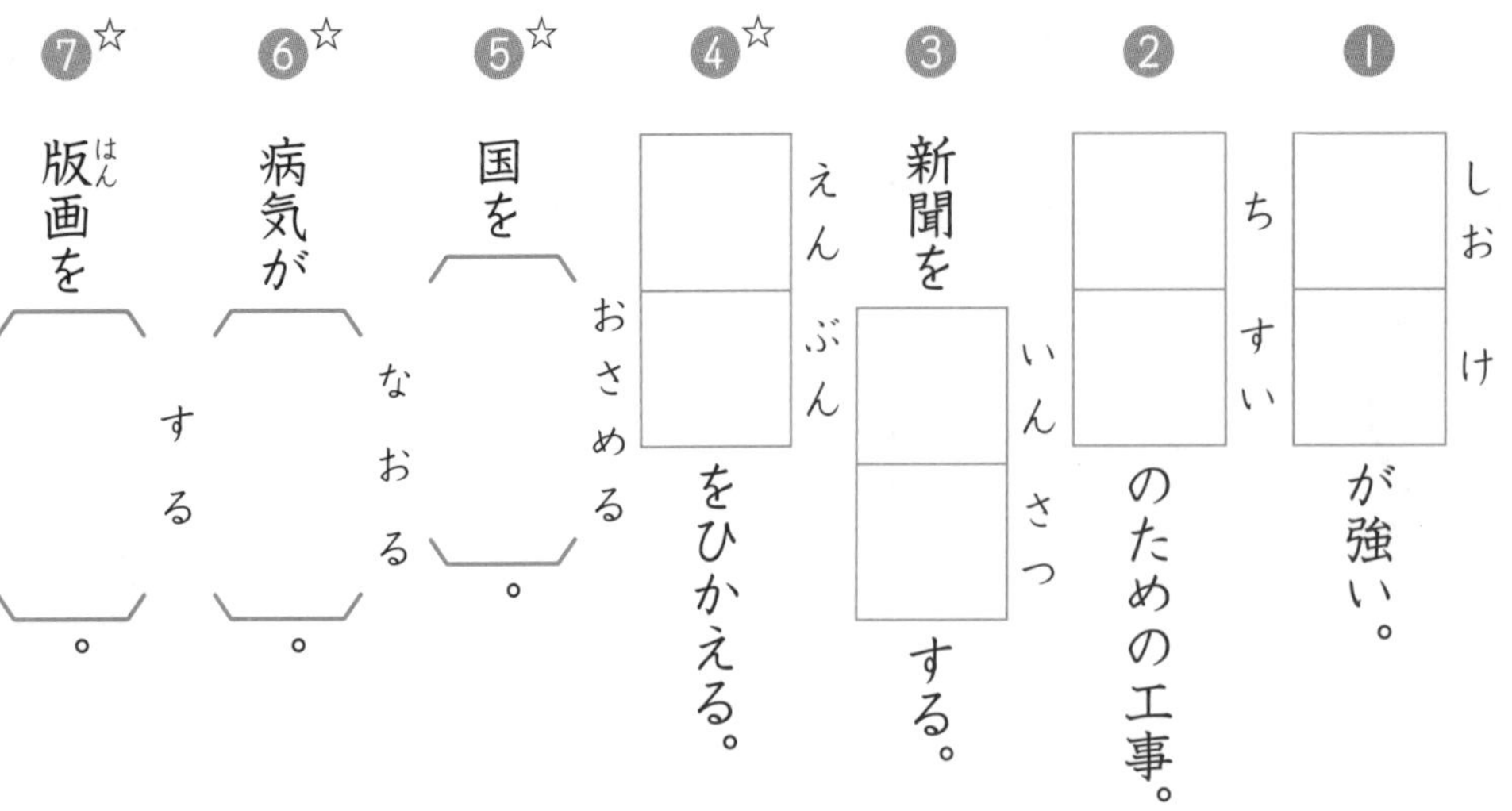

① □□（しおけ）が強い。
② □□（ちすい）のための工事。
③ 新聞を□□（いんさつ）する。
④☆ □□（えんぶん）をひかえる。
⑤☆ 国を〔　　〕（おさめる）。
⑥☆ 病気が〔　　〕（なおる）。
⑦☆ 版（はん）画を〔　　〕（する）。

漢字の広場③

⑧ さいふを〔　　〕（おとす）。
⑨ 一日の〔　　〕（はじまり）。
⑩ ねこがねずみを〔　　〕（おう）。
⑪ 先を〔　　〕（いそぐ）。
⑫ 友達を〔　　〕（たすける）。

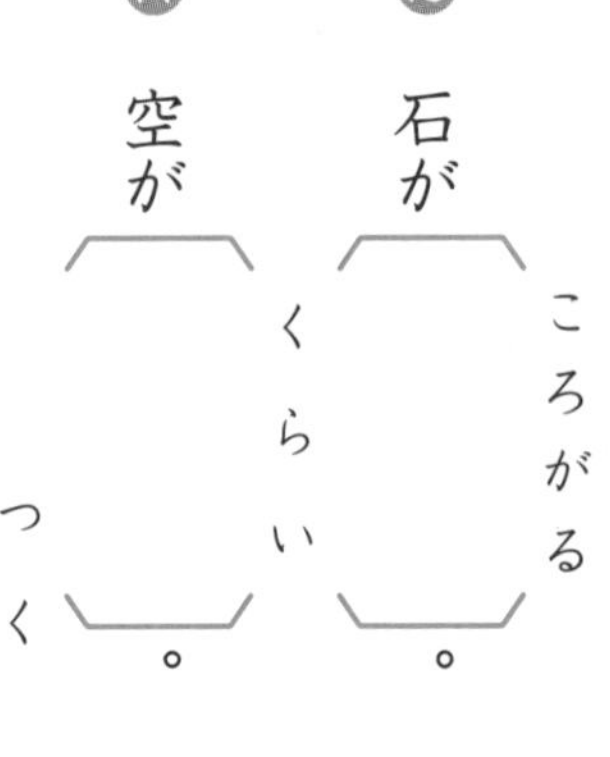

⑬ 石が〔　　〕（ころがる）。
⑭ 空が〔　　〕（くらい）。
⑮ 目的地に〔　　〕（つく）。
⑯ お□（れい）の言葉。

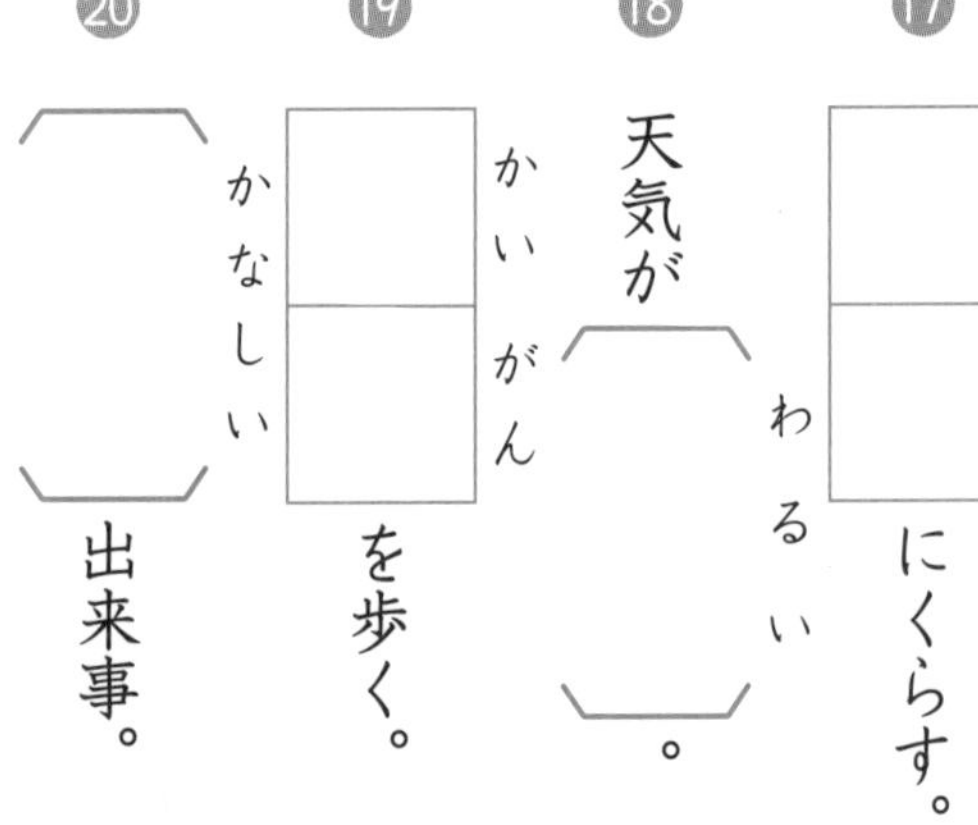

⑰ □□（こうふく）にくらす。
⑱ 天気が〔　　〕（わるい）。
⑲ □□（かいがん）を歩く。
⑳ 〔　　〕（かなしい）出来事。

ごんぎつね (1)

第15回　/18問

☆ □に漢字を書きましょう。〔　〕には、漢字とひらがなを書きましょう。（☆は、新しい漢字のべつの読み方です。）

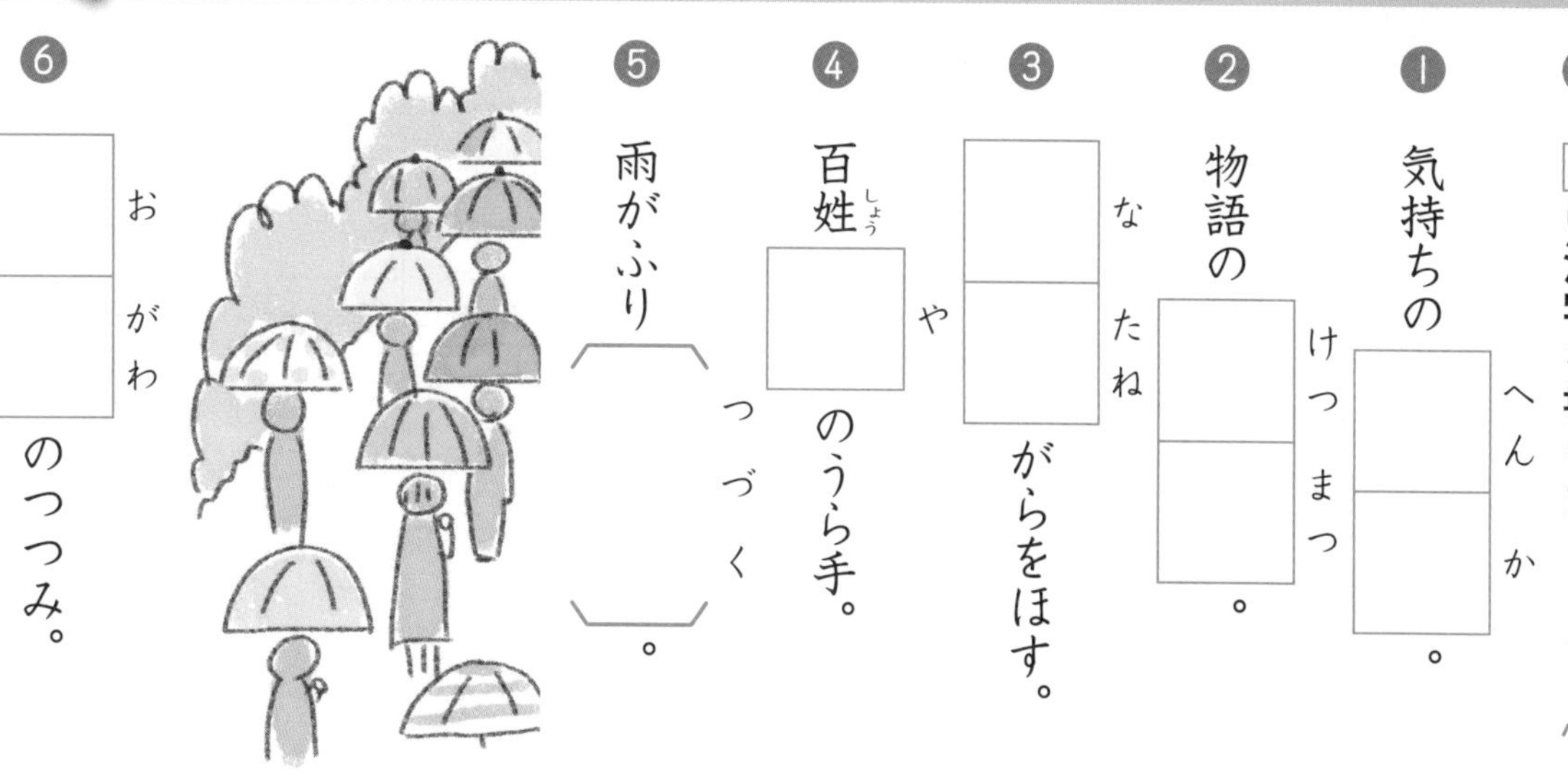

1. 気持ちの□□（へんか）。
2. 物語の□□（けつまつ）。
3. □□（なたね）がらをほす。
4. 百姓（しょう）の□（や）のうら手。
5. 雨がふり〔　　〕（つづく）。
6. □□（おがわ）のつつみ。

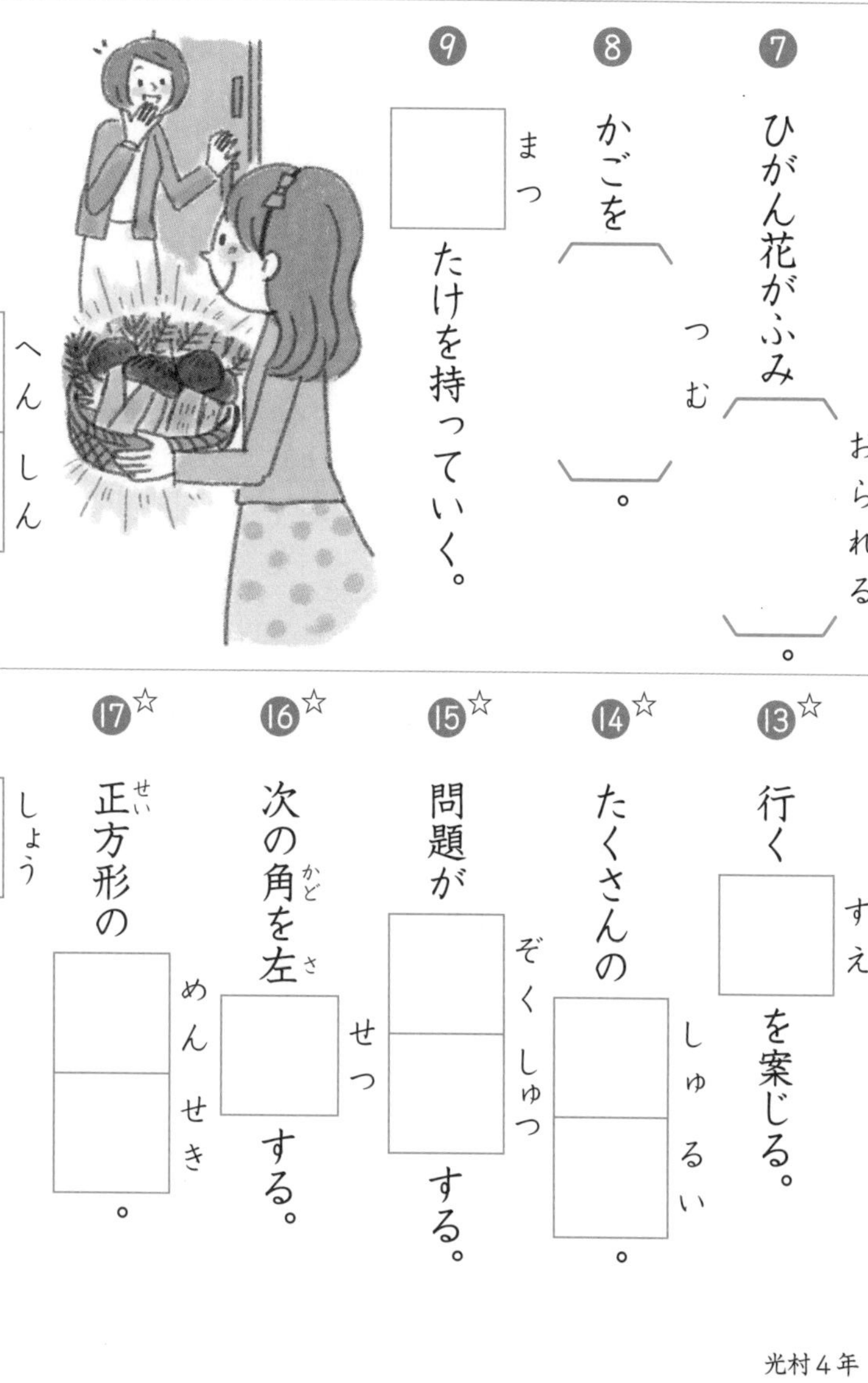

7. ひがん花がふみ〔　　〕（おられる）。
8. かごを〔　　〕（つむ）。
9. □（まつ）たけを持っていく。
10. ヒーローに□□（へんしん）する。
11. □□（ねんまつ）の大そうじ。
12. ☆ 考えが〔　　〕（かわる）。
13. ☆ 行く□（すえ）を案じる。
14. ☆ たくさんの□□（しゅるい）。
15. ☆ 問題が□□（ぞくしゅつ）する。
16. ☆ 次の角（かど）を左（さ）□（せつ）する。
17. ☆ 正（せい）方形の□□（めんせき）。
18. ☆ □（しょう）竹（ちく）梅のかざり。

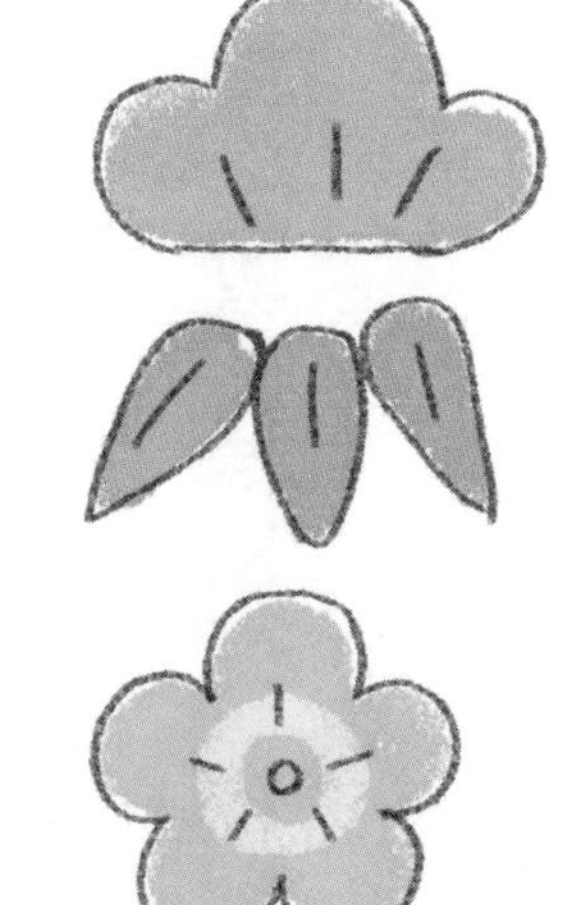

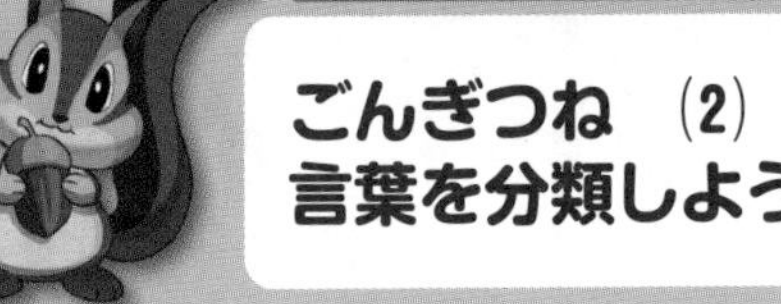

ごんぎつね (2) 言葉を分類しよう

/15問

第16回

✪ □に漢字を書きましょう。〔 〕には、漢字とひらがなを書きましょう。（☆は、新しい漢字のべつの読み方です。）

ごんぎつね (2)

① □□□（ふしぎ）なこと。

② 明かりが〔 〕（さす）。

③ お□（ねん）仏（ぶつ）がある。

④ くりを〔 〕（かためて）置く。

⑤ □□（ふあん）になる。

⑥ 学校の□□□（かいぎしつ）。

⑦ □□□（きねんひん）をもらう。

⑧☆ □□□（ぶきみ）な話。

⑨☆ 駅前の□□□（こうさてん）。

⑩☆ ピンで□□（こてい）する。

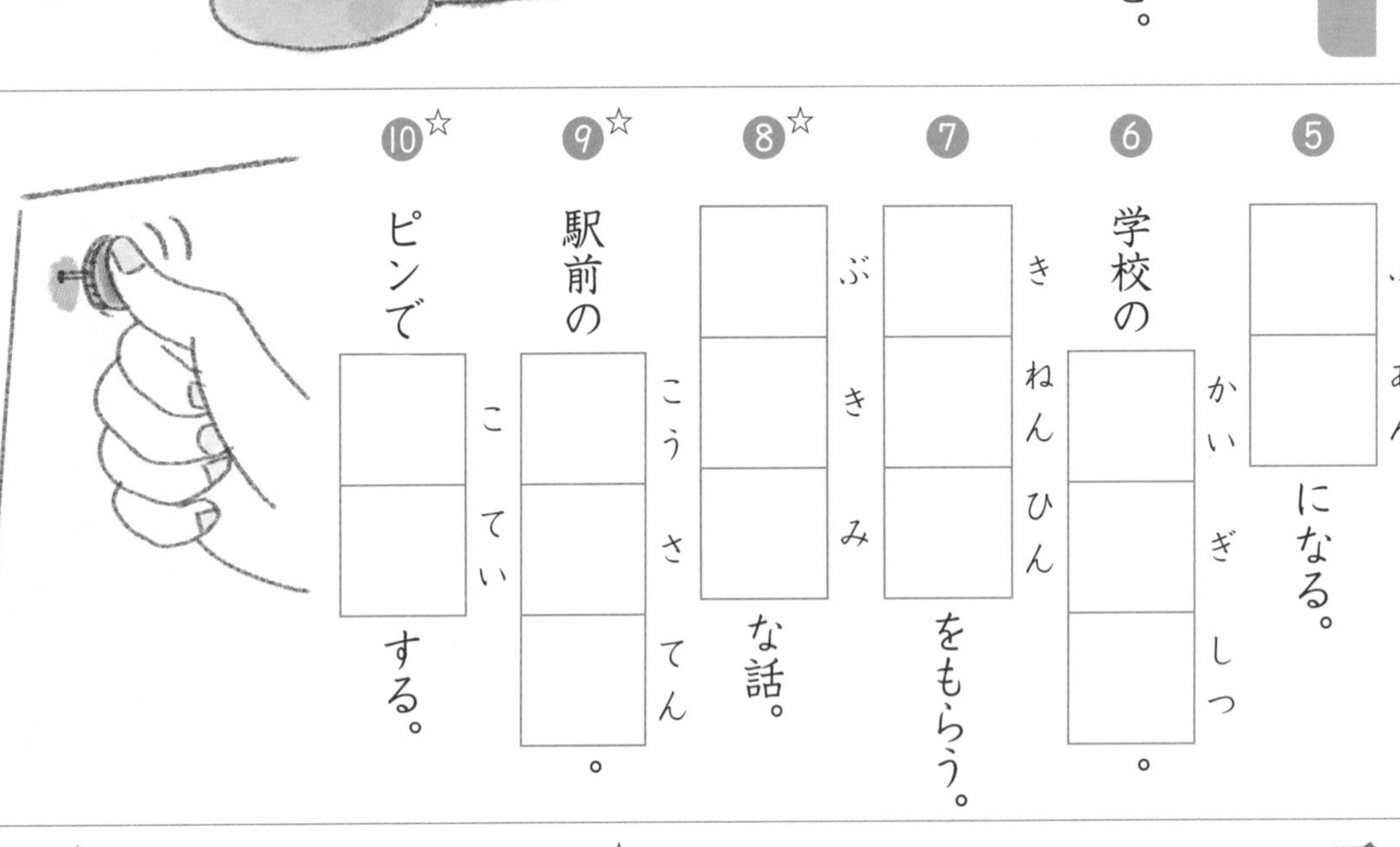

言葉を分類しよう

⑪ □（びん）せんとふうとう。

⑫ □□□（はくぶつかん）に行く。

⑬ 〔 〕（あさい）池。

⑭☆ □□（べんり）な道具。

⑮☆ 〔 〕（たより）がとどく。

漢字を正しく使おう

/19問

✪ □に漢字を書きましょう。〔 〕には、漢字とひらがなを書きましょう。（☆は、新しい漢字のべつの読み方です。）

① 商品を［そうこ］に入れる。

② ［なふだ］を付ける。

③ おじいさんと［まご］。

④ 実験（けん）に［せいこう］する。

⑤ 練習に［さんか］する。

⑥ ［ぼくじょう］の牛。

⑦ ［とくほん］は昔の教科書だ。

⑧ 図書館で小説を〔かりる〕。

⑨ ［みょうごにち］の天気。

⑩ ［べいさく］がさかんだ。

⑪ ［こがい］に出る。

⑫ ［こ］かげで休けいする。

⑬ 十月の〔なかば〕。

⑭ ［はつまご］が生まれる。

⑮ 食品を［かこう］する。

⑯☆ ［せんえんさつ］を使う。

⑰☆ 徳川家康（とくがわいえやす）の［しそん］。

⑱☆ 塩を少し〔くわえる〕。

⑲☆ ［しゃっきん］を返す。

●勉強した日　月　日

クラスみんなで決めるには
未来につなぐ工芸品
慣用句（かんようく）　(1)

/17問

第18回

☆ □に漢字を書きましょう。〔　〕には、漢字とひらがなを書きましょう。（☆は、新しい漢字のべつの読み方です。）

クラスみんなで決めるには

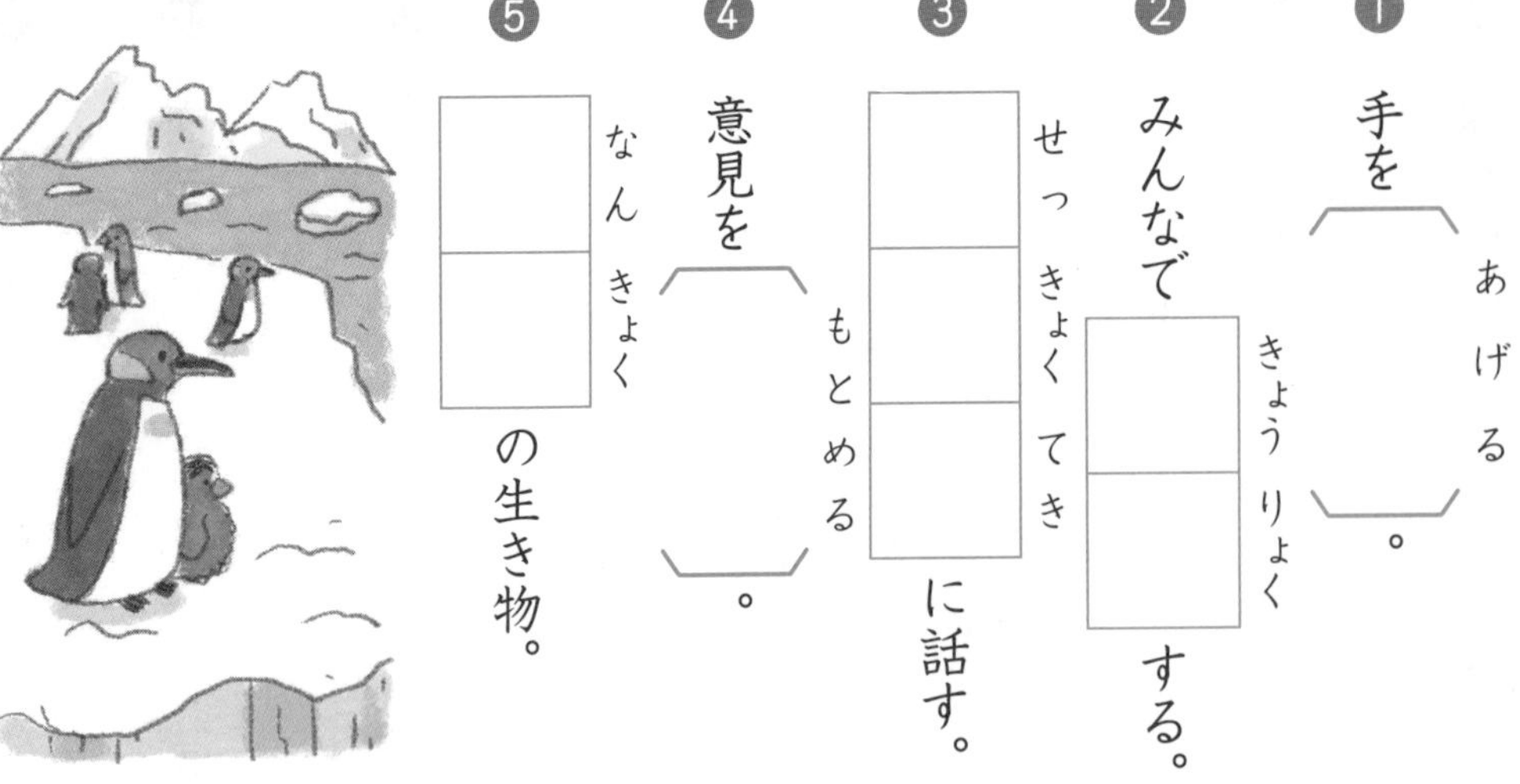

1. 手を〔あげる〕。
2. みんなで［きょうりょく］する。
3. ［せっきょくてき］に話す。
4. 意見を〔もとめる〕。
5. ［なんきょく］の生き物。

6. ☆［せんきょ］で代表を決める。
7. ☆［ようきゅう］にこたえる。

未来につなぐ工芸品

8. ［みらい］につなぐ。
9. ［こうげいひん］を作る。
10. 日本［かくち］で作られる。
11. ［ざいりょう］や作り方。
12. ［しぜん］にあるもの。

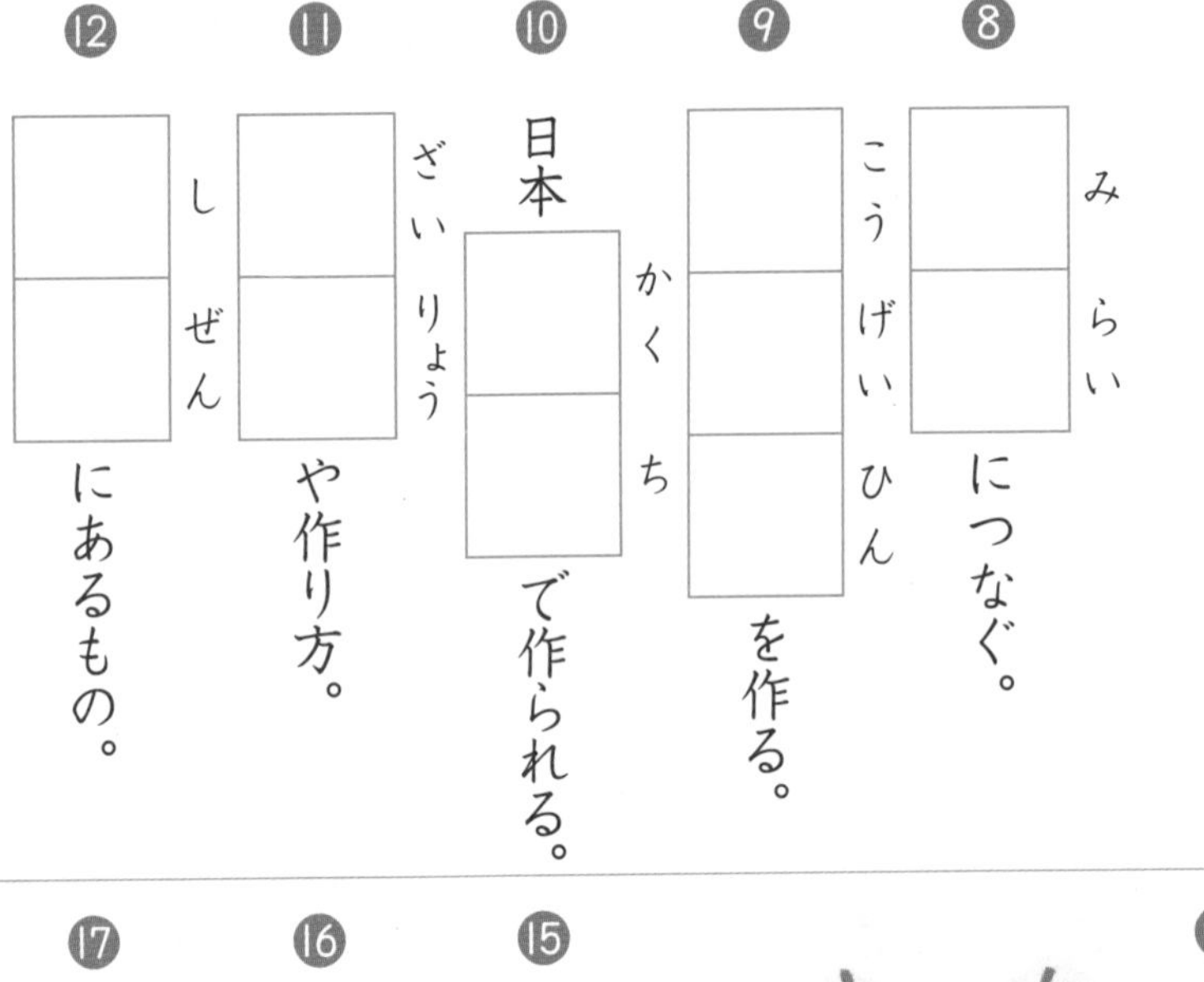

13. ☆［てんねん］ガス。

慣用句（かんようく）(1)

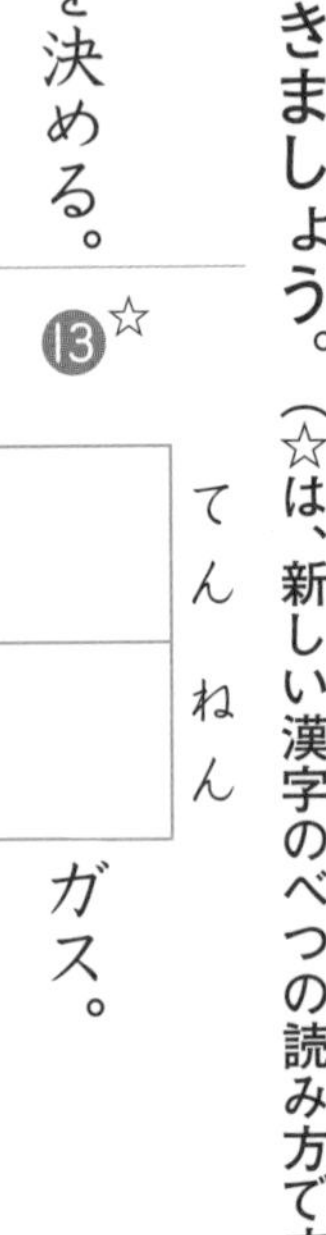

14. ［なか］がよい。
15. ［ろう］をねぎらう。
16. ［なかま］と助け合う。
17. ［くろう］してやりとげる。

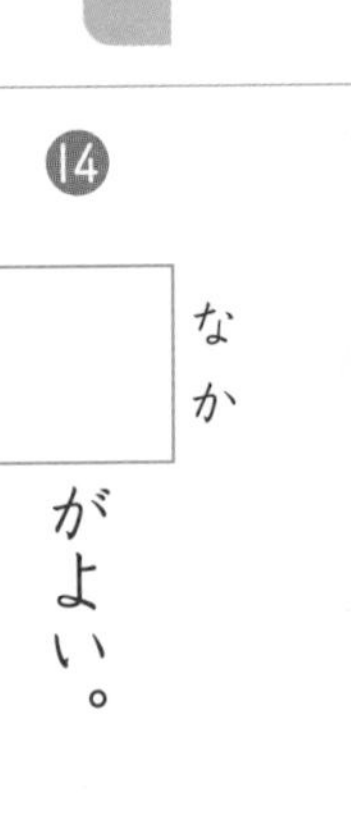

●勉強した日　月　日

慣用句(2)
短歌・俳句に親しもう(二)
漢字の広場④　3年生で習った漢字

第19回

/19問

☆ □に漢字を書きましょう。〔　〕には、漢字とひらがなを書きましょう。（☆は、新しい漢字のべつの読み方です。）

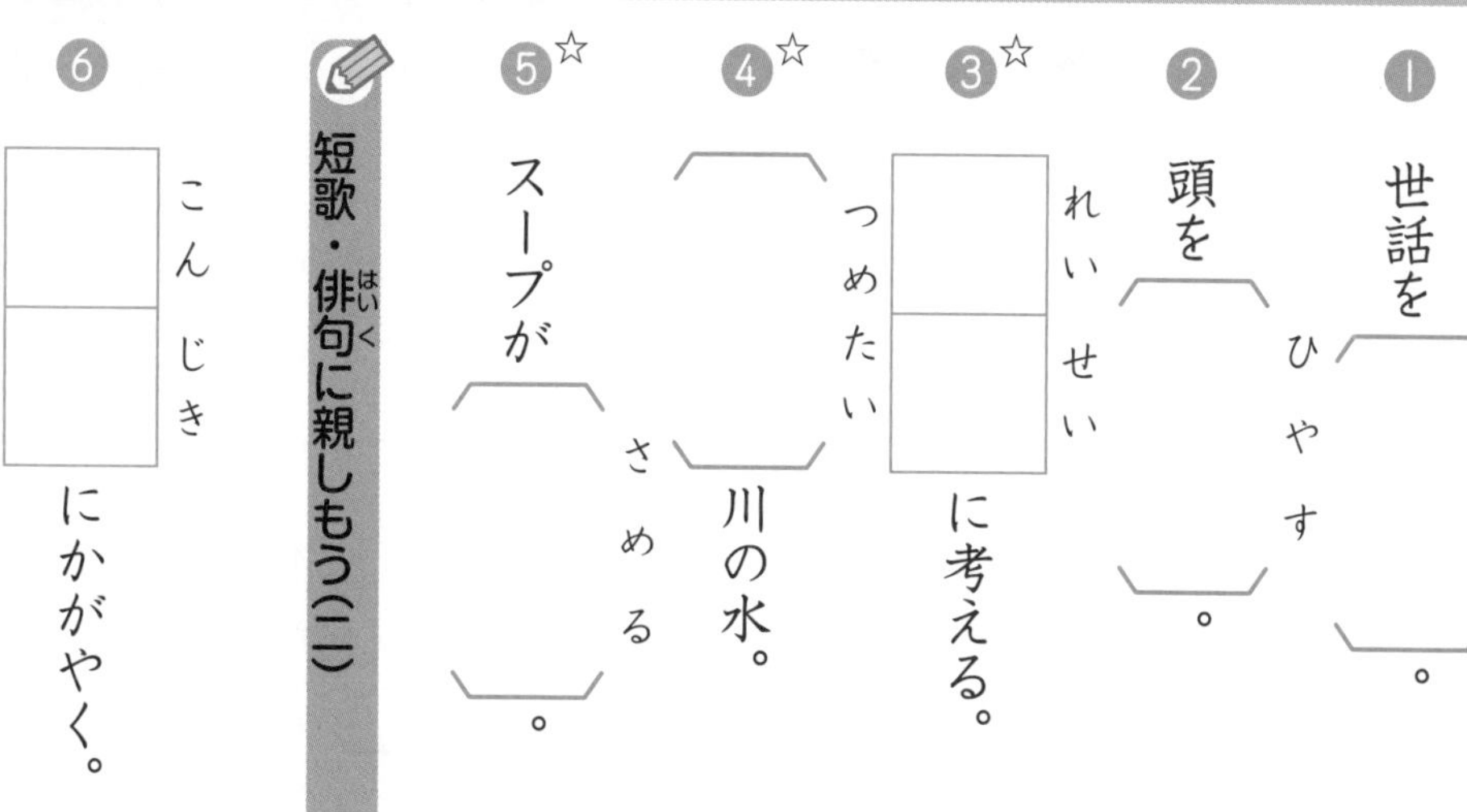

慣用句(2)

① 世話を〔　　〕。（やく）

② 頭を〔　　〕。（ひやす）

③☆ □□（れいせい）に考える。

④☆ 〔　　〕（つめたい）川の水。

⑤☆ スープが〔　　〕。（さめる）

短歌・俳句に親しもう(二)

⑥ □□（こんじき）にかがやく。

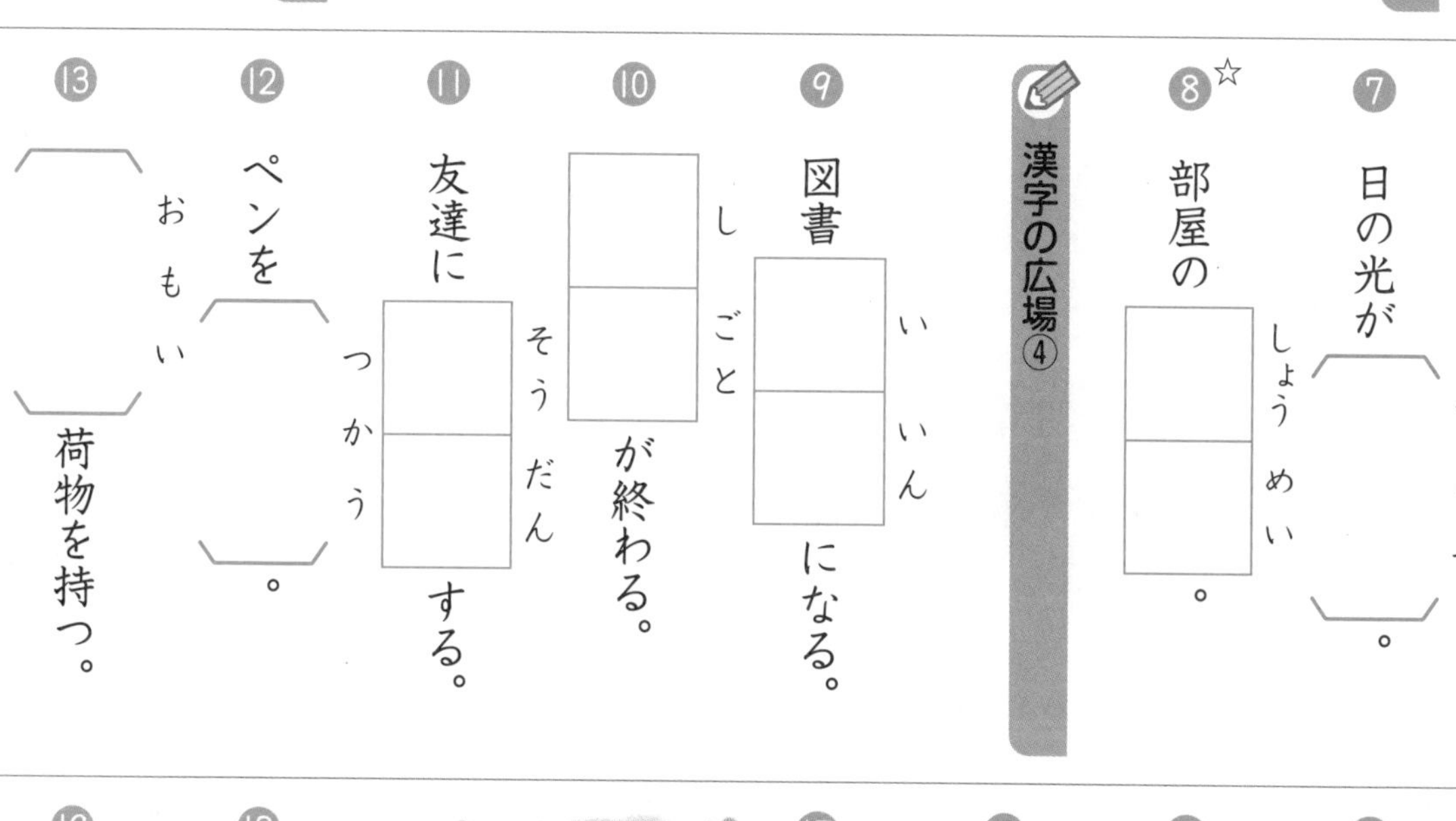

漢字の広場④

⑦ 日の光が〔　　〕。（てらす）

⑧☆ 部屋の□□（しょうめい）。

⑨ 図書□□（いいん）になる。

⑩ □□（しごと）が終わる。

⑪ 友達に□□（そうだん）する。

⑫ ペンを〔　　〕。（つかう）

⑬ 〔　　〕（おもい）荷物を持つ。

⑭ 号令で□□（きりつ）する。

⑮ 代表者を□□（しめい）する。

⑯ □□（はなぢ）が出る。

⑰ □□（こうてい）で運動する。

⑱ 本の□□（かんそう）を書く。

⑲ 楽しい〔　　〕（あそび）を考える。

友情のかべ新聞
もしものときにそなえよう
季節の言葉４　冬の楽しみ

第20回　/19問

☆ □に漢字を書きましょう。〔　〕には、漢字とひらがなを書きましょう。（☆は、新しい漢字のべつの読み方です。）

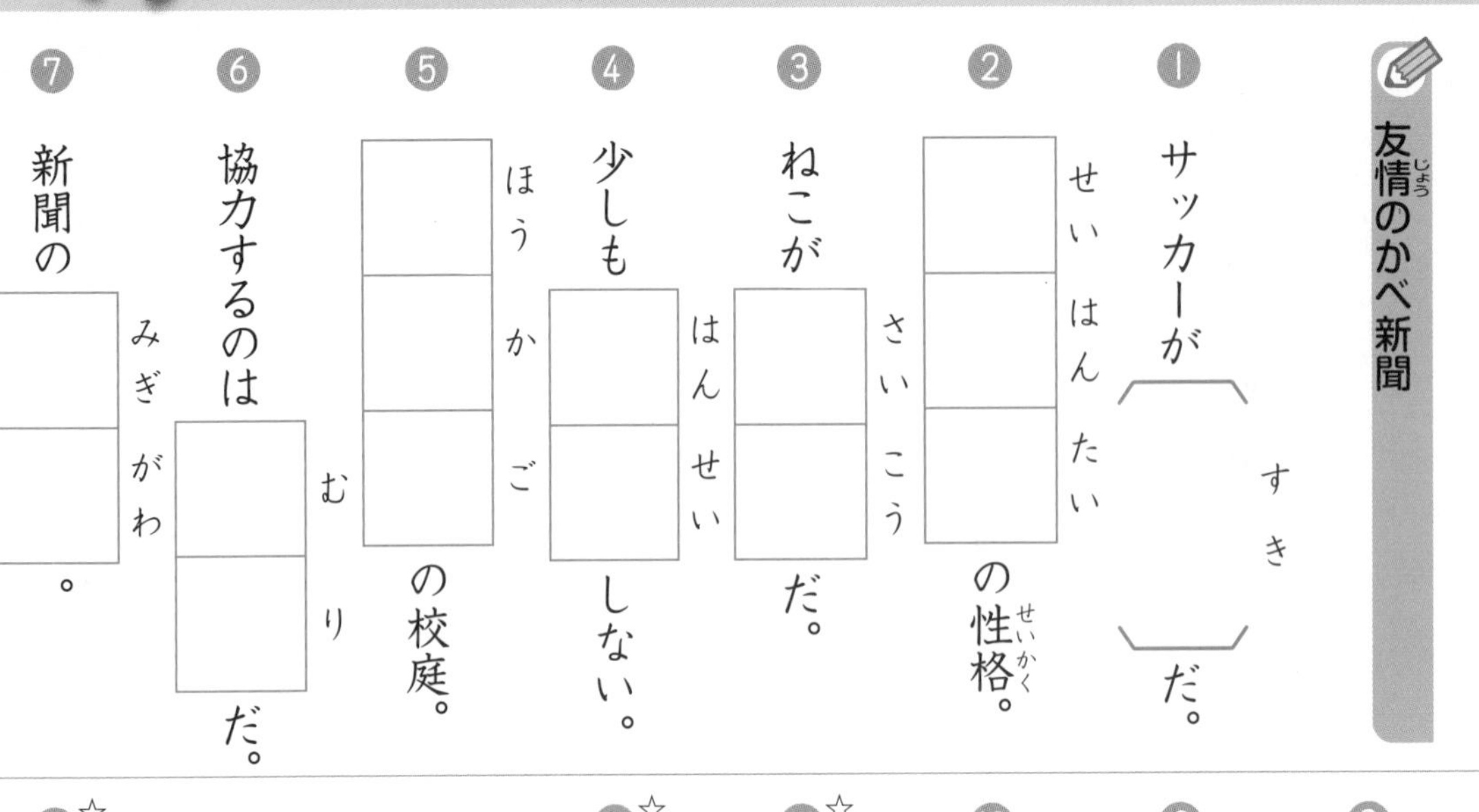

友情のかべ新聞

1. サッカーが〔すき〕だ。
2. 〔せいはんたい〕の性格。
3. ねこが〔さいこう〕だ。
4. 少しも〔はんせい〕しない。
5. 〔ほうかご〕の校庭。
6. 協力するのは〔むり〕だ。
7. 新聞の〔みぎがわ〕。

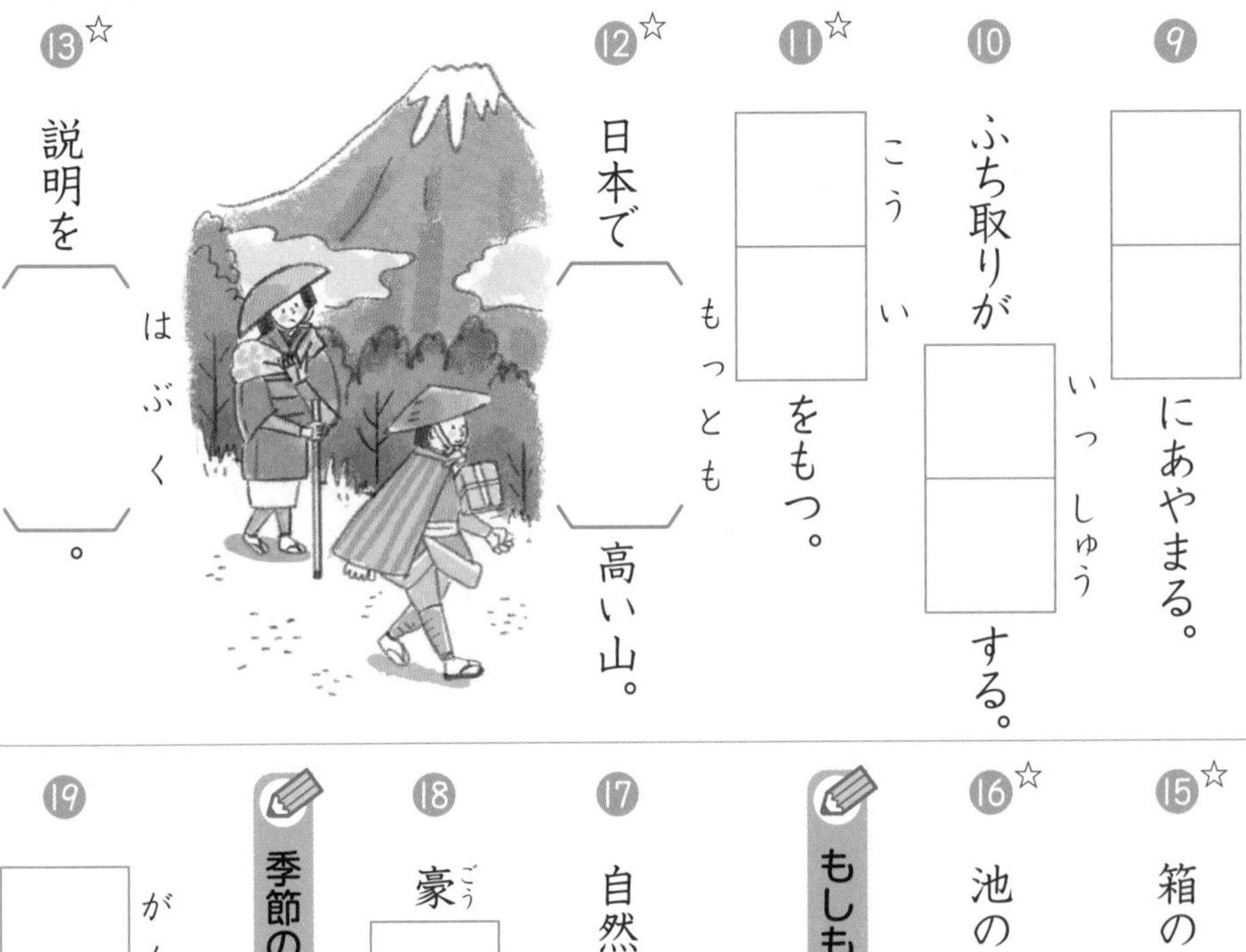

8. かべ新聞を〔あらためて〕読む。
9. 〔しょうじき〕にあやまる。
10. ふち取りが〔いっしゅう〕する。
11. ☆〔こうい〕をもつ。
12. ☆日本で〔もっとも〕高い山。
13. ☆説明を〔はぶく〕。

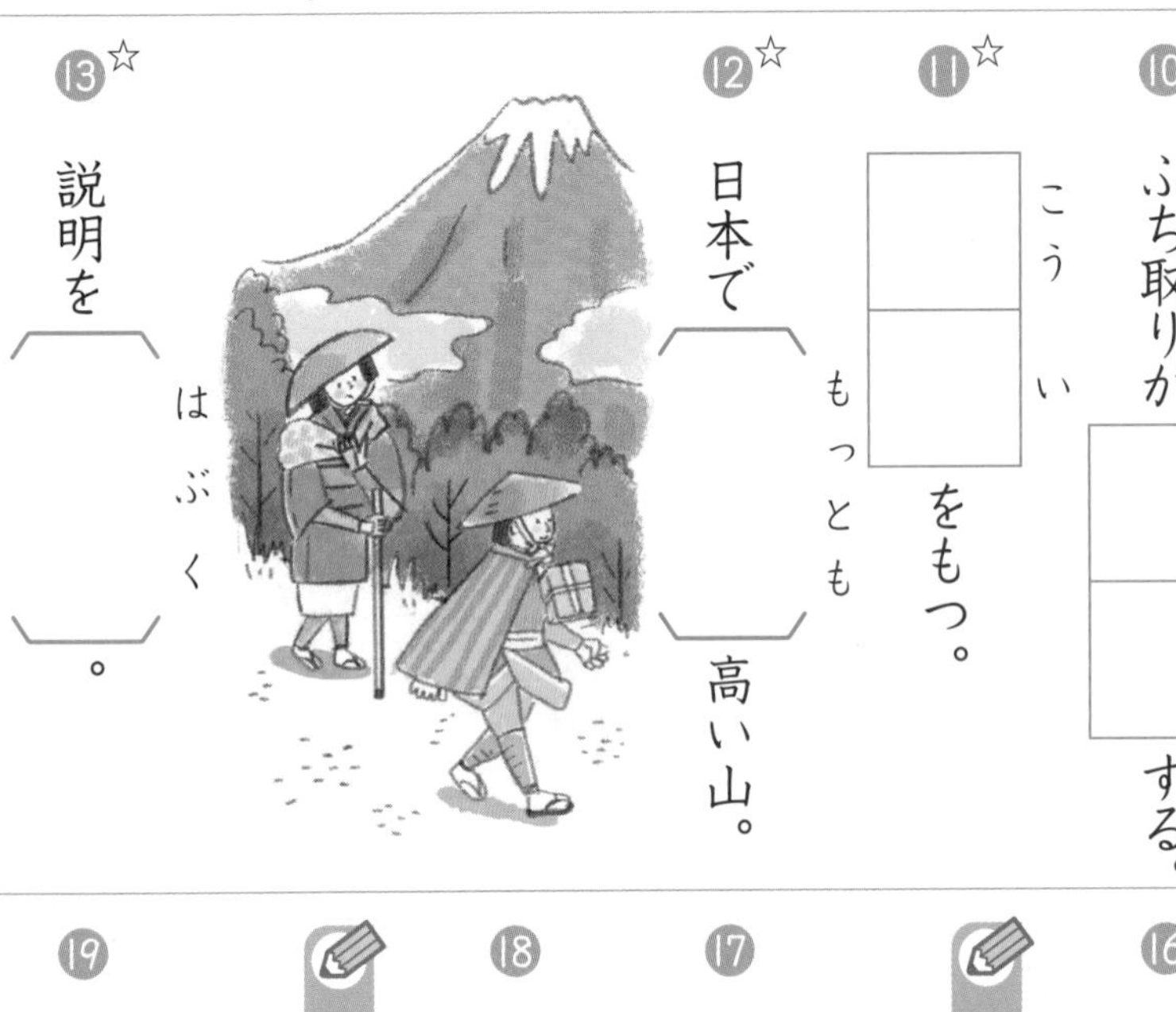

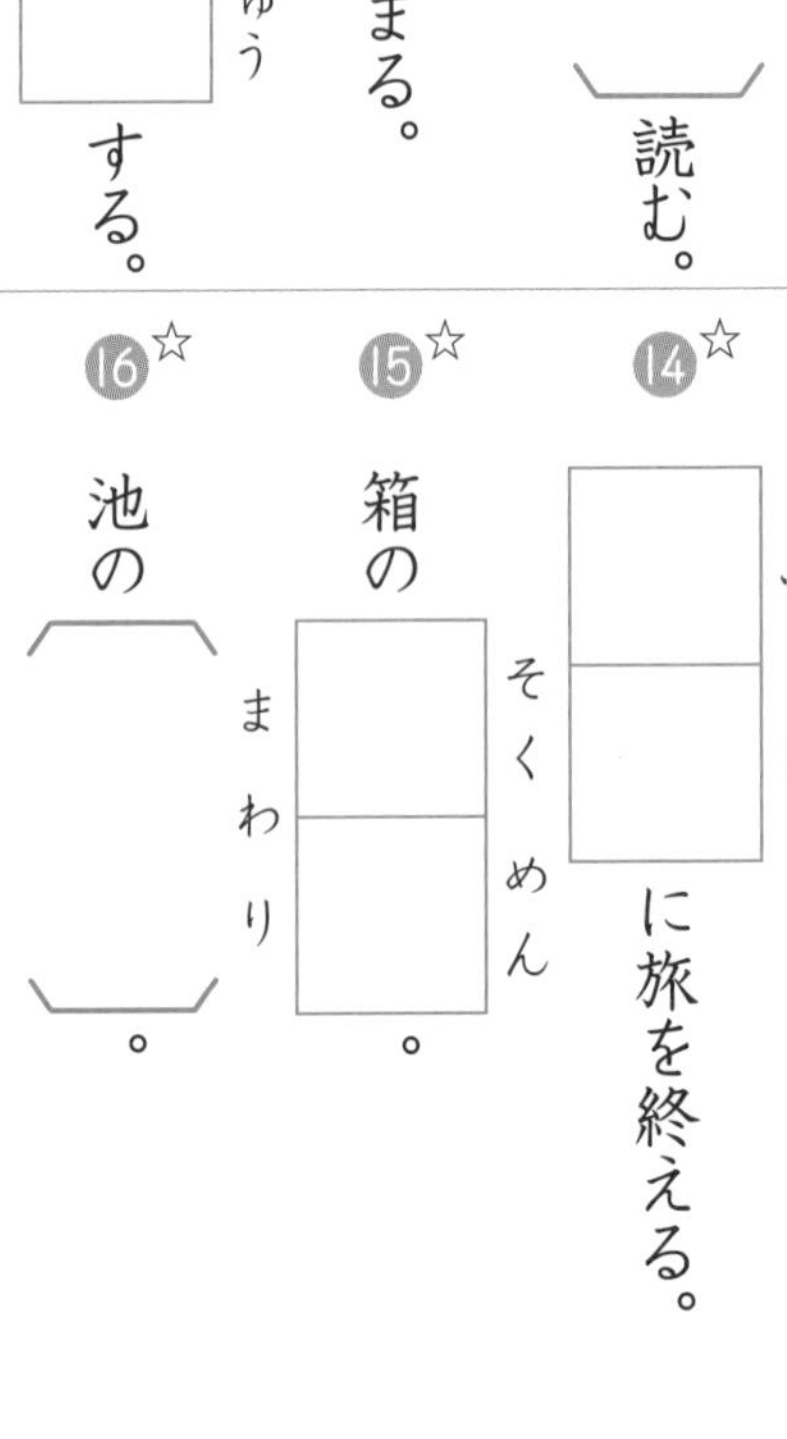

14. ☆〔ぶじ〕に旅を終える。
15. ☆箱の〔そくめん〕。
16. ☆池の〔まわり〕。

もしものときにそなえよう

17. 自然災〔がい〕が起こる。
18. 豪〔う〕が予想される。

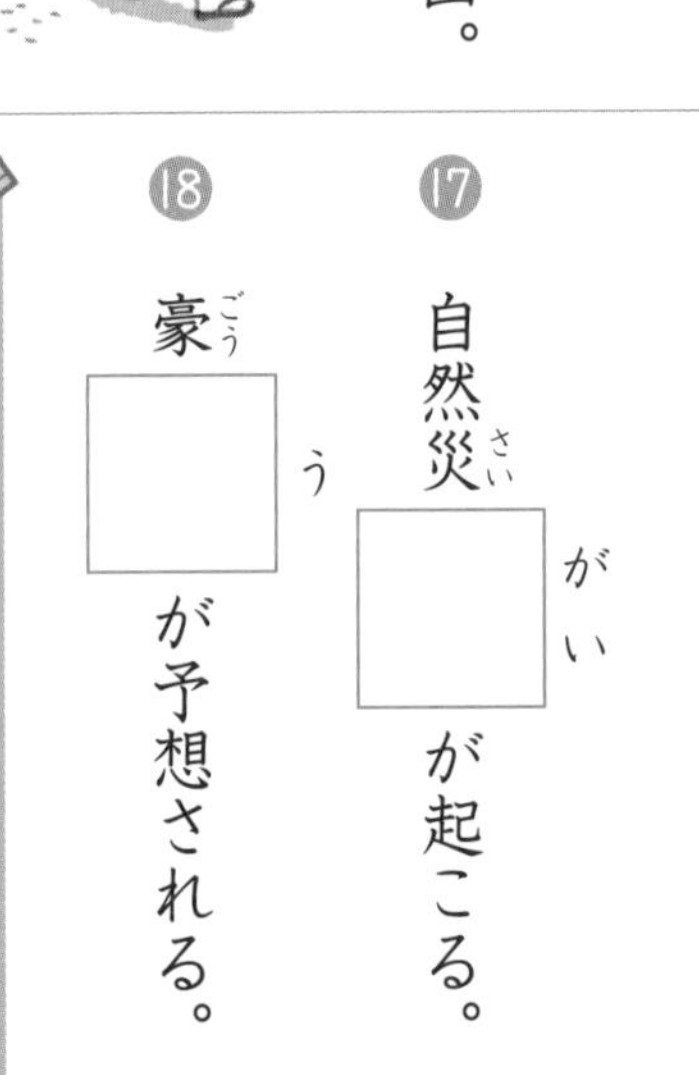

季節の言葉４

19. 〔がん〕旦をむかえる。

自分だけの詩集を作ろう　言葉から連想を広げて　熟語(じゅく)の意味　(1)

第21回　/19問

✪ □に漢字を書きましょう。〔　〕には、漢字とひらがなを書きましょう。（☆は、新しい漢字のべつの読み方です。）

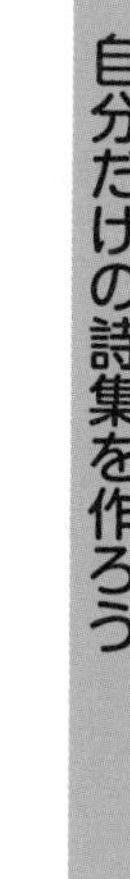

自分だけの詩集を作ろう

1. □□□（きょうつうてん）がある。
2. ☆ □（とも）にゴールを目指す。

言葉から連想を広げて

3. □□（れんそう）を広げる。
4. □□（れんぞく）ドラマを見る。
5. ☆ 高速道路に車が〔　　〕（つらなる）。
6. ☆ 犬を〔　　〕（つれて）歩く。

熟語(じゅく)の意味　(1)

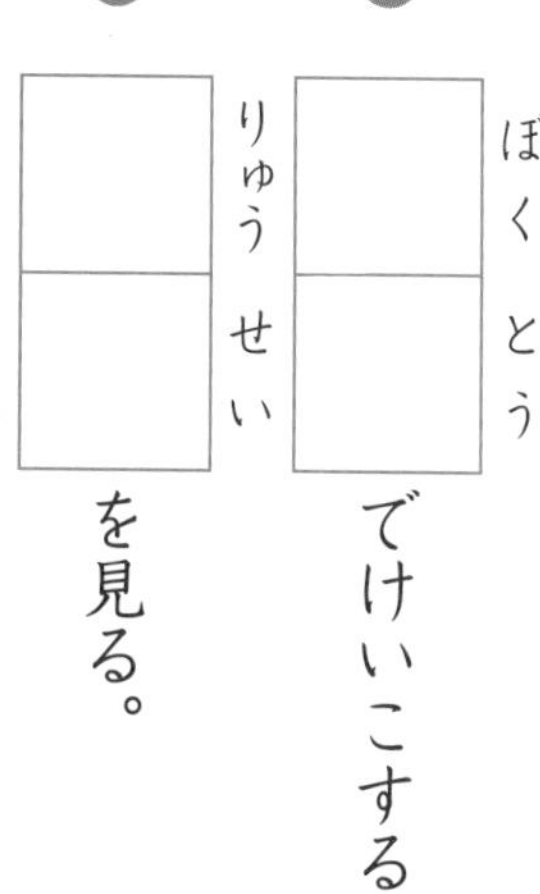

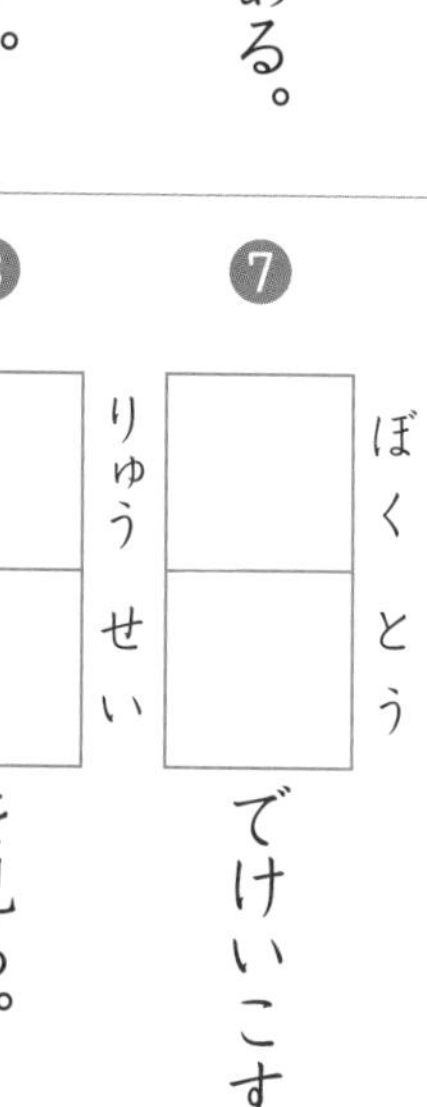

7. □□（ぼくとう）でけいこする。
8. □□（りゅうせい）を見る。
9. □□（ちくりん）で鳥が鳴く。
10. □□（じんりき）で運ぶ。
11. □□（でんごん）をたのむ。
12. □□（がんぼう）をかなえる。
13. 幸せを〔　　〕（ねがう）。

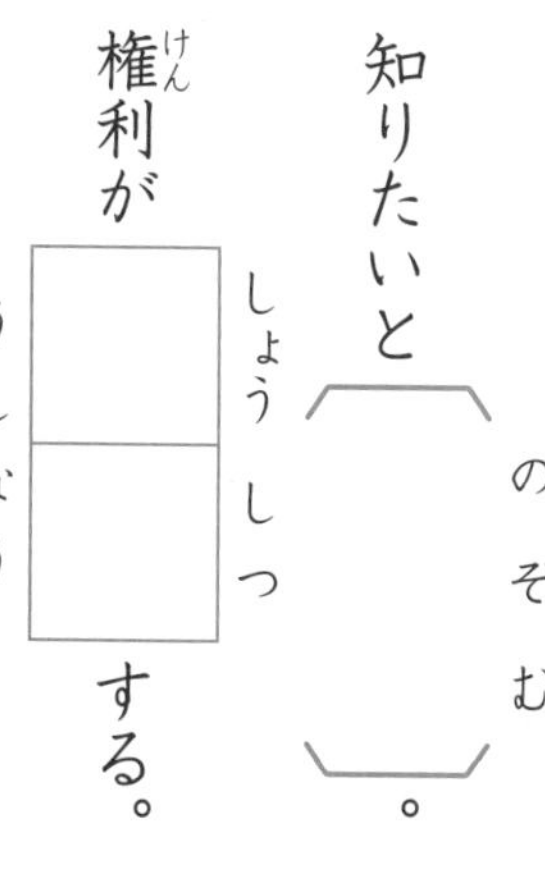

14. 知りたいと〔　　〕（のぞむ）。
15. 権利(けん)が□□（しょうしつ）する。
16. 信用を〔　　〕（うしなう）。
17. 湖の□□（しゅうへん）。
18. 〔　　〕（あたり）をうかがう。
19. ☆ 川の□□（きしべ）。

熟語(じゅく)の意味 (2)

第22回 /22問

☆ □に漢字を書きましょう。〔 〕には、漢字とひらがなを書きましょう。(☆は、新しい漢字のべつの読み方です。)

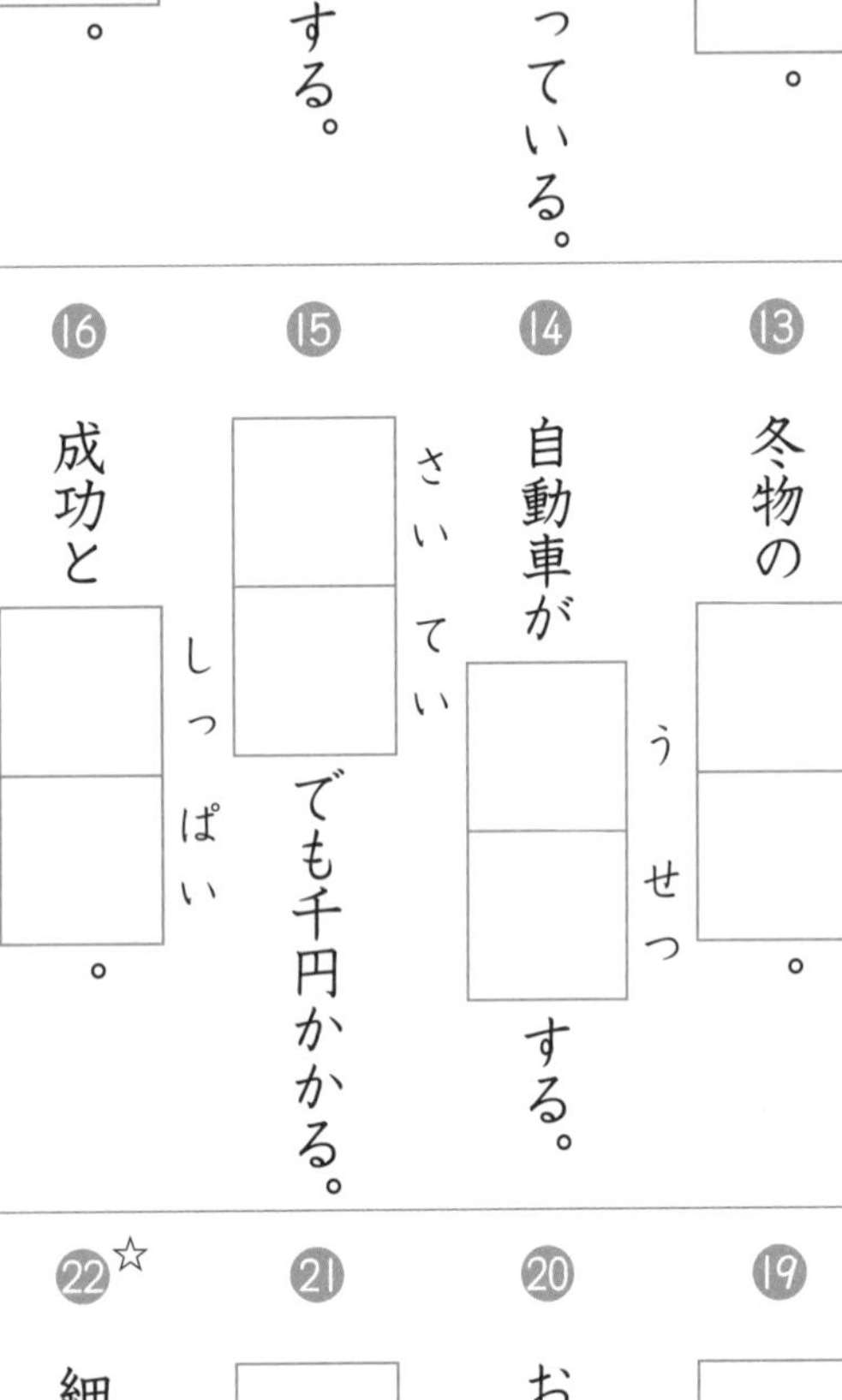
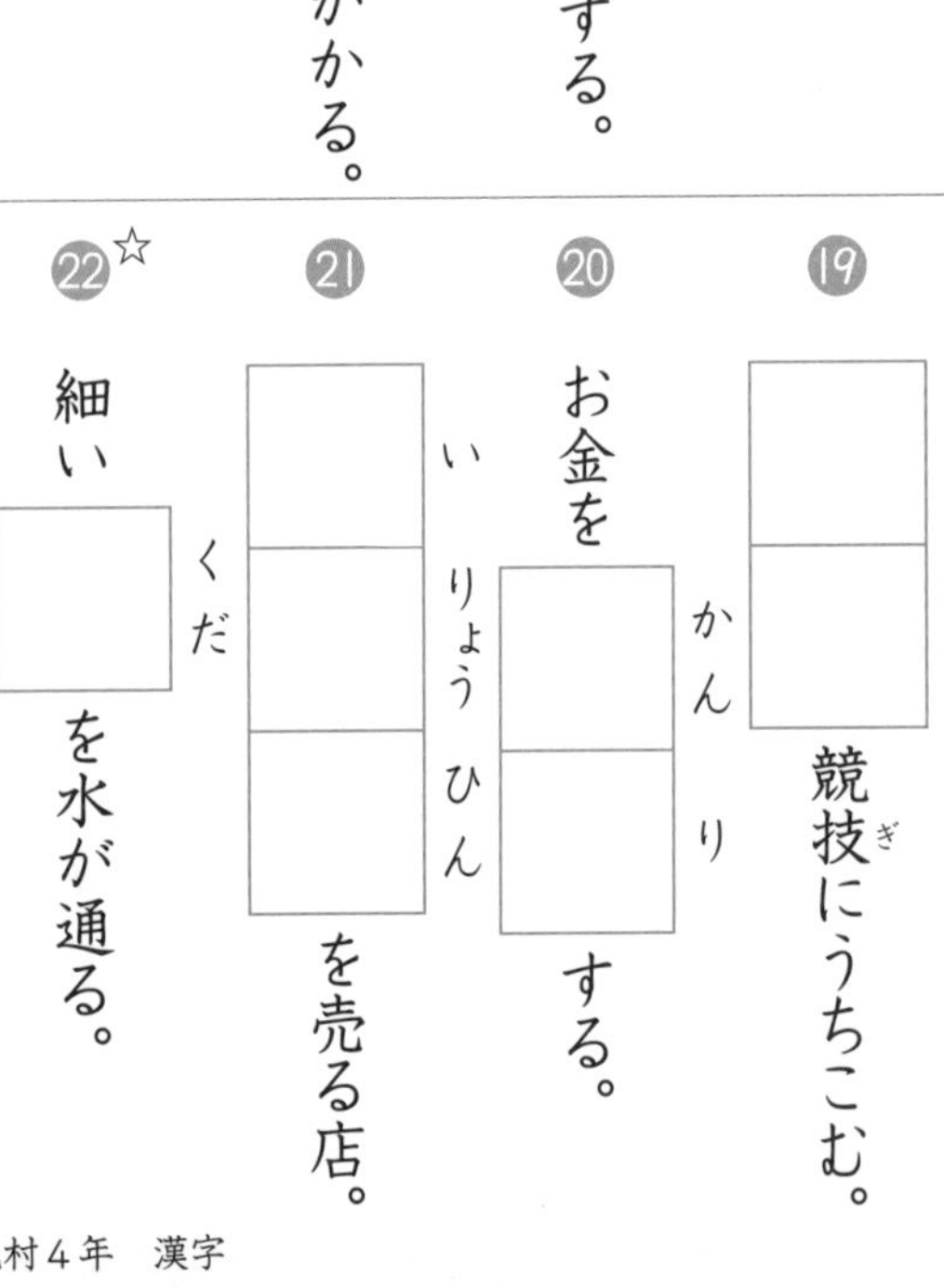
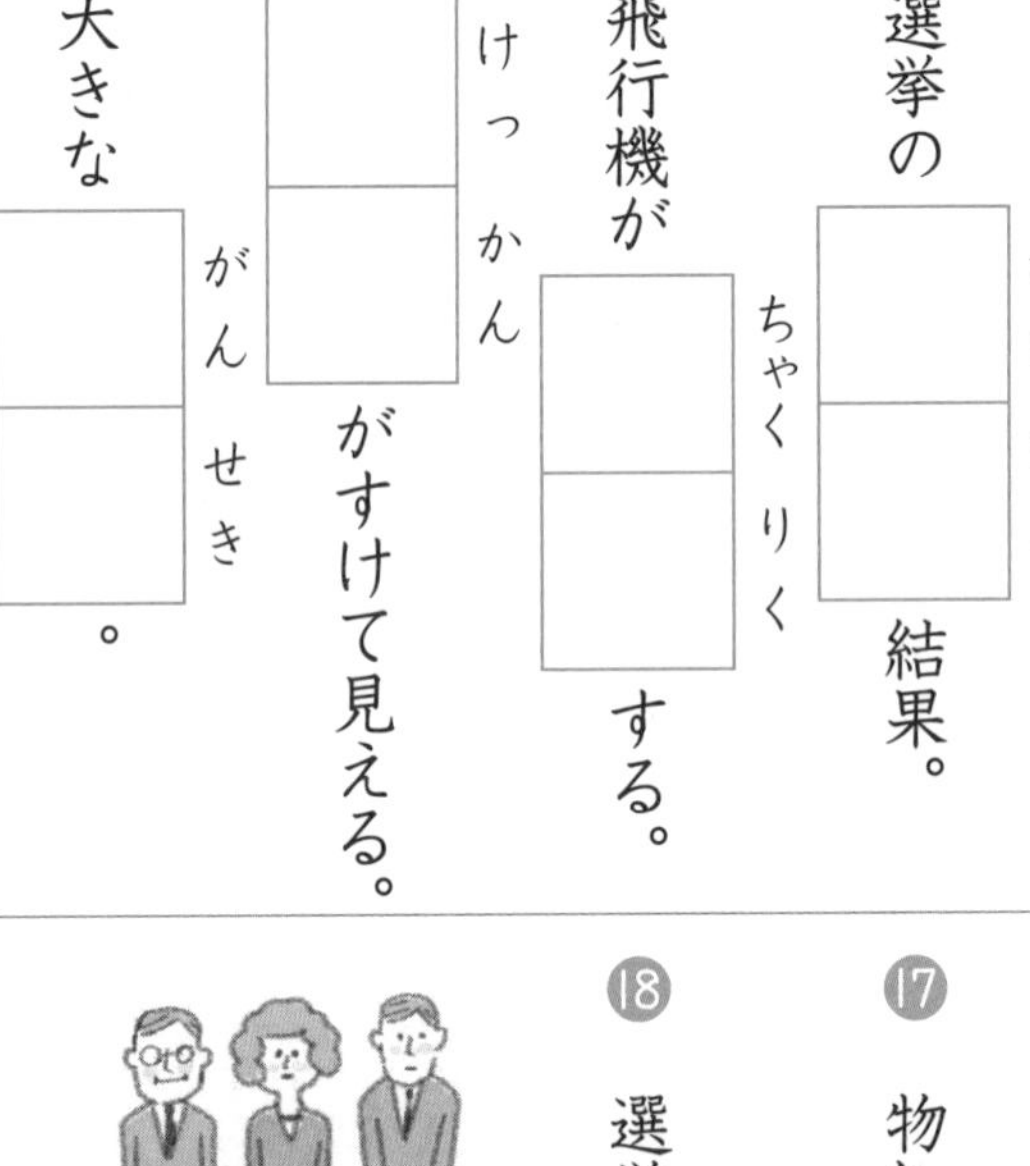

1 □□(こうてい)差がある地形。
2 〔 〕(ひくい)つくえ。
3 □□(しょうはい)が決まる。
4 試合に〔 〕(やぶれる)。
5 さくらの□□(ろうぼく)。
6 〔 〕(おいた)犬をかっている。
7 □□(かいてい)を調査(さ)する。
8 おもちゃ箱の□(そこ)。
9 選挙の□□(かいひょう)結果。
10 飛行機が□□(ちゃくりく)する。
11 □□(けっかん)がすけて見える。
12 大きな□□(がんせき)。
13 冬物の□□(いふく)。
14 自動車が□□(うせつ)する。
15 □□(さいてい)でも千円かかる。
16 成功と□□(しっぱい)。
17 物知りな□□(ろうじん)。
18 選挙の□□□(とうひょうび)。
19 □□(りくじょう)競技(ぎ)にうちこむ。
20 お金を□□(かんり)する。
21 □□□(いりょうひん)を売る店。
22☆ 細い□(くだ)を水が通る。

●勉強した 日 月 日

漢字の広場⑤ 3年生で習った漢字

第23回

/22問

☆ □にかんじを書きましょう。〔 〕には、かんじとひらがなを書きましょう。

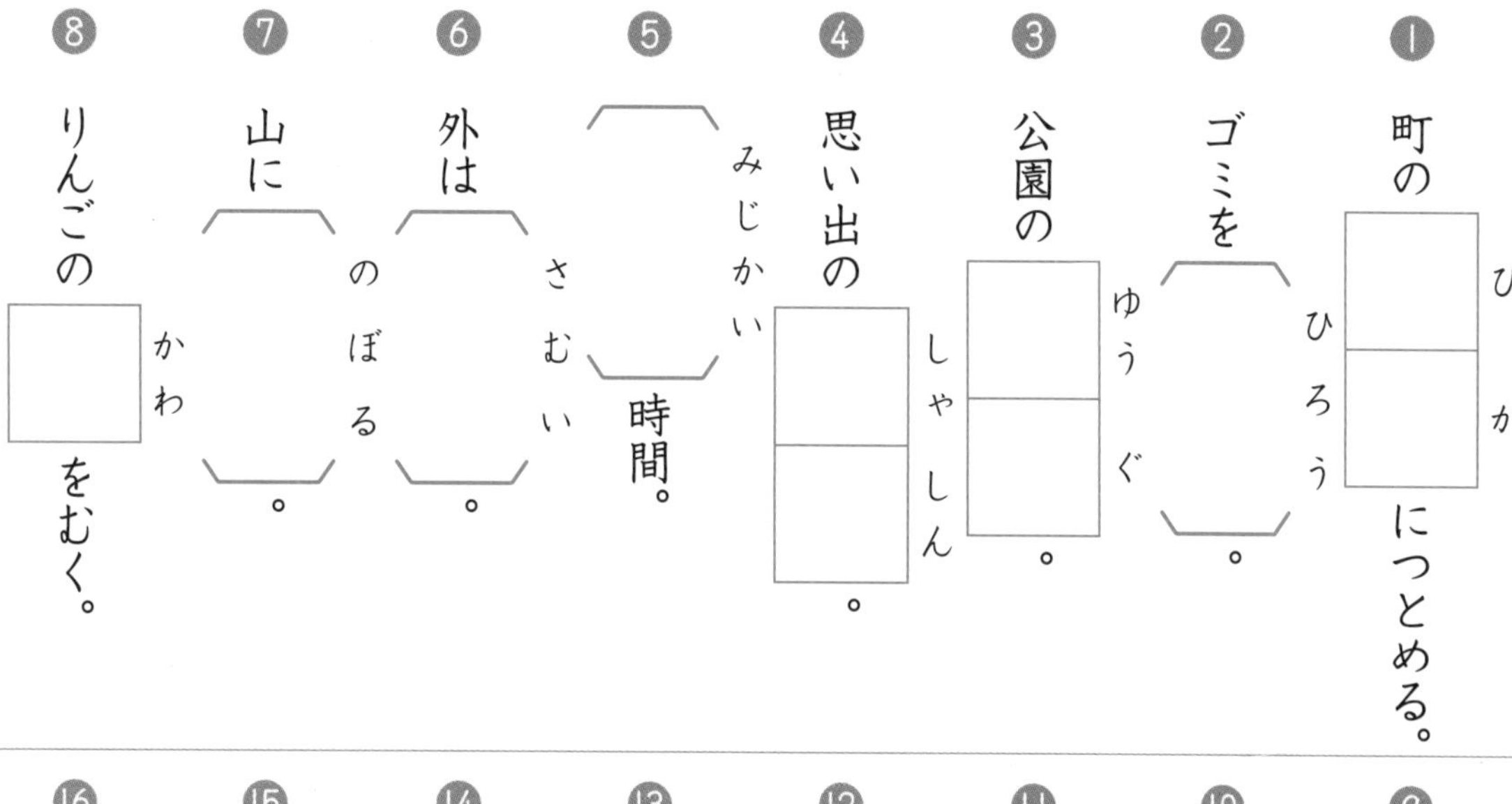

① 町の□□（びか）につとめる。

② ゴミを〔　　〕（ひろう）。

③ 公園の□□（ゆうぐ）。

④ 思い出の□□（しゃしん）。

⑤ 〔　　〕（みじかい）時間。

⑥ 外は〔　　〕（さむい）。

⑦ 山に〔　　〕（のぼる）。

⑧ りんごの□（かわ）をむく。

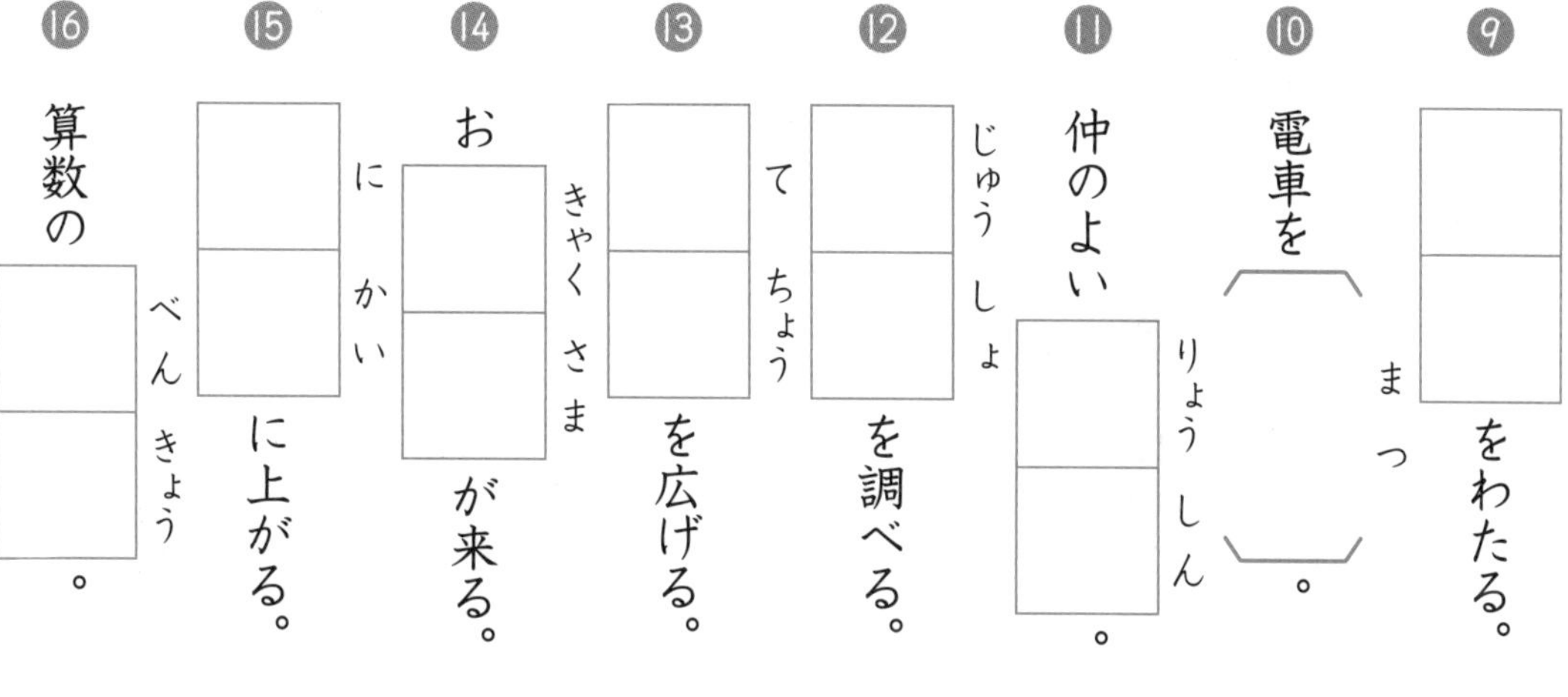

⑨ □□（どうろ）をわたる。

⑩ 電車を〔　　〕（まつ）。

⑪ 仲のよい□□（りょうしん）。

⑫ □□（じゅうしょ）を調べる。

⑬ □□（てちょう）を広げる。

⑭ お□□（きゃくさま）が来る。

⑮ □□（にかい）に上がる。

⑯ 算数の□□（べんきょう）。

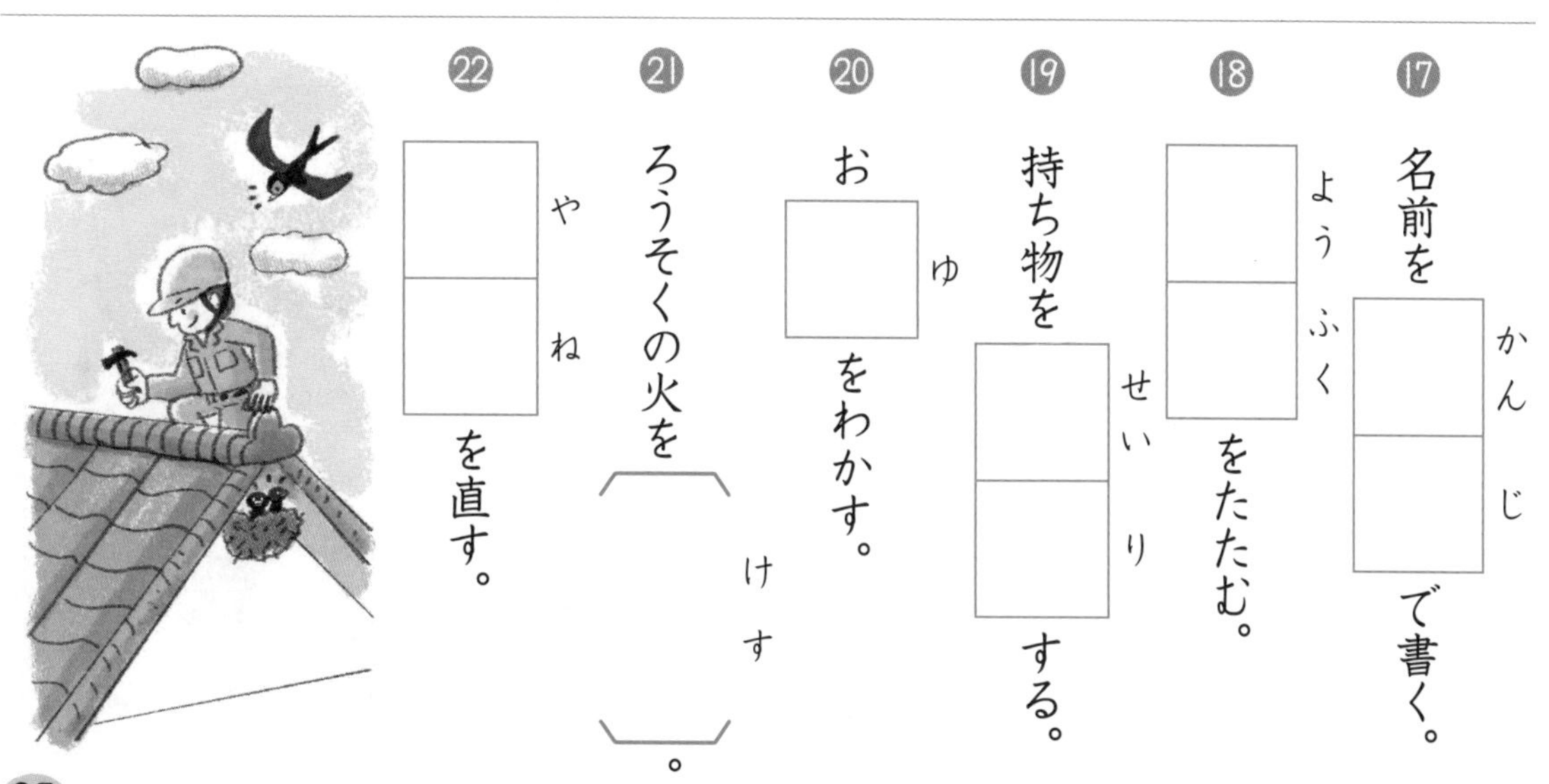

⑰ 名前を□□（かんじ）で書く。

⑱ □□（ようふく）をたたむ。

⑲ 持ち物を□□（せいり）する。

⑳ お□（ゆ）をわかす。

㉑ ろうそくの火を〔　　〕（けす）。

㉒ □□（やね）を直す。

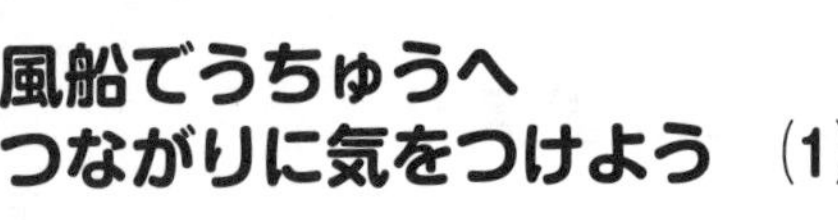

風船でうちゅうへ つながりに気をつけよう (1)

/18問

第24回

☆ □に漢字を書きましょう。〔 〕には、漢字とひらがなを書きましょう。（☆は、新しい漢字のべつの読み方です。）

風船でうちゅうへ

❶ 一号機が □□（かんせい） する。

❷ 最初の □□（じっけん）。

❸ □（べつ） の失敗をする。

❹ □□（ざんねん） に思う。

❺ □□（きぼう） をすてない。

❻ □□（どりょく） を続ける。

❼ 長い小説が □□（かんけつ） する。

❽☆ 駅前で兄と 〔（わかれる）〕。

❾☆ 心に 〔（のこる）〕 話。

❿☆ 泣かないように 〔（つとめる）〕。

つながりに気をつけよう (1)

⓫ 待ち合わせの □□（やくそく）。

⓬ □□（やちょう） が庭に来る。

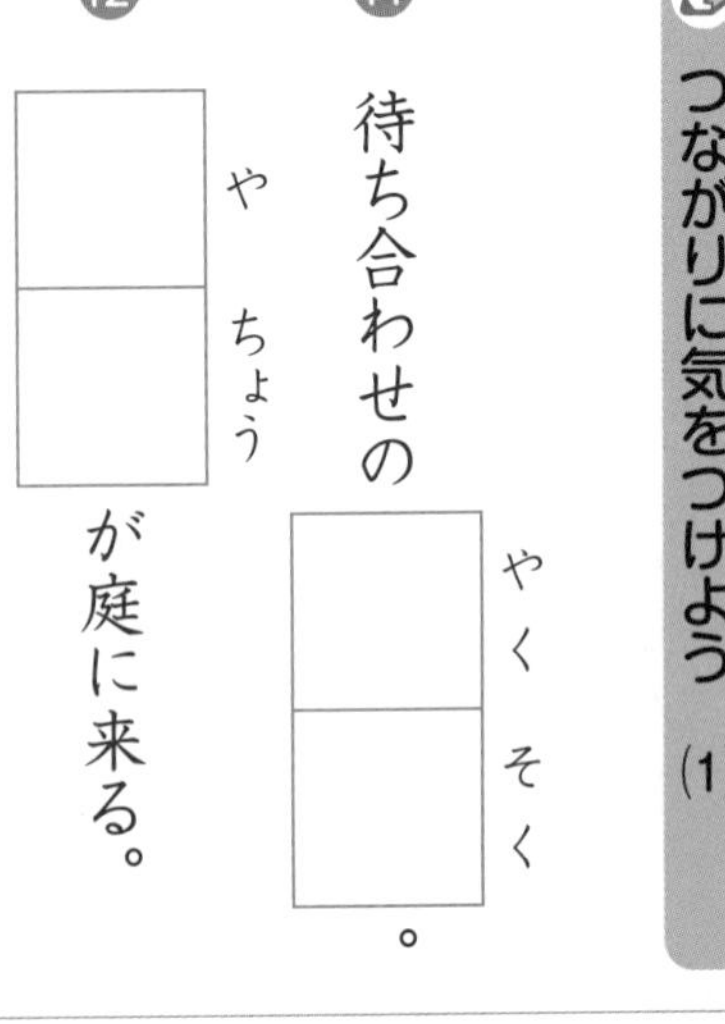

⓭ つばめが □（す） を作る。

⓮ たまごを 〔（うむ）〕。

⓯ □□（てんこう） が悪い日。

⓰ □□（きこう） がおだやかだ。

⓱☆ □□（はなたば） をおくる。

⓲☆ 米などの □□□（のうさんぶつ）。

つながりに気をつけよう (2) スワンレイクのほとりで

第25回　/20問

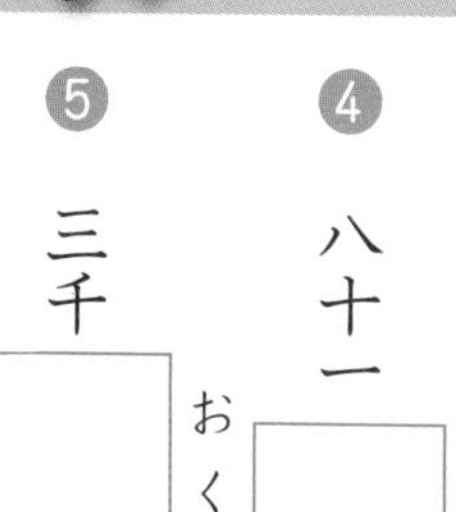

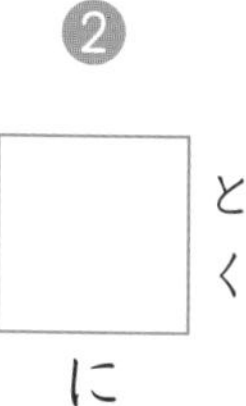

☆ □に漢字を書きましょう。〔　〕には、漢字とひらがなを書きましょう。（☆は、新しい漢字の別の読み方です。）

つながりに気をつけよう (2)

1 アサガオを□□（かんさつ）する。

2 □（とく）に明るく光る星。

3 〔　　〕（みずから）光る星。

4 八十一□（ちょう）円。

5 三千□（おく）キロメートル。

6 □□□（ぼうえんきょう）を買う。

7 実験をして□□（こうさつ）する。

8 □□（とっきゅう）列車に乗る。

9☆ □（かがみ）を見る。

スワンレイクのほとりで

10 □□（はくちょう）の形。

11 □□（さんぽ）をする。

12 移（い）□（みん）がつくりあげた国。

13 目が〔　　〕（さめる）。

14 □□（ゆうき）を出す。

15 にっこり〔　　〕（わらう）。

16 いろいろな□□（みんぞく）。

17☆ さくらの花が〔　　〕（ちる）。

18☆ 英語を〔　　〕（おぼえる）。

19☆ 不思議な□□（かんかく）。

20☆ 〔　　〕（いさましく）立ち向かう。

漢字の広場⑥　3年生で習った漢字

第26回

/18問

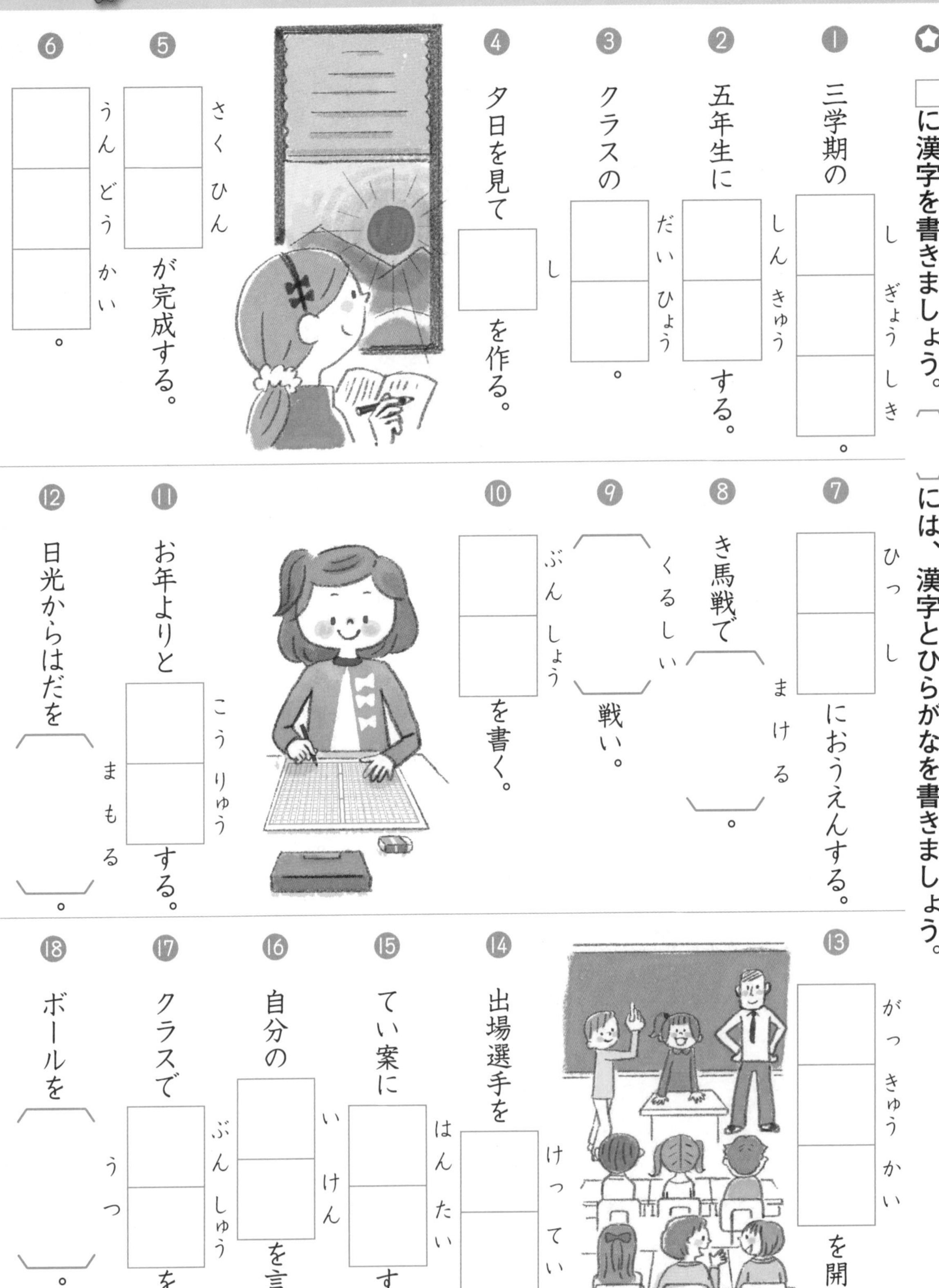

☆ □に漢字を書きましょう。〔　〕には、漢字とひらがなを書きましょう。

① 三学期の□□□（しぎょうしき）。
② 五年生に□□（しんきゅう）する。
③ クラスの□□（だいひょう）。
④ 夕日を見て□（し）を作る。
⑤ □□（さくひん）が完成する。
⑥ □□□（うんどうかい）。

⑦ □□（ひっし）におうえんする。
⑧ き馬戦で〔　　〕（まける）。
⑨ 〔　　〕（くるしい）戦い。
⑩ □□（ぶんしょう）を書く。
⑪ お年よりと□□（こうりゅう）する。
⑫ 日光からはだを〔　　〕（まもる）。

⑬ □□□（がっきゅうかい）を開く。
⑭ 出場選手を□□（けってい）する。
⑮ てい案に□□（はんたい）する。
⑯ 自分の□□（いけん）を言う。
⑰ クラスで□□（ぶんしゅう）を作る。
⑱ ボールを〔　　〕（うつ）。

答え

第1回

①信号 ②速達 ③飛び
④運転席 ⑤建物 ⑥菜
⑦目標 ⑧例 ⑨友達
⑩野菜 ⑪例える
⑫方法 ⑬分類 ⑭機械
⑮司書 ⑯百科事典
⑰記す ⑱順 ⑲記録
⑳飛行機

第2回

①辞典 ②成り ③画数
④音訓 ⑤部首 ⑥目印
⑦東西南北 ⑧静か ⑨社
⑩愛読書 ⑪昨夜 ⑫本
⑬青年 ⑭城 ⑮初夏
⑯風景 ⑰群れ ⑱絵画
⑲成長 ⑳城下町 ㉑初雪
㉒初めて

第3回

①立春
②必要 ③目的 ④用いる
⑤必ず ⑥的
⑦府 ⑧宮城 ⑨七夕
⑩山形 ⑪茨城 ⑫栃木
⑬群馬 ⑭埼玉 ⑮人口
⑯神奈川 ⑰新潟 ⑱富山
⑲福井

第4回

①山梨 ②量 ③岐阜
④静岡 ⑤量る
⑥島 ⑦港 ⑧宮
⑨行列 ⑩鉄橋 ⑪湖
⑫宿 ⑬中央 ⑭安
⑮申し ⑯都合 ⑰病院
⑱曲がり ⑲温室
⑳植える

第5回

①伝える ②案内図
③説明図 ④景色 ⑤名案
⑥小説 ⑦伝説
⑧試合 ⑨後半 ⑩選手
⑪観客席 ⑫旗 ⑬勝利
⑭取材 ⑮関係 ⑯試みる
⑰選ぶ ⑱旗手 ⑲関わる
⑳関所

第6回

①以外 ②季節
③市区町村 ④郡 ⑤節
⑥暑い ⑦練習 ⑧波
⑨泳ぐ ⑩息 ⑪太陽
⑫荷物 ⑬出発 ⑭速い
⑮旅行 ⑯祭り ⑰鉄板
⑱配る ⑲温度 ⑳命中

第7回

①戦争 ②配給 ③飯
④頭 ⑤包帯 ⑥泣き
⑦軍歌 ⑧兵隊 ⑨一輪
⑩決勝戦 ⑪給食 ⑫包丁
⑬軍隊 ⑭戦う ⑮争う
⑯昼飯 ⑰包む ⑱帯
⑲帯びる ⑳輪

第8回

①健康 ②夫 ③氏
④祝日 ⑤百貨店 ⑥台風
⑦児童館 ⑧昨日 ⑨器官
⑩良い ⑪徒競走 ⑫祝福
⑬楽器 ⑭生徒 ⑮夫人
⑯祝う ⑰良心的 ⑱競馬

第9回

①芽 ②奈良 ③梅
④発芽 ⑤梅
⑥要約 ⑦節約
⑧工夫 ⑨付け ⑩清書
⑪清流 ⑫付録 ⑬清める
⑭回答

第10回

①滋賀 ②大阪 ③鳥取
④徳島 ⑤香川 ⑥愛媛
⑦佐賀 ⑧長崎 ⑨熊本
⑩大分 ⑪鹿児島 ⑫沖縄
⑬道徳 ⑭年賀 ⑮白熊
⑯香り ⑰鹿 ⑱鹿

第11回

①熱帯 ②手伝う
③春夏秋冬 ④働く
⑤栄養 ⑥満ち ⑦発熱
⑧栄光 ⑨養分 ⑩満ちる
⑪熱い ⑫働 ⑬栄える
⑭養う ⑮満足

答え

第12回

❶真っ赤
❷姉 ❸命令 ❹号令
❺位置 ❻一位 ❼配置
❽位 ❾置く
❿漁業 ⓫海水浴場
⓬漁船 ⓭漁 ⓮浴びる

第13回

❶出欠 ❷卒業式
❸単行本 ❹結果 ❺直径
❻副大臣 ❼街灯（外灯）
❽欠け ❾結ぶ ❿果たす
⓫家臣
⓬英語 ⓭参考 ⓮合唱
⓯参り ⓰唱える

第14回

❶塩気 ❷治水 ❸印刷
❹塩分 ❺治める ❻治る
❼刷る
❽落とす ❾始まり
❿追う ⓫急ぐ ⓬助ける
⓭転がる ⓮暗い ⓯着く
⓰礼 ⓱幸福 ⓲悪い
⓳海岸 ⓴悲しい

第15回

❶変化 ❷結末 ❸菜種
❹家 ❺続く ❻小川
❼折られる ❽積む ❾松
❿変身 ⓫年末 ⓬変わる
⓭末 ⓮種類 ⓯続出
⓰折 ⓱面積 ⓲松

第16回

❶不思議 ❷差す ❸念
❹固めて ❺不安
❻会議室 ❼記念品
❽不気味 ❾交差点
❿固定
⓫便 ⓬博物館 ⓭浅い
⓮便利 ⓯便り

第17回

❶倉庫 ❷名札 ❸孫
❹成功 ❺参加 ❻牧場
❼読本 ❽借りる
❾明後日 ❿米作 ⓫戸外
⓬木 ⓭半ば ⓮初孫
⓯加工 ⓰千円札 ⓱子孫
⓲加える ⓳借金

第18回

❶挙げる ❷協力
❸積極的 ❹求める
❺南極 ❻選挙 ❼要求
❽未来 ❾工芸品 ❿各地
⓫材料 ⓬自然 ⓭天然
⓮仲 ⓯労 ⓰仲間
⓱苦労

第19回

❶焼く ❷冷やす ❸冷静
❹冷たい ❺冷める
❻金色 ❼照らす ❽照明
❾委員 ❿仕事 ⓫相談
⓬使う ⓭重い ⓮起立
⓯指名 ⓰鼻血 ⓱校庭
⓲感想 ⓳遊び

第20回

❶好き ❷正反対 ❸最高
❹反省 ❺放課後 ❻無理
❼右側 ❽改めて ❾正直
❿一周 ⓫好意 ⓬最も
⓭省く ⓮無事 ⓯側面
⓰周り
⓱害 ⓲雨
⓳元

第21回

❶共通点 ❷共
❸連想 ❹連続 ❺連なる
❻連れて
❼木刀 ❽流星 ❾竹林
❿人力 ⓫伝言 ⓬願望
⓭願う ⓮望む ⓯消失
⓰失う ⓱周辺 ⓲辺り
⓳岸辺

第22回

❶高低 ❷低い ❸勝敗
❹敗れる ❺老木
❻老いた ❼海底 ❽底
❾開票 ❿着陸 ⓫血管
⓬岩石 ⓭衣服 ⓮右折
⓯最低 ⓰失敗 ⓱老人
⓲投票日 ⓳陸上 ⓴管理
㉑衣料品 ㉒管

第23回

①美化　②拾う　③遊具
④写真　⑤短い　⑥寒い
⑦登る　⑧皮　⑨道路
⑩待つ　⑪両親　⑫住所
⑬手帳　⑭客様　⑮二階
⑯勉強　⑰漢字　⑱洋服
⑲整理　⑳湯　㉑消す
㉒屋根

第24回

①完成　②実験　③別
④残念　⑤希望　⑥努力
⑦完結　⑧別れる　⑨残る
⑩努める
⑪約束　⑫野鳥　⑬巣
⑭産む（生む）　⑮天候
⑯気候　⑰花束　⑱農産物

第25回

①観察　②特　③自ら
④兆　⑤億　⑥望遠鏡
⑦考察　⑧特急　⑨鏡
⑩白鳥　⑪散歩　⑫民
⑬覚める　⑭勇気　⑮笑う
⑯民族　⑰散る　⑱覚える
⑲感覚　⑳勇ましく

第26回

①始業式　②進級　③代表
④詩　⑤作品　⑥運動会
⑦必死　⑧負ける
⑨苦しい　⑩文章　⑪交流
⑫守る　⑬学級会　⑭決定
⑮反対　⑯意見　⑰文集
⑱打つ

慣用句

体の一部が入るもの

目が高い
●よいものを見分ける力がすぐれている。
例 父は絵については目が高い。

目がない
●どうしようもなく好きである。
例 ぼくはあまいものに目がない。

手をかす
●手伝う。
例 荷物運びに手をかす。

手を焼く
●うまくあつかえず、こまる。
例 ねこのいたずらには手を焼いている。

頭を冷やす
●落ち着いて考えられるように、気持ちを静める。
例 一度頭を冷やしてから、話し合おう。

顔から火が出る
●とてもはずかしいと感じている様子。
例 わすれ物をして、顔から火が出る思いをした。

鼻が高い
●得意になったり、じまんに思ったりする様子。
例 兄がほめられたので、わたしも鼻が高い。

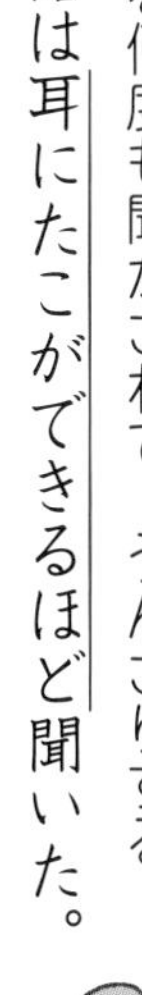

耳にたこができる
●同じことを何度も聞かされて、うんざりする。
例 その話は耳にたこができるほど聞いた。

口がかたい
●ひみつなどを他人にしゃべらない。
例 あの人は口がかたいから、安心して話せる。

首を長くする
●楽しみにして、待ち遠しく思う。
例 旅行の日を首を長くして待つ。

胸をなでおろす
●心配ごとがなくなって、ほっとする。
例 台風がそれて、胸をなでおろした。

腹をわる
●思っていることをかくさずに、全て打ち明ける。
例 君とは腹をわって話したいと思っていた。

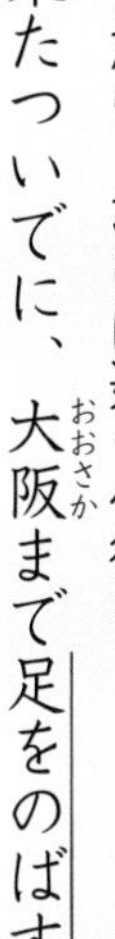

足をのばす
●今いるところから、さらに遠くへ行く。
例 京都に来たついでに、大阪まで足をのばす。

生き物が入るもの

馬が合う
●気が合う。
例 この前転校してきた子とは、馬が合いそうだ。

うり二つ
●顔かたちがよくにている様子。
例 あの親子はうり二つだ。

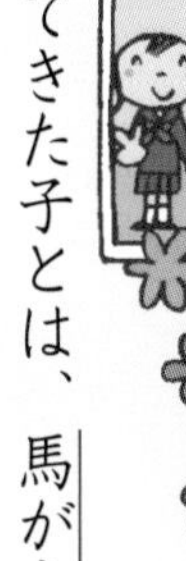

きつねにつままれる
●意外な事が起こって、ぽかんとする。
例 手品を見た弟は、きつねにつままれたような顔をしていた。

すずめのなみだ
●ほんのわずかである様子。
例 ぼくのおこづかいは、すずめのなみだくらいしかない。

竹をわったよう
●気性がさっぱりしている様子。
例 母は、竹をわったようなせいかくだ。

つるのひと声
●力をもつ人による、みんなをしたがわせるひと言。
例 社長のつるのひと声で、話がまとまった。

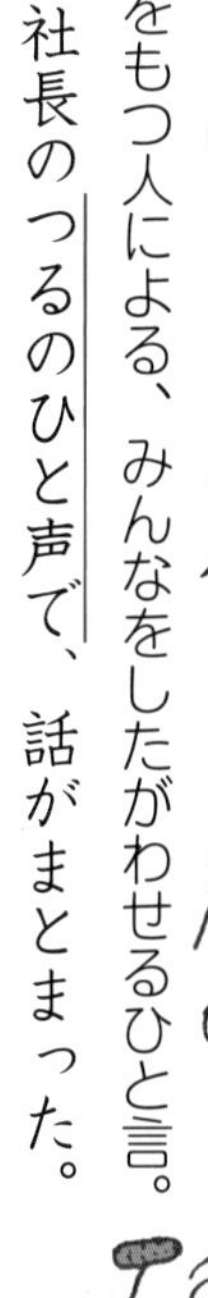

ねこのひたい
●場所がとてもせまい様子。
例 ねこのひたいほどの庭。

虫が知らせる
●なんとなく、何かが起こりそうな予感がする。
例 虫が知らせたのか、外出をやめたので雨にぬれずにすんだ。

身近な物が入るもの

油を売る
●むだ話などをしてなまける。
例 油を売っていないで、早く仕事を終わらせよう。

お茶をにごす
●いいかげんなことを言って、その場をごまかす。
例 予想外のしつもんをされたので、うまくお茶をにごした。

雲をつかむ
●はっきりしなくて、とらえどころがない様子。
例 雲をつかむような話なので、信用できない。

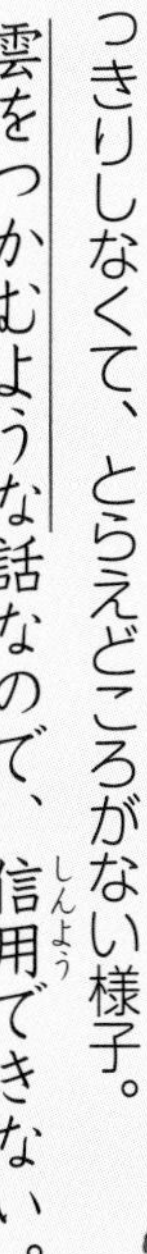

水に流す
●今までのいざこざを、なかったことにする。
例 これまでのことは水に流して、仲良くしよう。

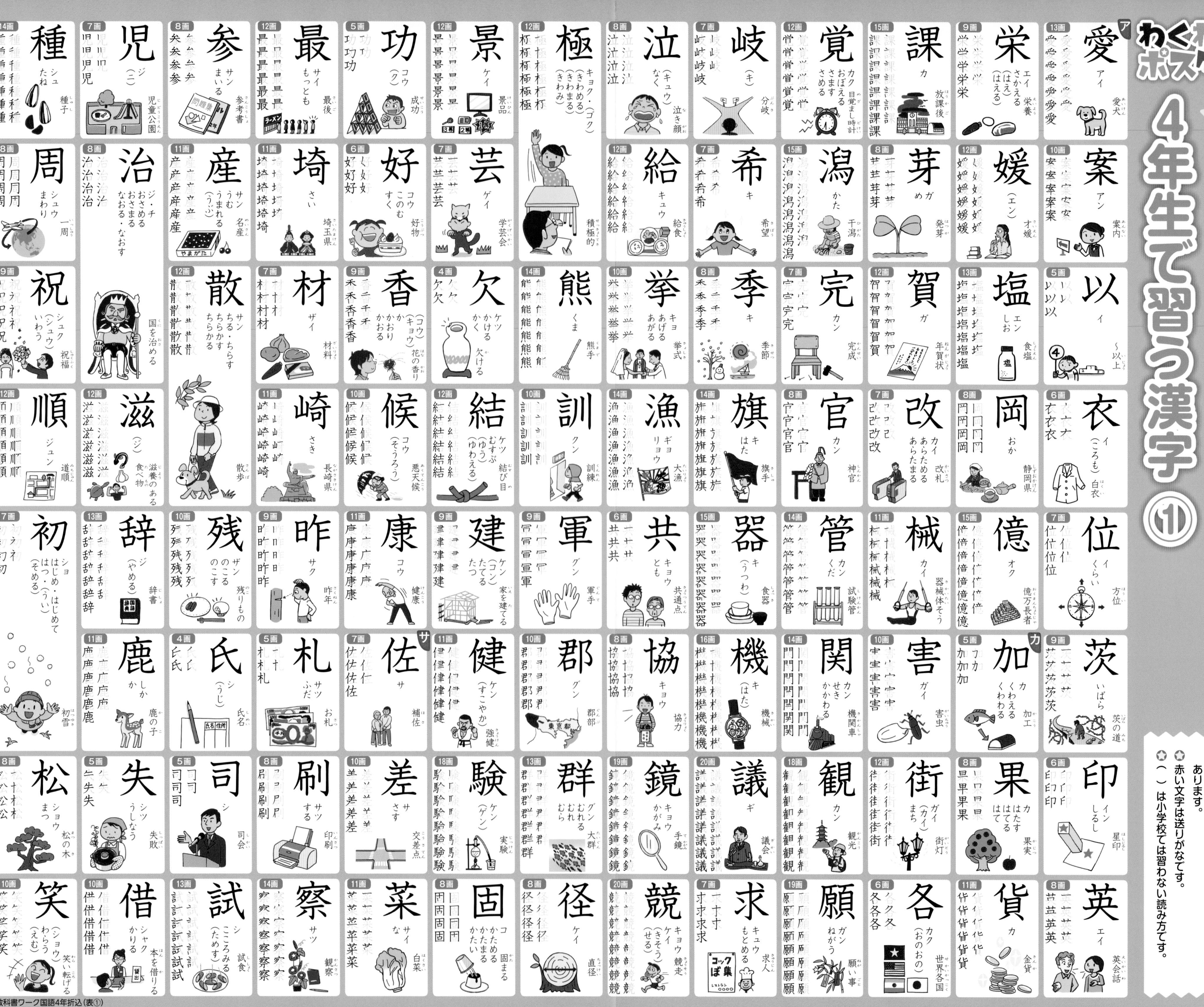

わくわくポスター
4年 国語 教科書ワーク
4年生で習う漢字 ①
☆4年生で習う漢字を五十音順にならべてあります。
☆赤い文字は送りがなです。
☆（ ）は小学校では習わない読み方です。
ア
愛 アイ 愛犬
案 アン 案内
以 イ ～以上
衣 イ （ころも） 白衣
位 イ くらい 方位
茨 いばら 茨の道
印 イン しるし 星印
英 エイ 英会話
栄 エイ さかえる （はえ） （はえる） 栄養
媛 （エン） 才媛
塩 エン しお 食塩
岡 おか 静岡県
億 オク 億万長者
カ
加 カ くわえる くわわる 加工
果 カ はたす はてる はて 果実
貨 カ 金貨
課 カ 放課後
芽 ガ め 発芽
賀 ガ 年賀状
改 カイ あらためる あらたまる 改札
械 カイ 器械体そう
害 ガイ 害虫
街 ガイ （カイ） まち 街灯
各 カク （おのおの） 世界各国
覚 カク おぼえる さます さめる 目覚まし時計
潟 かた 干潟
完 カン 完成
官 カン 神官
管 カン くだ 試験管
関 カン せき かかわる 機関車
観 カン 観光
願 ガン ねがう 願い事
岐 （キ） 分岐
希 キ 希望
季 キ 季節
旗 キ はた 旗手
器 キ （うつわ） 食器
機 キ （はた） 機械
議 ギ 議会
求 キュウ もとめる 求人
泣 （キュウ） なく 泣き顔
給 キュウ 給食
挙 キョ あげる あがる 挙式
漁 ギョ リョウ 大漁
共 キョウ とも 共通点
協 キョウ 協力
鏡 キョウ かがみ 手鏡
競 キョウ ケイ （きそう） （せる） 競走
極 キョク・（ゴク） （きわめる） （きわまる） （きわみ） 積極的
熊 くま 熊手
訓 クン 訓練
軍 グン 軍手
郡 グン 郡部
群 グン むれる むれ むら 大群
径 ケイ 直径
景 ケイ 景品
芸 ゲイ 学芸会
欠 ケツ かける かく 欠ける
結 ケツ むすぶ （ゆう） （ゆわえる） 結び目
建 ケン （コン） たてる たつ 家を建てる
健 ケン （すこやか） 強健
験 ケン （ゲン） 実験
固 コ かためる かたまる かたい 固まる
功 コウ （ク） 成功
好 コウ このむ すく 好物
香 （コウ） （キョウ） か かおり かおる 花の香り
候 コウ （そうろう） 悪天候
康 コウ 健康
サ
佐 サ 補佐
差 サ さす 交差点
菜 サイ な 白菜
最 サイ もっとも 最後
埼 さい 埼玉県
材 ザイ 材料
崎 さき 長崎県
昨 サク 昨年
札 サツ ふだ お札
刷 サツ する 印刷
察 サツ 観察
参 サン まいる 参考書
産 サン うむ うまれる （うぶ） 名産
散 サン ちる・ちらす ちらかす ちらかる 散歩
残 ザン のこる のこす 残りもの
氏 シ （うじ） 氏名
司 シ 司会
試 シ こころみる （ためす） 試食
児 ジ （ニ） 児童公園
治 ジ・チ おさめる おさまる なおる・なおす 国を治める
滋 （ジ） 滋養のある食べ物
辞 ジ （やめる） 辞書
鹿 しか か 鹿の子
失 シツ うしなう 失敗
借 シャク かりる 本を借りる
種 シュ たね 種子
周 シュウ まわり 一周
祝 シュク （シュウ） いわう 祝福
順 ジュン 道順
初 ショ はじめ・はじめて はつ・（うい） （そめる） 初雪
松 ショウ まつ 松の木
笑 （ショウ） わらう （えむ） 笑い転げる

和歌

春過ぎて夏来にけらし白妙の
衣ほすてふ天の香具山

持統天皇

春が過ぎて夏が来たらしい。夏に真っ白な服をほすという天の香具山よ。

東の野にかぎろひの立つ見えて
かへり見すれば月かたぶきぬ

柿本人麻呂

東の野のはてに明け方の光が見えて、ふり返って見ると、月が西の方にかたむいていた。

石走る垂水の上のさわらびの
萌え出づる春になりにけるかも

志貴皇子

岩の上をはげしく流れるたきのそばの、わらびが芽を出す春になったのだなあ。

田子の浦にうち出でて見れば白妙の
富士の高嶺に雪は降りつつ

山部赤人

田子の浦という海岸に出てながめると、真っ白な富士山の高いみねに、雪が降り続いている。

天の原ふりさけ見れば春日なる
三笠の山に出でし月かも

安倍仲麿

大空を遠くまで見ると、月が出ている。この月は、ふるさとの春日にある三笠山に出ていたあの月と同じなのだなあ。

君がため春の野に出でて若菜つむ
わが衣手に雪は降りつつ

光孝天皇

あなたのために、春の野に出かけて若菜をつむわたしのそでに、雪が降り続いている。

秋来ぬと目にはさやかに見えねども
風の音にぞおどろかれぬる

藤原敏行

秋が来たと、目にははっきりとは見えないけれど、風の音で、秋が来たことにはっと気づいたよ。

ひさかたの光のどけき春の日に
しづ心なく花の散るらむ

紀友則

日の光ものどかな春の日に、どうして落ち着いた心もなく、さくらの花は散っていくのだろうか。

嵐吹く三室の山のもみぢ葉は
竜田の川の錦なりけり

能因法師

嵐が吹き散らした三室山のもみじの葉は、竜田川の水面で美しい錦を織り上げているよ。

ほととぎす鳴きつる方をながむれば
ただ有明の月ぞ残れる

後徳大寺左大臣

ほととぎすが鳴いた方をながめると、ほととぎすのすがたは見えず、夜明けの空にただ月だけが残っている。

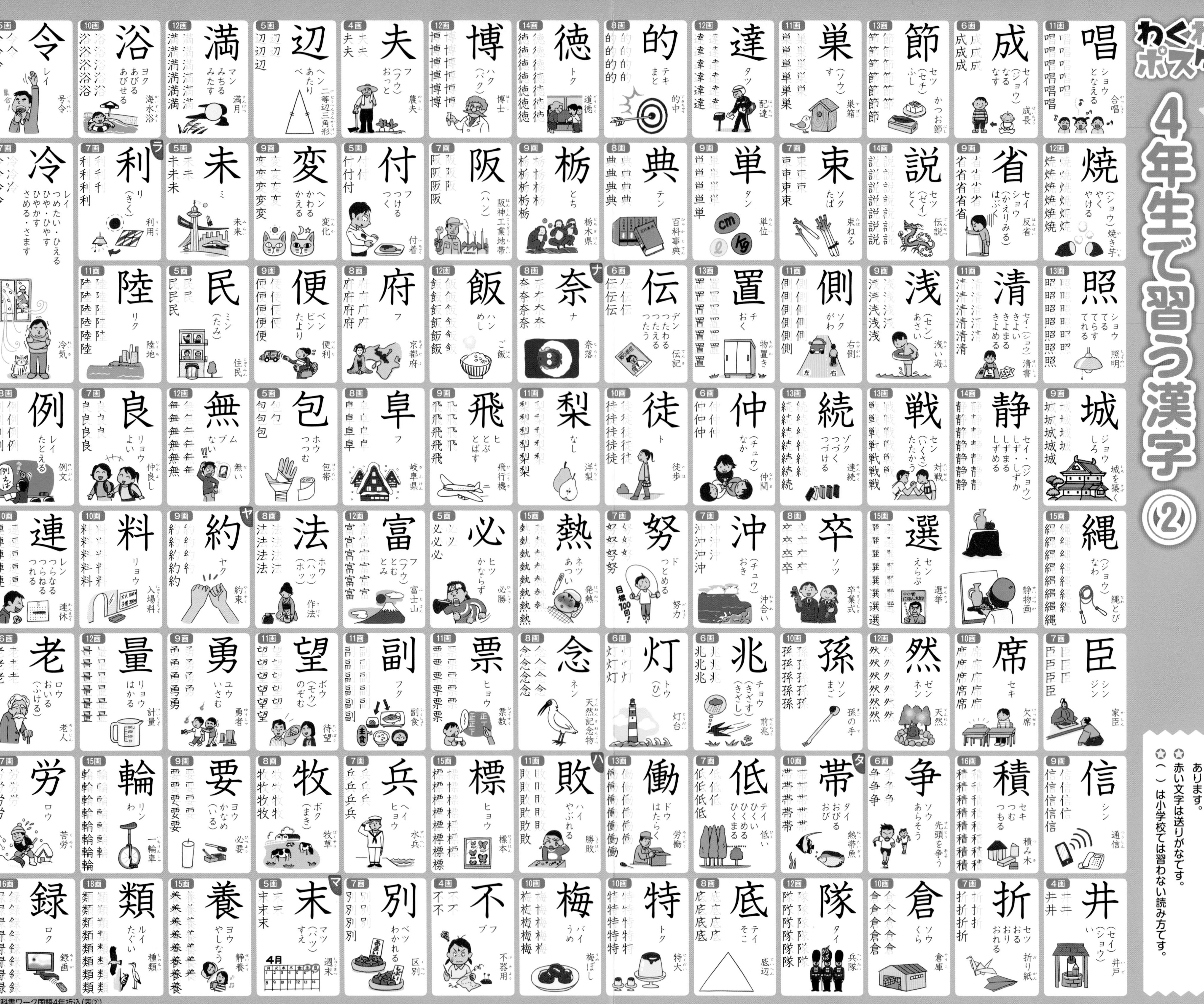

わくわくポスター

4年 国語 教科書ワーク

4年生で習う漢字 ②

- 4年生で習う漢字を五十音順にならべてあります。
- 赤い文字は送りがなです。
- （　）は小学校では習わない読み方です。

光村図書版 国語4年

動画 コードを読みとって、下の番号の動画を見てみよう。

【イラスト】artbox、植木美江、かつまたひろこ、クリエイティブ・ノア、福留鉄夫、ユニックス
【写真提供】アフロ
【図版提供】光村図書出版

きほんのワーク

春のうた

教科書 上16～17ページ

答え 1ページ

学習の目標

●詩のリズムをとらえよう。
●言葉に着目しながら、かえるの気持ちをそうぞうしてみよう。

勉強した日　月　日

おわったら シールを はろう

次の詩を読んで、問題に答えましょう。

春のうた

草野(くさの)　心平(しんぺい)

かえるは冬のあいだは土の中にいて
春になると地上に出てきます。
そのはじめての日のうた。

ほっ　まぶしいな。
ほっ　うれしいな。

みずは　つるつる。
かぜは　そよそよ。
ケルルン　クック。
ああいいにおいだ。
ケルルン　クック。

2 この詩は、形がにている行がならんでいることで、リズムのある詩になっています。次の行と形がにている行を書きましょう。

❶ ほっ　まぶしいな。
（　　　　　）

❷ みずは　つるつる。
（　　　　　）

❸ ほっ　いぬのふぐりがさいている。
（　　　　　）

にた言葉がならんでいて、字数も同じくらいの行をさがそう！

3 「ケルルン　クック。」について答えましょう。

ほっ　いぬのふぐりがさいている。
ほっ　おおきなくもがうごいてくる。
ケルルン　クック。
ケルルン　クック。

15

1　この詩は、いつ、だれが、何をした日のことをうたっていますか。

（　　　　）になって、（　　　　）が土の中から地上に（　　　　）出てきた日。

---

(1) **よく出る** かえるの何を表していますか。一つに○をつけましょう。

かえるのとくちょうを考えてみよう！

ア（　）足音
イ（　）鳴き声
ウ（　）いびき

(2) かえるのどんな様子を表していますか。一つに○をつけましょう。

詩の中の気持ちを表す言葉に注意しよう。

ア（　）春のにぎやかさからとりのこされて、なんとなくさびしそうな様子。
イ（　）春のけしきが自分の予想とちがい、おどろいている様子。
ウ（　）春になったのがうれしくて、心がはずんでいる様子。

4 **よく出る** この詩は、かえるのどんな気持ちを表していますか。一つに○をつけましょう。

詩全体の明るい様子が、かえるの気持ちを表しているよ。

ア（　）春がやってきたのはとてもうれしいけれど、冬が終わるのは少しさびしいなあ。
イ（　）長い間待ちのぞんでいた春はとても気持ちがよくて、うきうきしてくるなあ。
ウ（　）ひさしぶりに地上に出たら、春のけしきがまぶしすぎて、なんだか落ち着かないなあ。

ものしりメモ　「春のうた」の作者の草野心平（くさのしんぺい）さんは、かえるが出てくる詩をたくさん作ったので、「蛙（かえる）の詩人」とよばれているよ。かえるのいろいろな鳴き声を詩にした作品もあるんだよ。

ふしぎな出来事をとらえて読み、考えたことを話そう

きほんのワーク　白いぼうし

教科書 上21〜34ページ

答え 1ページ

勉強した日　月　日

学習の目標
●登場人物の会話や行動に着目して、人物の気持ちを読み取ろう。
●どんな出来事が起きたのかを読み取ろう。

おわったらシールをはろう

漢字練習ノート3ページ

新しい漢字

教科書22ページ

ページ	漢字	読み	画数
22	信	シン	9画
23	達	タツ	12画
24	飛	ヒ・とぶ	9画
26	席	セキ	10画
26	建	ケン・たてる	9画
27	菜	サイ・な	11画
32	標	ヒョウ	15画
33	例	レイ・たとえる	8画

筆順（じゅん） 1 2 3 4 5

◀練習しましょう。

1 漢字の読み　読みがなを横に書きましょう。

①信号°　②速達°　③飛び出す°　④運転席°

⑤建物°　⑥菜の花°　⑦目標°　⑧友達◆

○新しく学習する漢字
●読み方が新しい漢字
◆特別（とくべつ）な読み方をする言葉

⑤「建物」は「建て物」のように送りがなは入れないよ。

3 言葉の意味　○をつけましょう。

① 22 お客のしんしが話しかける。
ア（　）上品でれいぎ正しい男の人。
イ（　）いばりちらしている男の人。
ウ（　）体がとても大きい男の人。

② 22 夏がいきなり始まったような日。
ア（　）いつのまにか。
イ（　）とつぜん。
ウ（　）少しだけ。

2 漢字の書き

漢字を書きましょう。

① （そくたつ）□□で送る。

② 何かが（と）□び出す。

③ 車の（うんてんせき）□□□。

④ （れい）□をあげる。

内容をつかもう！

☆白いぼうし　教科書を読んで答えましょう。　教科書22〜31ページ

1 場面ごとの内容を次のようにまとめました。□に合う言葉を、▢からえらんで書きましょう。

一つ目の場面
松井さんとしんしが会話をする。

二つ目の場面
松井さんは□を見つけてつまみ上げ、中にいたちょうをにがしてしまう。

三つ目の場面
女の子が松井さんの車に乗る。

四つ目の場面
女の子はいなくなり、野原には□が飛んでいる。

ぼうし　ちょう　虫とりあみ

2 二つ目の場面で、松井さんがぼうしの中においたものは何ですか。正しいほうに○をつけましょう。

ア（　）

イ（　）

---

③ 22 そでをうでまでたくし上げる。
ア（　）短く切りそろえる。
イ（　）きつくしばりあげる。
ウ（　）手でまくって引き上げる。

④ 24 あわててぼうしをふり回す。
ア（　）とても急いで。
イ（　）考えながらゆっくりと。
ウ（　）やる気がなさそうに。

⑤ 25 かたをすぼめる。
ア（　）大きく横にゆらす。
イ（　）せまく小さくする。
ウ（　）急にひくく下げる。

⑥ 28 女の子がせかせかと言う。
ア（　）なれなれしい様子。
イ（　）どうどうとした様子。
ウ（　）落ち着きのない様子。

⑦ 29 わらいがこみ上げてくる。
ア（　）あふれ出てくる。
イ（　）声がひびきわたる。
ウ（　）いつまでもつづく。

ものしりメモ　「白いぼうし」は、タクシーの運転手、松井さんを主人公とする『車のいろは空のいろ』という本の中に入っている物語の一つだよ。

練習のワーク1

白いぼうし

教科書 上21～34ページ

答え 1ページ

できるナビ
- 様子や気持ちを表す言葉に注意して読もう。
- この場面での松井さんの気持ちをとらえよう。

勉強した日　月　日

おわったらシールをはろう

次の文章を読んで、問題に答えましょう。

アクセルをふもうとしたとき、松井さんは、はっとしました。「おや、車道のあんなすぐそばに、小さなぼうしが落ちているぞ。風がもうひとふきすれば、車がひいてしまうわい。」

緑がゆれているやなぎの下に、かわいい白いぼうしが、ちょこんとおいてあります。松井さんは車から出ました。

そして、ぼうしをつまみ上げたとたん、ふわっと何かが飛び出しました。

「あれっ。」

もんしろちょうです。あわててぼうしをふり回しました。そんな松井さんの目

1 「松井さんは、はっとしました」とありますが、なぜですか。

車道のすぐそばに、□□□□□が落ちていたから。

2 「松井さんは車から出ました。」とありますが、車から出て、何をしようとしたのですか。一つに○をつけましょう。

ア（　）白いぼうしが風に飛ばされるかどうか、よく見ようとした。

イ（　）白いぼうしを、車にひかれない安全な場所にうつそうとした。

ウ（　）白いぼうしの中に何が入っているのか、たしかめようとした。

3 「あわててぼうしをふり回しました。」とありますが、松井さんは何をしようとしたのですか。

（　　　　　　）

4 ぼうしは、何のためにおかれていたのですか。

ちょうを（　　　　　　）ため。

言葉の意味プラス

19行　わざわざ…ふつうならしないことを、特別にする様子。

26行　がっかり…思いどおりにならず、元気がなくなる様子。

の前を、ちょうはひらひら高くまい上がると、なみ木の緑の向こうに見えなくなってしまいました。

「ははあ、わざわざここにおいたんだな。」ぼうしのうらに、赤いししゅう糸で、小さくぬい取りがしてあります。

「たけやまようちえん　たけの　たけお」

小さなぼうしをつかんで、ため息をついている松井さんの横を、太ったおまわりさんが、じろじろ見ながら通りすぎました。

「せっかくのえものがいなくなっていたら、この子は、どんなにがっかりするだろう。」

ちょっとの間、かたをすぼめてつっ立っていた松井さんは、何を思いついたのか、急いで車にもどりました。

運転席から取り出したのは、あの夏みかんです。まるで、あたたかい日の光をそのままそめつけたような、見事な色でした。すっぱい、いいにおいが、風であたりに広がりました。

松井さんは、その夏みかんに白いぼうしをかぶせると、飛ばないように、石でつばをおさえました。

〈あまん きみこ「白いぼうし」による〉

5 よく出る 「ため息をついている」ときの松井さんは、どんな気持ちでしたか。一つに○をつけましょう。

ア（　）ぼうしをわすれていくなんて、こまった子どもだな。

イ（　）ぼうしを持ち主にとどけるには、どうしたらいいのだろう。

ウ（　）せっかくのちょうをにがしてしまい、悪いことをしたな。


「せっかくのえものが……」の部分に注目しよう。

6 「何を思いついたのか、急いで車にもどりました」とありますが、松井さんは、どんなことを思いついたのですか。

にげた（　　　　）の代わりに、ぼうしの下に（　　　　）を入れておくこと。

7 よく出る 「松井さんは、その夏みかんに白いぼうしをかぶせると、飛ばないように、石でつばをおさえました。」とありますが、この行動から松井さんはどんな人だと読み取れますか。一つに○をつけましょう。

ア（　）くよくよと考えこむ人。

イ（　）落ち着きのない人。

ウ（　）思いやりのある人。

ものしりメモ　もんしろちょうは春に多く見られるこん虫だけど、ちいきによっては、秋の終わりまで飛んでいるすがたを見ることができるよ。

練習のワーク2

白いぼうし

教科書 上21～34ページ
答え 2ページ

できるナビ
●場面の変化に着目しながら、松井さんの様子が変化した理由を読み取ろう。

勉強した日　月　日

おわったら シールを はろう

次の文章を読んで、問題に答えましょう。

車にもどると、おかっぱのかわいい女の子が、ちょこんと後ろのシートにすわっています。

「道にまよったの。行っても行っても、四角い建物ばかりだもん。」

つかれたような声でした。

「ええと、どちらまで。」

「え。――ええ、あの、あのね、菜の花横町ってあるかしら。」

「菜の花橋のことですね。」

エンジンをかけたとき、遠くから、元気そうな男の子の声が近づいてきました。

「あのぼうしの下さあ。お母ちゃん、本当だよ。本当のちょうちょが、いたんだもん。」

水色の新しい虫とりあみをかかえた男の子が、エプロンを着けたままのお母さんの手を、ぐいぐい引っぱってきます。

1 よく出る 松井さんが車にもどると、だれがすわっていましたか。

2 「道にまよったの。行っても行っても、四角い建物ばかりだもん。」とありますが、この部分を声に出して読むとき、どのように読めばよいですか。一つに○をつけましょう。

前後の部分に注意して、女の子の様子を読み取ろう。

ア（　）大きくて元気な声。
イ（　）やさしくて美しい声。
ウ（　）小さくて弱々しい声。

3 「水色の新しい虫とりあみをかかえた男の子」は、何をしようとやってきたのですか。

（　　　）を開けて、つかまえておいた（　　　）を、お母さんに（　　　）でおさえてもらおうとやってきた。

言葉の意味プラス
1行 ちょこんと…小さくかしこまっている様子。　14行 かかえる…うでてだくようにして持つ。　32行 ひとりでに…何もしないのにしぜんに。

「ぼくが、あのぼうしを開けるよ。だから、お母ちゃんは、このあみでおさえてね。あれっ、石がのせてあらあ。」

客席の女の子が、後ろから乗り出して、せかせかと言いました。

「早く、おじちゃん。早く行ってちょうだい。」

松井さんは、あわててアクセルをふみました。やなぎのなみ木が、みるみる後ろに流れていきます。

「お母さんが、虫とりあみをかまえて、あの子がぼうしをそうっと開けたとき――。」と、ハンドルを回しながら、松井さんは思います。「あの子は、どんなに目を丸くしただろう。」

すると、ぽかっと口をO(オー)の字に開けている男の子の顔が、見えてきます。「おどろいただろうな。まほうのみかんと思うかな。なにしろ、ちょうが化けたんだから――。」

「ふふふっ。」

ひとりでにわらいがこみ上げてきました。でも、次に、

「おや。」

松井さんはあわてました。

バックミラーには、だれもうつっていません。ふり返っても、だれもいません。

〈あまん きみこ「白いぼうし」による〉

4 「おどろいただろうな。」とありますが、松井さんは、男の子がどのような顔をしているとそうぞうしていますか。

目（　　　　）

口（　　　　）

5 「ひとりでにわらいがこみ上げてきました。」とありますが、なぜですか。一つに○をつけましょう。

松井さんは、頭の中でどんな場面を思いうかべているかな。

ア（　）男の子が夏みかんを見ておどろく様子をそうぞうして、楽しかったから。

イ（　）ちょうをにがしてあげて、とてもよいことをしたと思ったから。

ウ（　）男の子のお母さんのふしぎそうな顔が頭にうかんで、おもしろかったから。

6 よく出る 「松井さんはあわてました。」とありますが、なぜですか。一つに○をつけましょう。

ア（　）見たことのない場所に来てしまったから。

イ（　）車に乗っていたはずの女の子がいなかったから。

ウ（　）まわりにちょうがたくさん飛んでいたから。

ものしりメモ　夏みかんは、黄色く色づいたばかりのころは、すっぱすぎてそのままでは食べられないんだ。昔はお酢(す)の代わりに使われていたこともあったんだよ。

本は友達

きほんのワーク

図書館の達人になろう

教科書 上35～37ページ

答え 3ページ

勉強した日　月　日

学習の目標
●図書館で本をさがす方法を身につけよう。
●百科事典で知りたいことを見つける方法を身につけよう。

おわったらシールをはろう

漢字練習ノート3ページ

新しい漢字

教科書ページ

ページ	漢字	読み	画数	筆順
36	法	ホウ	8画	法法法法法法法法
36	類	ルイ、たぐい	18画	類類類類類類類類類
36	機	キ	16画	機機機機機機機機機
36	械	カイ	11画	械械械械械械械械
36	司	シ	5画	司司司司司
36	典	テン	8画	典典典典典典典典
36	順	ジュン	12画	順順順順順順順順
37	録	ロク	16画	録録録録録録録録

◀練習しましょう。

筆順 1 2 3 4 5

1 漢字の読み　読みがなを横に書きましょう。

1 方法
2 分類
3 機械
4 司書
5 事典
6 記す
7 五十音順
8 記録

○新しく学習する漢字
●読み方が新しい漢字
◆特別な読み方をする言葉

2 漢字の書き　漢字を書きましょう。

1 □□（きかい）が作動する。
2 百科□□（じてん）。
3 世界新□□（きろく）。

3の「ろく」は「緑」と形がにているから注意しよう。

3 図書館の本の背には、ラベルがはられています。次のラベルの「913」は何を表していますか。一つに○をつけましょう。

913
も

ア（　）本が発行された月日。
イ（　）本の分類を表す番号。
ウ（　）本の作者を表す番号。

4 よく出る● 次の分類表を見ながら答えましょう。①〜⑤の場合、どの分類の本をさがすとよいですか。表の0をのぞいて、1〜9の番号で答えましょう。

番号	内容（ようう）
0	調べるための本
1	ものの考え方や心についての本
2	昔のことやちいきの本
3	社会の仕組みの本
4	しぜんにかかわる本
5	ぎじゅつや機械の本
6	いろいろなさんぎょうの本
7	げいじゅつやスポーツの本
8	言葉の本
9	文学の本

〈「図書館の達人になろう」による〉

① 野球のルールについて調べたい。（　）
② 漢字の成り立ちについて調べたい。（　）
③ 犬の種類について調べたい。（　）
④ 宮沢賢治の詩集について調べたい。（　）
⑤ 税金のしくみについて調べたい。（　）

5 次の①〜③のラベルのついた本は、本だなのどこにもどせばよいですか。ア〜エの記号で答えましょう。

① 488 こ（　）
② 623 と（　）
③ 596 わ（　）

ラベルの数字の何けた目に着目すればいいかな。

本だな

4 しぜんにかかわる本	ア	5 ぎじゅつや機械の本	イ
イ	6 いろいろなさんぎょうの本	ウ	
ウ	7 げいじゅつやスポーツの本	エ	

6 百科事典で調べるときは、どうすればよいですか。（　）に合う言葉を、[　]からえらんで書きましょう。

百科事典で知りたいこと（見出し語）を見つけるには、百科事典の背を見て、調べたい物事の（　　）の文字が記されている巻をえらんだり、「（　　）」の巻から見出し語がのっている巻・ページをさがしたりすればよい。

[さくいん　さいしょ　さいご]

ものしりメモ　図書館の本は、本だなの左から右、上から下にラベルの数字や文字の順にならんでいるけれど、大きい本はたなのいちばん下におくなど、例外もあるよ。

きほんのワーク

漢字辞典を使おう きせつの言葉1 春の楽しみ

教科書 上 38〜43ページ

答え 3ページ

勉強した日 月 日

学習の目標
- 漢字辞典で漢字を調べるときの方法をおぼえよう。
- 春の行事に関連した言葉に親しもう。

おわったら シールを はろう

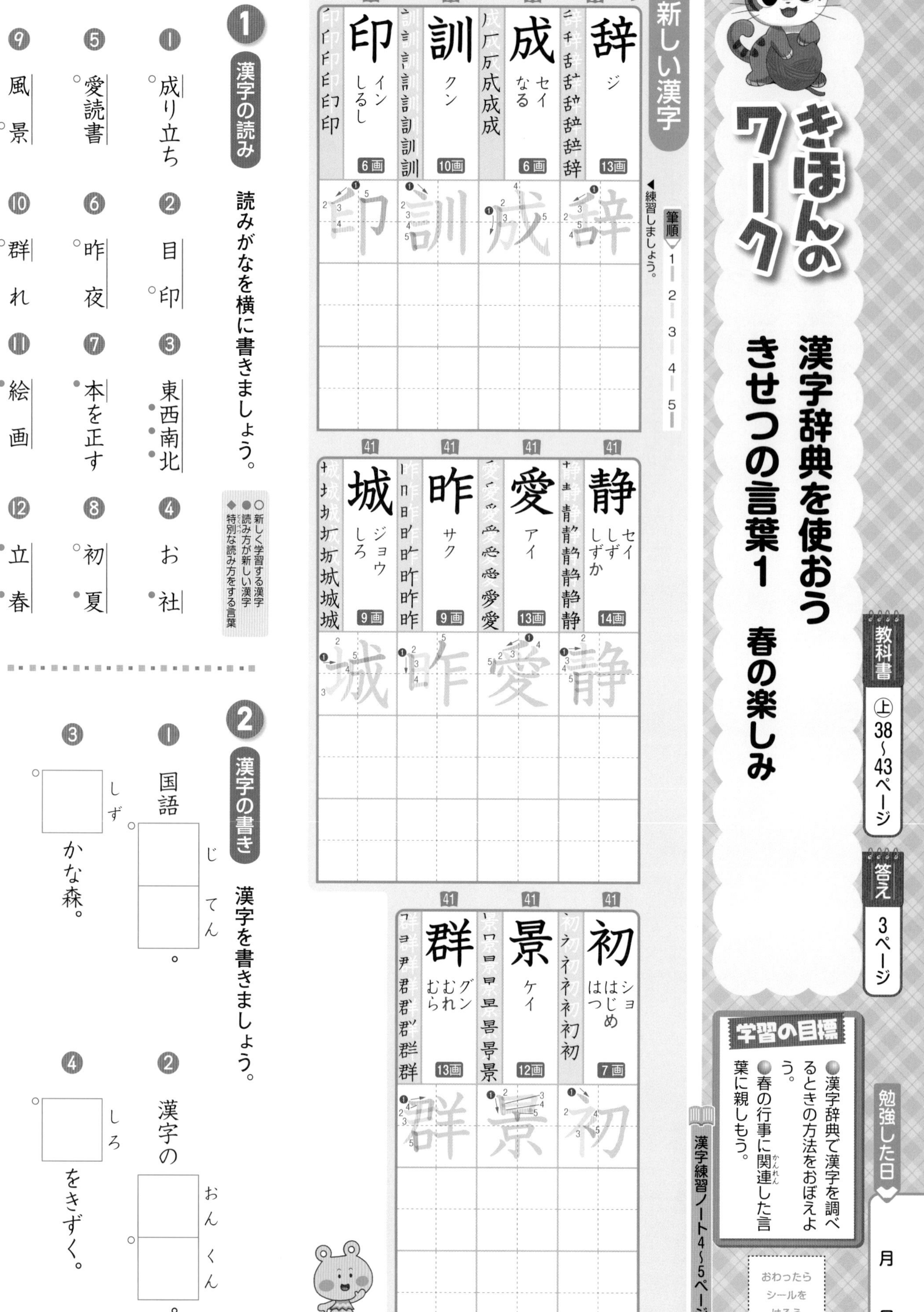

漢字練習ノート4〜5ページ

1 漢字の読み 読みがなを横に書きましょう。

○新しく学習する漢字 ●読み方が新しい漢字 ◆特別な読み方をする言葉

1 成り立ち
2 目印
3 東西南北
4 お社
5 愛読書
6 昨夜
7 本を正す
8 初夏
9 風景
10 群れ
11 絵画
12 立春

2 漢字の書き 漢字を書きましょう。

1 国語［じてん］。
2 漢字の［おんくん］。
3 ［しず］かな森。
4 ［しろ］をきずく。

3 漢字辞典を使おう

次は、漢字辞典の一部です。これを見て、問題に答えましょう。

【運】 辶－9 総画12 3年
音 ウン
訓 はこぶ

筆順 1 2 3 4 5 6 7 8 9 10 11 12

なりたち 「辶（すすむ）」と「軍（まるくめぐる）」を組み合わせた字。めぐりあるくことを表す。

意味 ①めぐる。ぐるぐる回る。例運転。運動。②動く。動かす。例運行。③はこぶ。例運送。④人の力では変えられないめぐり合わせ。例運命。

【運行】決まったとおりの道すじを進むこと。例バスの運行時間。

【運転】機械や乗り物を動かすこと。例安全運転。

1 漢字辞典の説明として正しいものには○、まちがっているものには×をつけましょう。

ア（　）漢字を部首べつに分類してある。

イ（　）言葉を五十音順にならべてある。

ウ（　）漢字の意味や成り立ち、使い方が分かる。

エ（　）漢字の音や訓が分かる。

2 次の文の――の漢字は、右の漢字辞典の①～④の、どの意味で使われていますか。番号で答えましょう。

幸運なことに、雨がふる前に家に着いた。（　）

4

漢字辞典で「国」をさがします。次は、どのさくいんを使った引き方ですか。□からえらんで、記号で答えましょう。

① 「国」の画数を数え、八画のところを見る。（　）

② 音読みの「コク」か、訓読みの「くに」で調べる。（　）

③ 「口」の画数を数えて、「口」がのっているページを見つけ、その中からさがす。（　）

ア 音訓さくいん　イ 部首さくいん
ウ 総画さくいん

5

漢字辞典で「汽」と「苦」を「部首さくいん」でさがします。（　）に部首の画数を漢数字で、〈　〉に部首名を平がなで書きましょう。

① 汽（　）画〈　〉

② 苦（　）画〈　〉

6 きせつの言葉1 春の楽しみ

次の春の行事に関連した言葉を□から二つずつえらんで、記号で答えましょう。

① ひな祭り（　）（　）

② こどもの日（　）（　）

ア かしわもち　イ ひしもち
ウ ももの花　エ こいのぼり

ものしりメモ
漢字辞典は、国語辞典とは内容がちがうよ。漢字辞典は漢字の意味や画数、読み方、成り立ちなどが説明されている本、国語辞典は日本語の意味や使い方などが説明されている本だよ。

まとめのテスト

白いぼうし
漢字辞典を使おう

教科書 上21～43ページ
答え 3ページ

時間 20分

とく点 /100点

おわったらシールをはろう

勉強した日 月 日

1 次の文章を読んで、問題に答えましょう。

アクセルをふもうとしたとき、松井（まつい）さんは、はっとしました。「おや、車道のあんなすぐそばに、小さなぼうしが落ちているぞ。風がもうひとふきすれば、車がひいてしまうわい。」

緑がゆれているやなぎの下に、かわいい白いぼうしが、ちょこんとおいてあります。松井さんは車から出ました。

そして、ぼうしをつまみ上げたとたん、ふわっと何かが飛び出しました。

「あれっ。」

もんしろちょうです。あわててぼうしをふり回しました。そんな松井さんの目の前を、ちょうはひらひら高くまい上がると、なみ木の緑の向こうに見えなくなってしまいました。

「ははあ、わざわざここにおいたんだな。」ぼうしのうらに、赤いししゅう糸で、小さくぬい取りがしてあります。

1 よく出る 「おや、車道のあんなすぐそばに、小さなぼうしが落ちているぞ。」とありますが、このときの松井さんはどんな気持ちでしたか。一つに○をつけましょう。〔10点〕

ア（　）ぼうしが飛ばされて車にひかれないか心配だ。
イ（　）なぜだれもぼうしに気づかないのかふしぎだ。
ウ（　）だれが落としたぼうしなのかとても気になる。

2 チャレンジ！ 「ははあ、わざわざここにおいたんだな。」とありますが、松井さんは、ぼうしがおいてあったのは何のためだと思いましたか。〔20点〕

（　　　　　　　　）

3 よく出る 「かたをすぼめてつっ立っていた」とありますが、このときの松井さんはどんな様子でしたか。一つに○をつけましょう。〔15点〕

ア（　）ひどくおこっていた。
イ（　）しょんぼりしていた。
ウ（　）はずかしがっていた。

言葉の意味プラス
29行 そめつける…そめて、その色にする。
33行 つば…ぼうしのまわりについているふち。

「たけやまようちえん　たけの　たけお」

小さなぼうしをつかんで、ため息をついている松井さんの横を、太ったおまわりさんが、じろじろ見ながら通りすぎました。

「せっかくのえものがいなくなっていたら、この子は、どんなにがっかりするだろう。」

ちょっとの間、かたをすぼめてつっ立っていた松井さんは、何を思いついたのか、急いで車にもどりました。

運転席から取り出したのは、あの夏みかんです。まるで、あたたかい日の光をそのままそめつけたような、見事な色でした。すっぱい、いいにおいが、風であたりに広がりました。

松井さんは、その夏みかんに白いぼうしをかぶせると、飛ばないように、石でつばをおさえました。

〈あまん きみこ「白いぼうし」による〉

4 「その夏みかん」とありますが、夏みかんはどんな色で、どんなにおいでしたか。　一つ5〔15点〕

まるで、あたたかい（　　　）をそのままそめつけたような、（　　　）な色で、（　　　）、いいにおい。

5 松井さんは、どんなことを思って、夏みかんに白いぼうしをかぶせたと思いますか。考えて書きましょう。　〔20点〕

書いてみよう！

（　　　）

2 「算」という漢字を漢字辞典でさがすときの調べ方をまとめましょう。　一つ5〔20点〕

- 「音訓さくいん」で引くときは、音読みの「（　　　）」のところをさがします。
- 「部首さくいん」で引くときは、部首の画数が（　　　）画のところで、部首である「（　　　）」をさがします。
- 「総画さくいん」で引くときは、総画数が（　　　）画のところをさがします。

ものしりメモ　夏みかんの別名は「ナツダイダイ」。夏期に食べられるので、ふつうのみかんと区別して「夏みかん」というよ。かおりやすっぱさを生かして，マーマレードなども作られるよ。

大事なことを落とさずに聞こう

きほんのワーク

聞き取りメモのくふう
話し方や聞き方からつたわること

教科書 上44～49ページ

答え 4ページ

勉強した日　月　日

学習の目標

●聞き取りメモの取り方のくふうを学ぼう。
●話し方や聞き方から相手の受ける印象(しょう)を考えよう。

おわったらシールをはろう

漢字練習ノート5ページ

新しい漢字

筆順 1 2 3 4 5

◀練習しましょう。

教科書45ページ	漢字	読み	画数	筆順
45	必	ヒツ　かならず	5画	必 ソ 义 必 必
45	要	ヨウ　かなめ	9画	要 一 覀 覀 覀 要 要 要 要
45	的	テキ　まと	8画	的 白 白 白 白 的 的 的

○新しく学習する漢字
●読み方が新しい漢字
◆特別(とくべつ)な読み方をする言葉

1 漢字の読み　読みがなを横に書きましょう。

❶ 必要　❷ 目的　❸ 用いる

2 漢字の書き　漢字を書きましょう。

❶ [ひつよう]な道具。　❷ [もくてき]地。

❶の「ひつ」は筆順に気をつけよう。

❶の「よう」の上の部分は「西」ではないよ。

3 聞き取りメモのくふう　田中さんは、生き物係の活動についての話を聞きながら、メモを取りました。話の一部分とメモを読んで、問題に答えましょう。

これから、生き物係の活動と、みなさんへのおねがいを話します。

生き物係は、教室の後ろの水そうにいる金魚にえさをやったり、水そうのそうじをしたりしています。

みなさんにおねがいしたいことは、えさを勝手にやらないことと、水そうの近くで遊ばないことです。

【田中さんのメモ】

〈活動〉
・水そうの金魚にえさをやる。
・□。
〈おねがい〉
・えさを勝手にやらない。
・水そうの近くで遊ばない。→なぜか？

1 田中さんのメモの□に合う言葉を書きましょう。

（　　　　）

2 よく出る　田中さんのメモのとくちょうに合わないもの一つに、○をつけましょう。

ア（　）できるだけ話を聞いたまま書き表している。
イ（　）かじょう書きで書かれている部分がある。
ウ（　）見出しを書いて、内容を分けている。

3 田中さんは、後でしつもんしたいことに印をつけています。どんなことをしつもんしようと思ったのですか。

印がつけられている部分に着目しよう。

水そうの近くで（　　　　）でほしいのは
（　　　　）か。

☆話し方や聞き方からつたわること

4 次のような気持ちのとき、どのように相手に話しかければよいですか。一つに○をつけましょう。

① 駅までの道順を分かりやすくつたえたい。
ア（　）気持ちをこめて話す。
イ（　）早口で話す。
ウ（　）ゆっくりと話す。

② 待ち合わせの時間におくれたことをあやまりたい。
ア（　）もうしわけなさそうに話す。
イ（　）おどろいたように話す。
ウ（　）くやしそうに話す。

5 次の場面で、話しかけた女の子はどのように感じますか。男の子の聞き方に注意して、記号で答えましょう。

①（　　）

今日、初めて一輪車に乗れたよ。
そう。それは、よかったね。

②（　　）

男の子はどこを見ているかな。

ア　しんけんに話を聞いてもらえていないように感じる。
イ　きちんと話を聞いてもらえているように感じる。

ものしりメモ　「メモ」とは「おぼえ書き」のこと。英語では「メモ」ではなく「ノート」ということが多いよ。そして、字を書く「ノート」は、英語では「ノートブック」というよ。

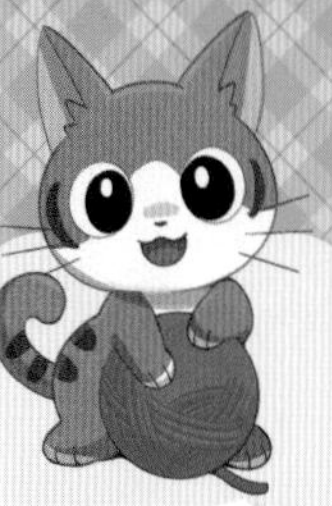

きほんのワーク

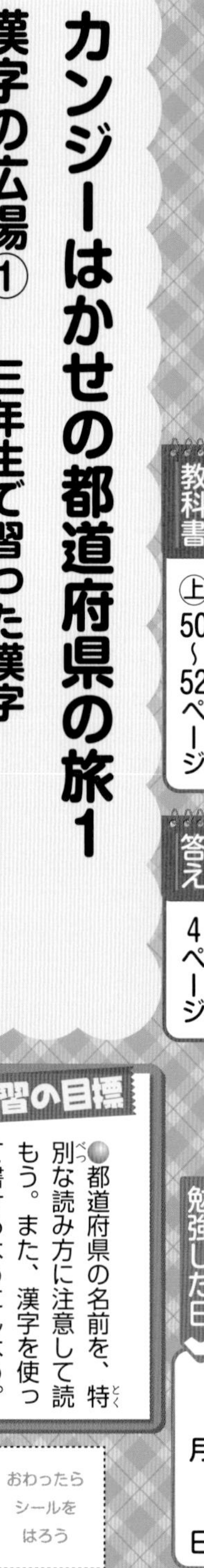

カンジーはかせの都道府県の旅1
漢字の広場① 三年生で習った漢字

教科書 上50～52ページ

答え 4ページ

勉強した日　月　日

学習の目標
●都道府県の名前を、特別（とく べつ）な読み方に注意して読もう。また、漢字を使って書けるようにしよう。

おわったら シールを はろう

漢字練習ノート5～6ページ

新しい漢字

教科書ページ　筆順 1 2 3 4 5　◀練習しましょう。

教科書	漢字	読み	画数
50	府	フ	8画
51	茨	いばら　◆茨城（いばらき）	9画
51	栃	とち	9画
51	埼	さい	11画
51	奈	ナ　◆神奈川（かながわ）　◆奈良（なら）	8画
51	潟	かた	15画
51	富	フ　とむ　とみ　◆富山（とやま）	12画
51	井	い	4画
51	梨	なし	11画
51	量	リョウ　はかる	12画
51	岐	（キ）　◆岐阜（ぎふ）	7画
51	阜	フ　◆岐阜（ぎふ）	8画
51	岡	おか	8画

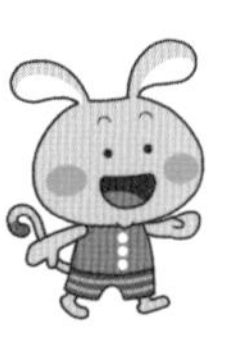

1 漢字の読み　読みがなを横に書きましょう。

①都道府県　②宮城　③七夕　④茨城　⑤群馬　⑥人口　⑦神奈川　⑧新潟

○新しく学習する漢字
●読み方が新しい漢字
◆特別な読み方をする言葉

2 漢字の書き　漢字を書きましょう。

① □□（とちぎ）県の名産（さん）。

② 米の生産□（りょう）。

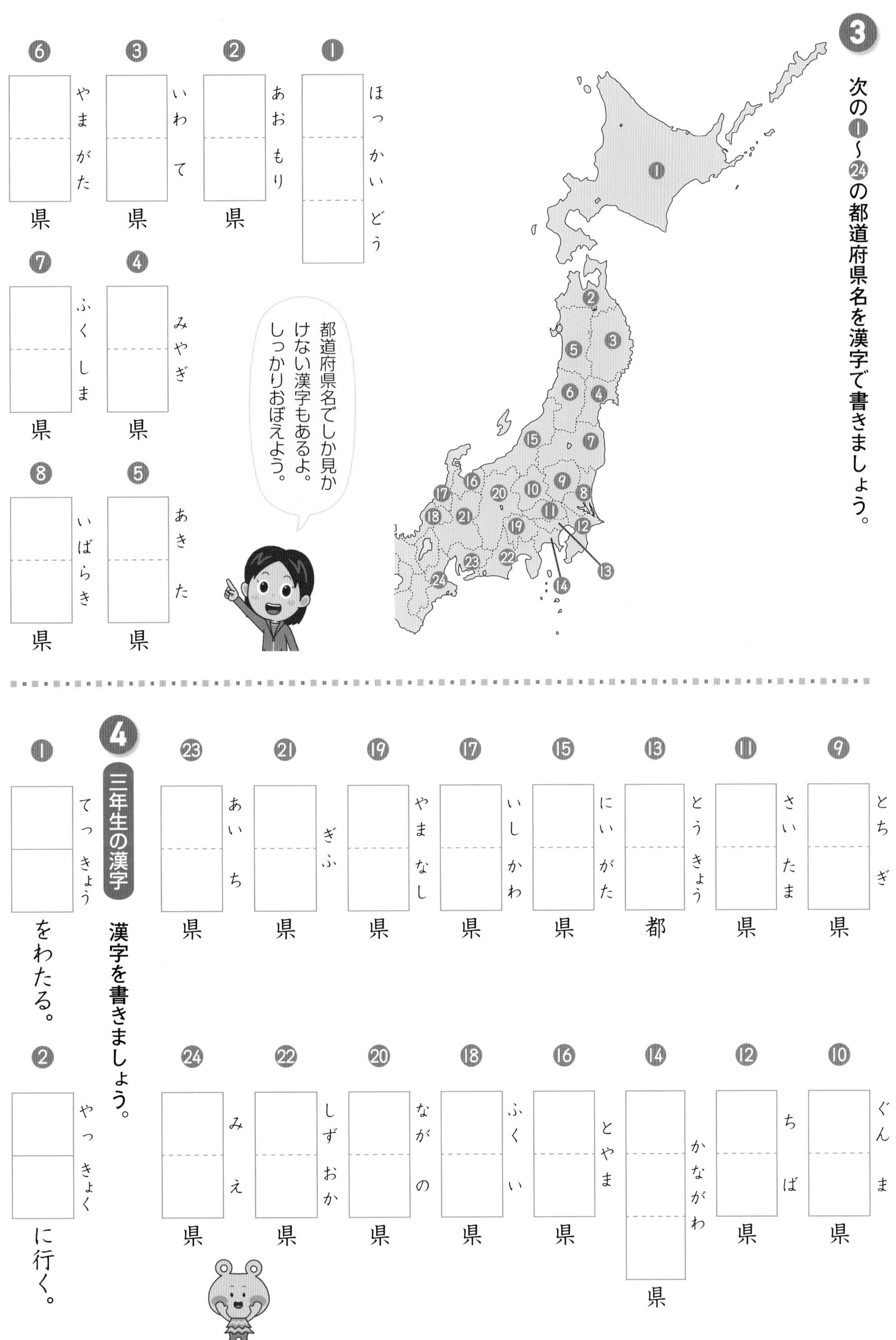

都道府県名でしか見かけない漢字もあるよ。しっかりおぼえよう。

3 次の1～24の都道府県名を漢字で書きましょう。

1 （ほっかいどう）

2 （あおもり）県

3 （いわて）県

4 （みやぎ）県

5 （あきた）県

6 （やまがた）県

7 （ふくしま）県

8 （いばらき）県

9 （とちぎ）県

10 （ぐんま）県

11 （さいたま）県

12 （ちば）県

13 （とうきょう）都

14 （かながわ）県

15 （にいがた）県

16 （とやま）県

17 （いしかわ）県

18 （ふくい）県

19 （やまなし）県

20 （ながの）県

21 （ぎふ）県

22 （しずおか）県

23 （あいち）県

24 （みえ）県

4 三年生の漢字 漢字を書きましょう。

1 （てっきょう）をわたる。

2 （やっきょく）に行く。

ものしりメモ 東京は1868年から1943年までは都ではなく府で、「東京府」といったよ。「東京府」は「京都府」「大阪府」とともに、三府の一つだったんだ。

きほんのワーク

【練習】思いやりのデザイン アップとルーズで伝える ほか

教科書 上53～65ページ

答え 4ページ

勉強した日 月 日

学習の目標
●あげられている例から、筆者が何を説明したいのかをとらえよう。
●文章の組み立てに注意しよう。

おわったらシールをはろう

漢字練習ノート7ページ

新しい漢字

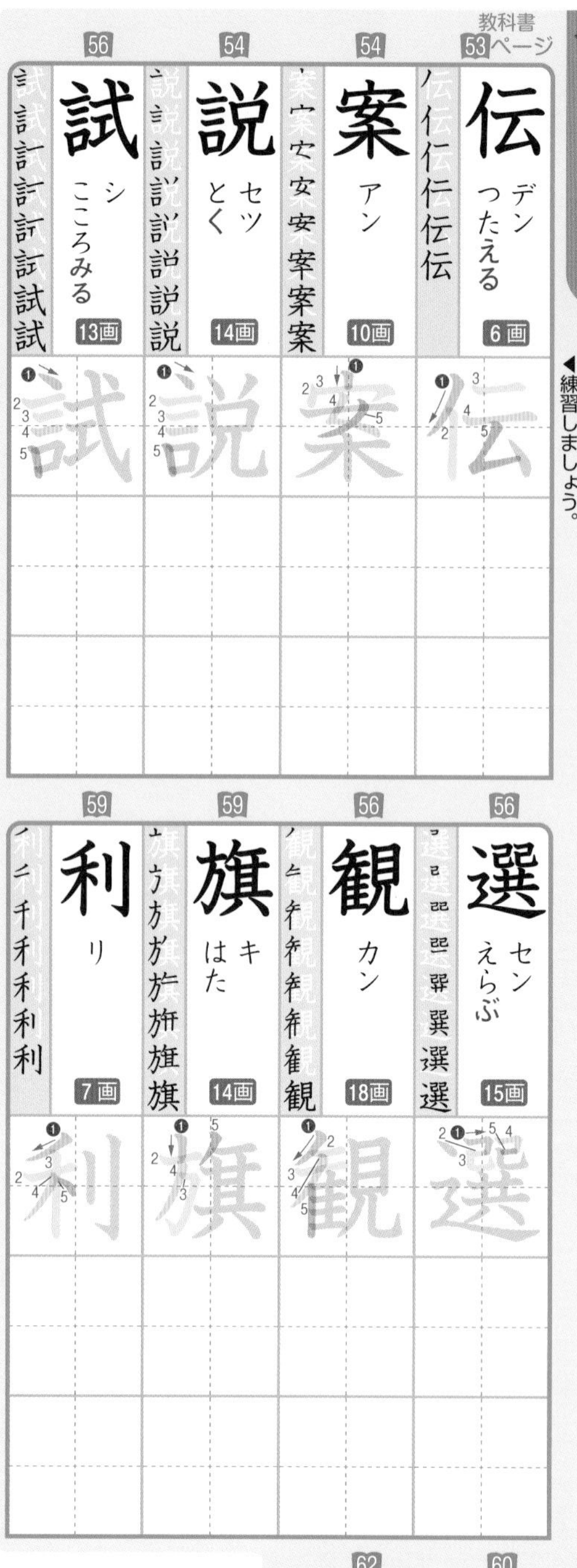

教科書ページ	漢字	読み	画数
53	伝	デン つたえる	6画
54	案	アン	10画
54	説	セツ とく	14画
56	試	シ こころみる	13画
56	選	セン えらぶ	15画
56	観	カン	18画
59	旗	キ はた	14画
59	利	リ	7画
60	材	ザイ	7画
62	関	カン せき かかわる	14画

◀練習しましょう。 筆順 1 2 3 4 5

1 漢字の読み 読みがなを横に書きましょう。

①伝える ②案内図 ③説明図 ④景色 ⑤試合

⑥後半 ⑦選手 ⑧観客席 ⑨旗 ⑩勝利

⑪取材 ⑫関係

④は「けいしき」ではないよ。

○新しく学習する漢字
●読み方が新しい漢字
◆特別な読み方をする言葉

3 言葉の意味 ○をつけましょう。

① 54ページ 思いやりをもつ。

ア（　）自分のことを考えること。

イ（　）相手の立場で考えること。

ウ（　）じっくりと考えること。

② 54 デザインを考える。

2 漢字の書き

漢字を書きましょう。

① 学校の［あんないず］。

② テニスの［しあい］。

③ ［かんきゃくせき］を見る。

④ ［はた］をふる。

⑤ ［しょうり］をおさめる。

⑥ ［しゅざい］を受ける。

④は右の部分の形に気をつけよう。

内容をつかもう！

思いやりのデザイン

インフォグラフィックスを説明した次の文の［　］に合う言葉を、［ ］から選んで書きましょう。 教科書54～55ページ

［　　］ことを、絵や図、文字を組み合わせて［　　］形にしたもの。

見える　聞こえる　伝えたい　知りたい

アップとルーズで伝える

文章の組み立ての順番になるように、（　）に1～3を書きましょう。 56～61ページ

（　）「アップ」と「ルーズ」の長所と短所について。

（　）「アップ」と「ルーズ」の使い分けについての筆者の考え。

（　）「アップ」と「ルーズ」とは何か、という説明と筆者の考え。

「アップ」はある部分を大きく、「ルーズ」は広いはんいをうつすとり方だよ。

ア（　）形などを図にかき表したもの。
イ（　）形などをくふうしたかざり。
ウ（　）新しく生み出されたぎじゅつ。

③ 55 道順をしぼってしめす。
ア（　）分類して。
イ（　）広げて。
ウ（　）げん定して。

④ 56 観客席はほぼまんいんだ。
ア（　）ほんの少し。
イ（　）だいたい。
ウ（　）かんぜんに。

⑤ 56 観客席が人でうまる。
ア（　）ゆれ動く。
イ（　）大きな音を立てる。
ウ（　）いっぱいになる。

⑥ 56 いよいよ後半が始まる。
ア（　）しばらくして。
イ（　）とうとう。
ウ（　）いつのまにか。

⑦ 60 目的におうじて切りかえる。
ア（　）注目して。
イ（　）関わって。
ウ（　）合わせて。

ものしりメモ　サッカーで、チームを熱心におうえんする人のことを、「サポーター」とよぶよ。バスケットボールでは「ブースター」とよぶんだ。スポーツによってよび方も変わるんだね。

練習のワーク1

【練習】思いやりのデザイン

教科書 上53～65ページ　答え 4ページ

勉強した日　月　日

できるナビ
- 対比された二つの具体例をくらべて、段落どうしの関係をとらえよう。
- 筆者の考えをとらえよう。

おわったらシールをはろう

次の文章を読んで、問題に答えましょう。

（①はしょうりゃくしています。）

② わたしには、＊インフォグラフィックスを作るときに大切にしていることがあります。それは、相手の立場から考えるということです。絵や図を使っていても、必ず分かりやすくなるとはかぎりません。まちの案内図を例に、考えてみましょう。

③ Aの案内図は、どこに、どんな建物があるかを、だれが見ても分かるように表しています。そのため、このまちに来た多くの人の役に立ちます。しかし、目的地が決まっている人にとっては、どうでしょうか。たくさんの道や目印があるため、どの道順で行けばよいのか、まよってしまうかもしれません。

④ いっぽう、Bの案内図は、目的地までの道順と目印になる建物だけを表しています。まよわず安心して目的地に向かえるように、歩くときに見える景色をさまざまにそうぞうしながら、見る人にとっていちばん分

1 よく出る　筆者がインフォグラフィックスを作るときに大切にしていることは何ですか。

□□□□□から考えること。

2 Aの案内図とBの案内図は、それぞれどんな案内図ですか。

③の段落と④の段落に着目しよう。

Aの案内図
どこに、どんな建物があるかを、（　　　）ように表した案内図。

Bの案内図
目的地までの（　　　）だけを表した案内図。

3 「目的地が決まっている人」にとって、Aの案内図が役に立たない場合があるのはなぜですか。

（　　　）かもしれないから。

言葉の意味プラス
13行 いっぽう…もう一つについていうと。
15行 景色…風景。ながめ。

【図版提供】株式会社チューブグラフィックス

かりやすい道順にしぼってしめしています。しかし、まち全体の様子を知りたい人にとっては、十分なものではありません。

⑤　このように、インフォグラフィックスを作るときには、相手の目的に合わせて、どう見えると分かりやすいのかを考えながらデザインすることが大切です。つまり、インフォグラフィックスは、見る人の立場に立って作る、思いやりのデザインなのです。

〈木村博之「思いやりのデザイン」による〉

＊インフォグラフィックス…伝えたいことを、絵や図、文字を組み合わせて見える形にしたもの。

4　Bの案内図のとくちょうに合うものは、どれですか。一つに○をつけましょう。

（④の段落にくわしく説明されているよ。）

ア（　）たくさんの道や目印などを、一つ一つ正かくに表している。

イ（　）目的地までの景色を見せて、歩く人があきないくふうがされている。

ウ（　）目的地に向かう人にとって、いちばん分かりやすい道順をしめしている。

5　まち全体の様子を知りたい人にとっては、Aの案内図とBの案内図のどちらが役に立ちますか。

（　　）の案内図。

6　よく出る　③と④の段落どうしの関係について説明したものはどれですか。一つに○をつけましょう。

ア（　）③の内容を④でくわしく説明している。

イ（　）③と④の内容を対比してしめしている。

ウ（　）③とはべつの話題を④で取り上げている。

7　筆者はインフォグラフィックスをどんなデザインだとのべていますか。

相手にとって（　　　　）のかを考えて作るので、（　　　　）のデザインだといえる。

ものしりメモ　筆者の木村博之さんが考える理想のインフォグラフィックスは、言葉を使って説明しなくても世界中の人に分かってもらえるようなデザインのことなんだ。

筆者の考えをとらえて、自分の考えを発表しよう

練習のワーク②

アップとルーズで伝える

教科書 上53～65ページ　答え 5ページ

できるナビ
●具体例に注意して、「アップ」と「ルーズ」それぞれのとり方について正しく読み取ろう。

勉強した日　月　日

おわったらシールをはろう

※ 次の文章を読んで、問題に答えましょう。

① テレビでサッカーの試合を放送しています。今はハーフタイム。もうすぐ後半が始まろうとするところで、画面には会場全体がうつし出されています。両チームの選手たちは、コート全体に広がって、体を動かしています。観客席は、ほぼ まんいんといっていいでしょう。おうえんするチームの、チームカラーの洋服などを身に着けた人たちでうまっています。会場全体が、静かに、こうふんをおさえて、開始を待ち受けている感じが伝わります。

2 「画面には会場全体がうつし出されています」について答えましょう。

(1) 具体的には、どんなものがうつし出されていますか。

●（　　　）に広がっている両チームの（　　　）の様子。

●ほぼ まんいんの（　　　）の様子。

(2) このとり方は「ルーズ」と「アップ」のどちらですか。

「ルーズ」と「アップ」のとくちょうは③の段落に書かれているよ。

（　　　）

3 「画面は、コートの中央に立つ選手をうつし出しました。」について答えましょう。

(1) このようなとり方をすると、選手のどんな様子が分かりますか。

顔を（　　　）、ボールを（　　　）を見ている様子。

言葉の意味プラス
14行 こうふん…感情が高ぶること。　20行 ホイッスル…しんぱんが鳴らす笛。
26行 はんい…ある決まった広がり。

② いよいよ後半が始まります。画面は、コートの中央に立つ選手をうつし出しました。ホイッスルと同時にボールをける選手です。顔を上げて、ボールをける方向を見ているようです。

③ 初めの画面のように、広いはんいをうつすとり方を「ルーズ」といいます。次の画面のように、ある部分を大きくうつすとり方を「アップ」といいます。何かを伝えるときには、このアップとルーズを選んだり、組み合わせたりすることが大切です。アップとルーズでは、どんなちがいがあるのでしょう。

〈中谷日出「アップとルーズで伝える」による〉

1 この文章では、何を例にあげながら説明していますか。

「テレビ」と「放送」という言葉を手がかりにしてさがそう。

テレビの（　　　　）の放送。

(2) このとり方は「ルーズ」と「アップ」のどちらですか。

（　　　　）

4 よく出る 「ルーズ」と「アップ」はそれぞれ、どのようなとり方ですか。

ルーズ（　　　　）

アップ（　　　　）

5 段落どうしの関係について答えましょう。

(1) 対比してのべられているのは、どの段落とどの段落ですか。①～③の段落番号を書きましょう。

（　　）の段落と（　　）の段落。

(2) 対比してのべたことをもとにして、筆者はどのような考えをのべていますか。一つに○をつけましょう。

ア（　）テレビで試合の放送をするときには、「ルーズ」よりも「アップ」でうつすことが大切だ。

イ（　）出来事を分かりやすく伝えるためには、「アップ」と「ルーズ」をこうごに見せることが大切だ。

ウ（　）何かを伝えるときには、「アップ」と「ルーズ」を選んだり、組み合わせたりすることが大切だ。

ものしりメモ 「ハーフタイム」は、競技の前半と後半の間にある休けい時間のこと。サッカーの他に、ラグビーやバスケットボールなどで使われ、時間はだいたい10～20分だよ。

練習のワーク③

アップとルーズで伝える

教科書 上53～65ページ

答え 6ページ

できるナビ
- 段落ごとの内容を読み取ろう。
- 段落どうしの関係を正しくとらえよう。

勉強した日　月　日

おわったらシールをはろう

次の文章を読んで、問題に答えましょう。

① アップでとったゴール直後のシーンを見てみましょう。ゴールを決めた選手が両手を広げて走っています。ひたいにあせを光らせ、口を大きく開けて、全身でよろこびを表しながら走る選手の様子がよく伝わります。アップでとると、細かい部分の様子がよく分かります。しかし、このとき、ゴールを決められたチームの選手は、どんな様子でいるのでしょう。それぞれのおうえん席の様子はどうなのでしょう。走っている選手いがいの、うつされていない多くの部分のことは、アップでは分かりません。

1

(1) 「ゴール直後のシーン」について答えましょう。
ゴールを決めた選手の、どんな様子がよく伝わりますか。

ひたいに（　　　　）、口を大きく開けて、全身で（　　　　）を表しながら走る様子。

(2) よく出る 分からないのは、何の様子ですか。二つ書きましょう。

（　　　　　　　　）

（　　　　　　　　）

「しかし」の後に、分からないことが書かれているよ。

2

(1) 「試合終了直後のシーン」について答えましょう。
勝ったチームのおうえん席の、どんな様子がよく伝わりますか。

選手と（　　　　）人たちとが一体となって、勝利を（　　　　）様子。

言葉の意味プラス
20行 あちこち…あちらこちらのいろいろな所。
25行 一体…一つにまとまること。

②　試合終了直後のシーンを見てみましょう。勝ったチームのおうえん席です。あちこちでふられる旗、たれまく、立ち上がっている観客と、それに向かって手をあげる選手たち。選手とおうえんした人たちとが一体となって、勝利をよろこび合っています。ルーズでとると、広いはんいの様子がよく分かります。でも、各選手の顔つきや視線、それらから感じられる気持ちまでは、なかなか分かりません。

③　このように、アップとルーズには、それぞれ伝えられることと伝えられないことがあります。それで、テレビでは、ふつう、何台ものカメラを用意していろいろなうつし方をし、目的におうじてアップとルーズを切りかえながら放送をしています。

〈中谷日出「アップとルーズで伝える」による〉

(2) 分かりにくいのは、どんなことですか。

（　　　　）

3 よく出る　アップとルーズのそれぞれのとり方でよく分かるのは、何の様子ですか。

アップ　□□□□□　の様子。

ルーズ　□□□□□　の様子。

4 「アップとルーズには、それぞれ伝えられることと伝えられないことがあります」とありますが、そのため、テレビは、どのようなくふうをして放送していますか。

何台ものカメラを用意していろいろなうつし方をし、（　　　　）におうじてアップとルーズを（　　　　）ながら放送している。

5 この文章の、段落どうしの関係についてまとめました。（　）に合う①～③の段落番号を書きましょう。

（　　）の段落と（　　）の段落では内容を対比して書き、（　　）の段落で前までの段落の内容をまとめている。

ものしりメモ　映像の「アップ」は近づいて大うつしにするという意味で、「クローズアップ」の略。スポーツの「アップ」はじゅんび運動のことで、「ウォーミングアップ」の略なんだよ。

まとめのテスト

アップとルーズで伝える

教科書 ㊤53〜65ページ
答え 6ページ

とく点
/100点

おわったらシールをはろう

勉強した日　月　日

次の文章を読んで、問題に答えましょう。

① アップでとったゴール直後のシーンを見てみましょう。ゴールを決めた選手が両手を広げて走っています。ひたいにあせを光らせ、口を大きく開けて、全身でよろこびを表しながら走る選手の様子がよく伝わります。アップでとると、細かい部分の様子がよく分かります。しかし、このとき、ゴールを決められたチームの選手は、どんな様子でいるのでしょう。それぞれのおうえん席の様子はどうなのでしょう。走っている選手いがいの、うつされていない多くの部分のことは、アップでは分かりません。

1 よく出る 「ゴール直後のシーン」と「試合終了直後のシーン」では、何がうつっている画面が例としてあげられていますか。　一つ10〔20点〕

ゴール直後のシーン

試合終了直後のシーン

2 「全身でよろこびを表しながら走る選手」とありますが、具体的にはどんな様子からよろこびが伝わってきますか。　〔15点〕

3 書いてみよう! ゴールを決めた選手を「アップ」でとったときに、伝えられることには○を、伝えられないことには×を書きましょう。　全てできて〔20点〕

言葉の意味プラス
13行 それぞれ…多くの人や物の一つ一つ。
36行 切りかえる…今までとはべつのものにする。

② 試合終了直後のシーンを見てみましょう。勝ったチームのおうえん席です。あちこちでふられる旗、たれまく、立ち上がっている観客と、それに向かって手をあげる選手たち。選手とおうえんした人たちとが一体となって、勝利をよろこび合っています。ルーズでとると、広いはんいの様子がよく分かります。でも、各選手の顔つきや視線、それらから感じられる気持ちまでは、なかなか分かりません。

③ このように、アップとルーズには、それぞれ伝えられることと伝えられないことがあります。それで、テレビでは、ふつう、何台ものカメラを用意していろいろなうつし方をし、目的におうじてアップとルーズを切りかえながら放送をしています。

〈中谷日出「アップとルーズで伝える」による〉

ア（　）ゴールが決まったときのそれぞれのチームのおうえん席の様子。

イ（　）ゴールを決めた選手のよろこぶ動作や顔の様子。

ウ（　）ゴールを決められたチームの選手の様子。

4 「試合終了直後のシーン」からは、何がよく伝わりますか。一つに○をつけましょう。〔15点〕

ア（　）観客に向かって手をあげる各選手の顔つきや視線。

イ（　）選手と観客が勝利をよろこび合っている様子。

ウ（　）観客に向かって手をあげている各選手の気持ち。

5 よく出る テレビが、目的におうじてアップとルーズを切りかえながら放送をしているのは、なぜですか。〔15点〕

（　　　　　　　　）

6 チャレンジ! この文章の、段落どうしの関係について説明したものは、どれですか。一つに○をつけましょう。〔15点〕

ア（　）①の段落で例をあげた後、②と③の段落で、その例についてくわしく説明している。

イ（　）①と②の段落でくわしい例をあげた後、③の段落でべつの話題についての説明を始めている。

ウ（　）①と②の段落で具体例を対比してあげた後、それらの内容を③の段落でまとめている。

ものしりメモ 「ルーズ」には、「態度や行動がだらしない」という意味もあるんだ。「兄は、時間にルーズだ。」のように使うよ。

きほんのワーク

お礼の気持ちを伝えよう
漢字の広場②　三年生で習った漢字

教科書 ㊤66～70ページ
答え 7ページ

学習の目標
●正しい型にそった手紙を書けるようにしよう。
●手紙で気持ちを伝えられるようになろう。

勉強した日　月　日

おわったらシールをはろう

漢字練習ノート8ページ

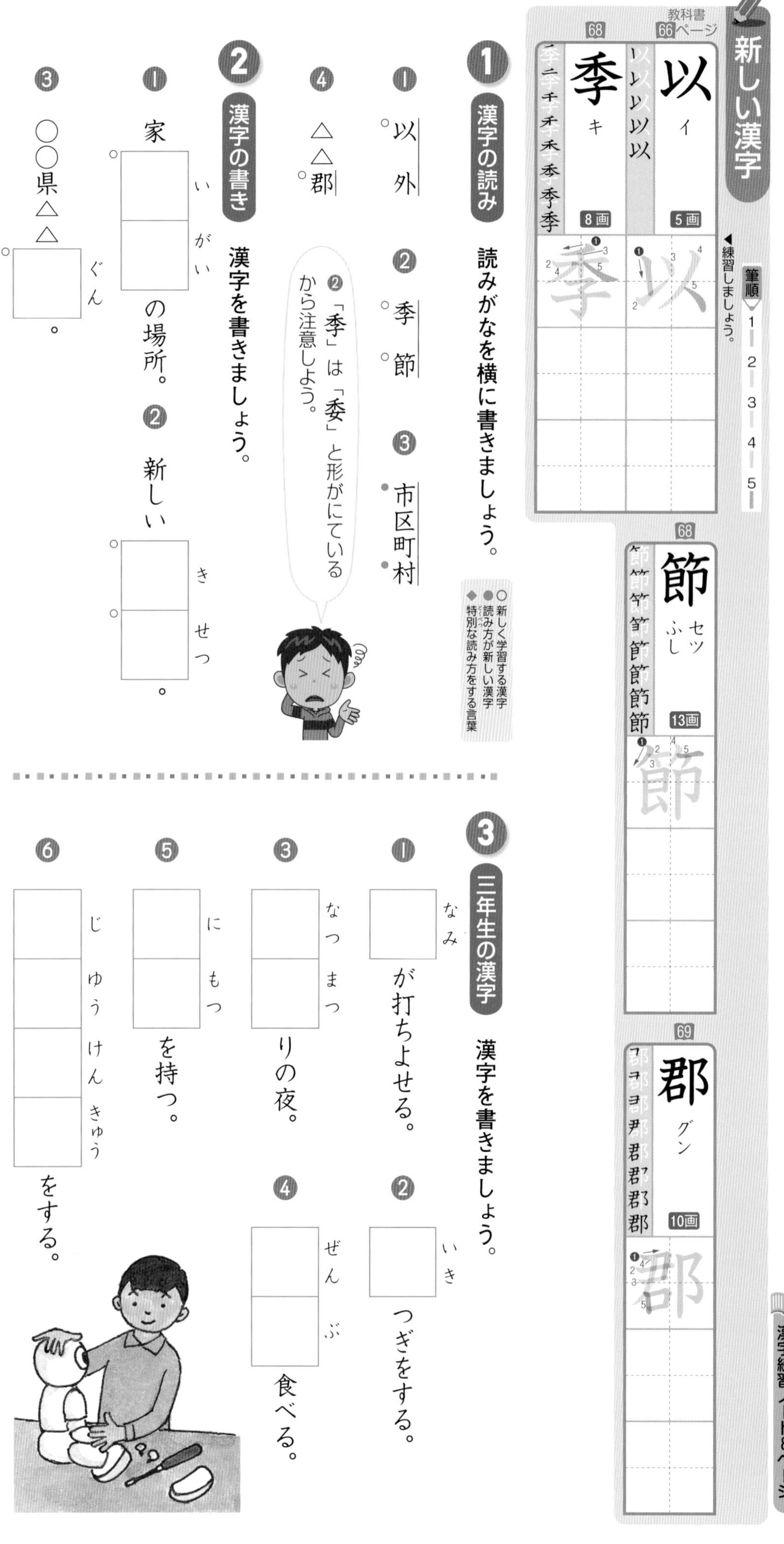

新しい漢字

教科書66ページ　以　イ　5画　以 以 以 以 以
68　季　キ　8画　季 季 季 季 季 季 季 季
68　節　セツ　ふし　13画
69　郡　グン　10画

筆順 1 2 3 4 5
◀練習しましょう。

○新しく学習する漢字
●読み方が新しい漢字
◆特別な読み方をする言葉

1 漢字の読み　読みがなを横に書きましょう。

①以外　②季節　③市区町村　④△△郡

②「季」は「委」と形がにているから注意しよう。

2 漢字の書き　漢字を書きましょう。

①家（いがい）の場所。　②新しい（きせつ）。　③○○県△△（ぐん）。

3 三年生の漢字　漢字を書きましょう。

①（なみ）が打ちよせる。　②（いき）つぎをする。　③（なつまつ）りの夜。　④（ぜんぶ）食べる。　⑤（にもつ）を持つ。　⑥（じゆうけんきゅう）をする。

4 次の手紙とふうとうのうら面を見て、問題に答えましょう。

① さわやかな五月の風が気持ちよく感じられるころとなりました。山本さんはお元気ですか。先月、自治会のバーベキュー大会で同じグループだった田村えみりです。

② この間は、山本さんに火のおこし方や肉・野菜のやき方など、バーベキューのやり方をいろいろと教えていただき、本当にありがとうございました。おかげで、料理にきょうみが出てきたので、これからいろいろ作ってみようと思っています。

③ これからもお体に気をつけておすごしください。さようなら。

④ 五月十日　田村えみり
山本太一様

（ふうとうのうら面）

ア
イ
□□□-□□□□

1 よく出る　手紙の①～④の部分に合う説明を下から選んで、・―・でむすびましょう。

① 初めのあいさつ　・　　・ア　わかれの言葉や相手を気づかう言葉。
② 本文　・　　・イ　日づけ・自分や相手の名前。
③ むすびのあいさつ　・　　・ウ　相手に伝えたいこと。
④ 後づけ　・　　・エ　季節に関する言葉や自分のしょうかいなど。

2 手紙の②の部分では、どんなことについてくわしく書いていますか。一つに○をつけましょう。

田村さんは、バーベキューのことをいろいろ知ることができたんだよ。

ア（　）だれに向かってお礼を言いたいのかということ。
イ（　）いつお礼を言いたいのかということ。
ウ（　）何に対してお礼を言いたいのかということ。

3 ふうとうのうら面の□ア・イには何を書きますか。

アには田村さんの（　　　）を書き、イには田村さんの（　　　）を書く。

ものしりメモ　正式な手紙では、初めのあいさつの最初に「頭語」という言葉をつけ、むすびのあいさつの最後に頭語に合った「結語」をつけるよ。頭語には「拝啓」、結語には「敬具」などがあるよ。

場面をくらべて読み、心にのこったことを伝え合おう

きほんのワーク

一つの花 SDGs

教科書 上71～84ページ

答え 7ページ

勉強した日 月 日

学習の目標
●人物の思いが表れた会話や行動を見つけよう。
●くり返し使われている言葉に着目して、様子のちがいを読み取ろう。

おわったら シールを はろう

漢字練習ノート9ページ

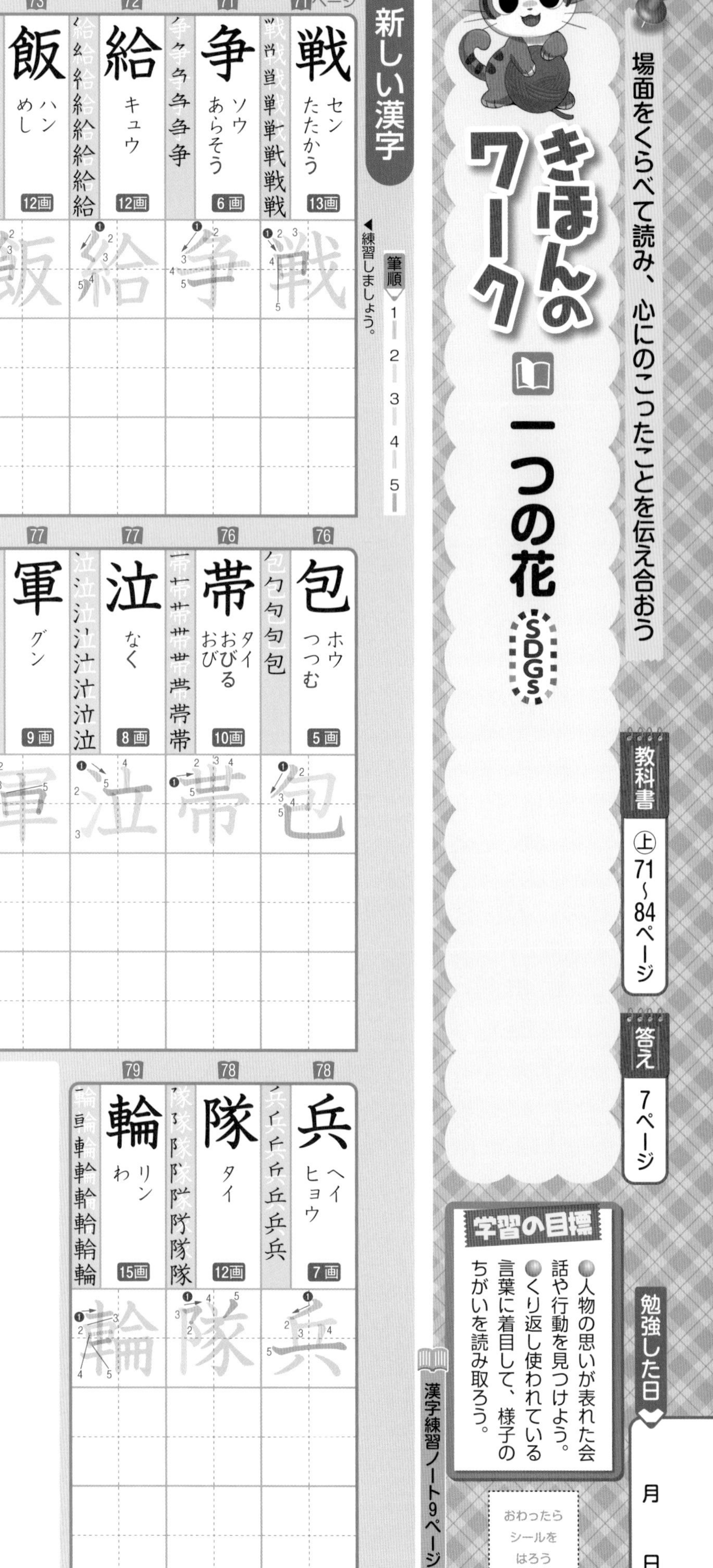

○新しく学習する漢字
●読み方が新しい漢字
◆特別な読み方をする言葉

1 漢字の読み　読みがなを横に書きましょう。

❶ 戦争

❷ 配給

❸ ご飯

❹ 防空頭巾（ぼう・きん）

❺ 包帯

❻ 泣き顔

❼ 軍歌

❽ 兵隊

❾ 一輪

❶は「戦」も「争」も同じような意味だね。

3 言葉の意味　○をつけましょう。

❶ 74ページ お母さんの口ぐせ。

ア（　）いつも口にする言葉。

イ（　）ふまんを言う言葉。

ウ（　）はげしくしかる言葉。

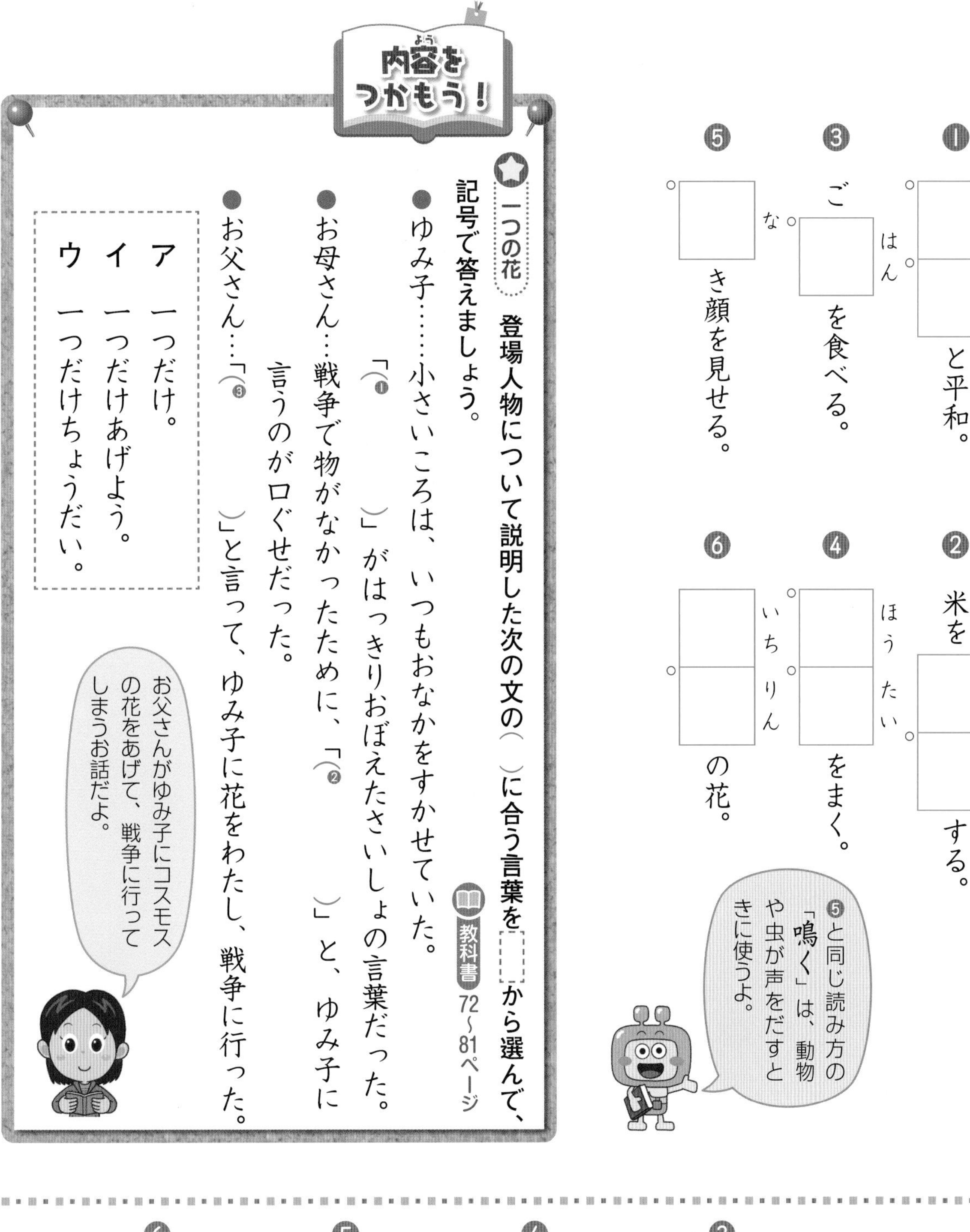

2 漢字の書き

漢字を書きましょう。

① （せんそう）□□と平和。

② 米を（はいきゅう）□□する。

③ ご（はん）□を食べる。

④ （ほうたい）□□をまく。

⑤ （な）□き顔を見せる。

⑥ （いちりん）□□の花。

内容をつかもう！

☆ 一つの花　登場人物について説明した次の文の（　）に合う言葉を［　］から選んで、記号で答えましょう。　教科書 72〜81ページ

● ゆみ子……小さいころは、いつもおなかをすかせていた。「（①　　）」がはっきりおぼえたさいしょの言葉だった。

● お母さん…戦争で物がなかったために、「（②　　）」と、ゆみ子に言うのが口ぐせだった。

● お父さん…「（③　　）」と言って、ゆみ子に花をわたし、戦争に行った。

ア　一つだけ。
イ　一つだけあげよう。
ウ　一つだけちょうだい。

② 74 知らず知らずのうちにおぼえた。
ア（　）思い出したりわすれたりしながら。
イ（　）分からないふりをしているうちに。
ウ（　）自分では気づかないうちにしぜんと。

③ 77 人ごみの中から、声が起こる。
ア（　）人がならんでいること。
イ（　）人がほとんどいないこと。
ウ（　）多くの人でこみ合うこと。

④ 79 ゆみ子が、足をばたつかせる。
ア（　）ばたばたと動かす。
イ（　）ぴくぴくとふるわせる。
ウ（　）ぶらぶらとゆらす。

⑤ 80 あるいは知らないのかもしれない。
ア（　）きっと。
イ（　）もしかしたら。
ウ（　）たいてい。

⑥ 80 ミシンの音がしばらくやむ。
ア（　）長くつづいたことが終わる。
イ（　）さらにいきおいを上げる。
ウ（　）きそく正しくくり返す。

ものしりメモ　さつまいもは、あれた土地にも植えることができて、米よりもかんたんに育てることができたので、食べ物の少ない戦争中はたくさん作られていたんだよ。

練習のワーク①

一つの花 SDGs

教科書 上71～84ページ
答え 7ページ

できるナビ
●行動や様子に着目しながら、お父さんとお母さんの気持ちを読み取ろう。

勉強した日　月　日

おわったらシールをはろう

❖ 次の文章を読んで、問題に答えましょう。

「なんてかわいそうな子でしょうね。一つだけちょうだいと言えば、何でももらえると思ってるのね。」

あるとき、お母さんが言いました。

すると、お父さんが、深いため息をついて言いました。

「この子は、一生、みんなちょうだい、山ほどちょうだいと言って、両手を出すことを知らずにすごすかもしれないね。一つだけのいも、一つだけのにぎり飯、一つだけのかぼちゃのにつけ――。みんな一つだけ。一つだけのよろこびさ。いや、よろこびなんて、一つだってもらえないかもしれないんだね。いったい、大きくなって、どんな子に育つだろう。」

そんなとき、お父さんは、決まってゆみ子をめちゃくちゃに高い高いするのでした。

1 「深いため息をついて」とありますが、お父さんのどんな気持ちが分かりますか。

（　　　　）ちょうだいとしか言えずに、一つだけの（　　　　）さえもらえないかもしれないゆみ子は、大きくなって、どんな子に育つのか心配だ。

2 「両手を出すこと」とありますが、どういうことを表していますか。一つに○をつけましょう。

ア（　）物をとても大事にすること。
イ（　）物をたくさんほしがること。
ウ（　）物に対してかんしゃすること。

3 よく出る 「ゆみ子をめちゃくちゃに高い高いする」とありますが、このときお父さんはどんな気持ちですか。一つに○をつけましょう。

お父さんは少しでもゆみ子のためになることをしてあげたかったんだよ。

ア（　）せめて高い高いをしてやって、かわいそうなゆみ子をよろこばせてやりたい。
イ（　）わがままばかり言っているゆみ子のことなど、もうどうでもいい。

言葉の意味プラス
4行　ため息…がっかりしたり心配したりして、大きくはく息。
15行　高い高い…子どもをよろこばせるために、高く持ち上げてやる遊び。

それからまもなく、あまりじょうぶでないゆみ子のお父さんも、戦争に行かなければならない日がやって来ました。

　お父さんが戦争に行く日、ゆみ子は、お母さんにおぶわれて、遠い汽車の駅まで送っていきました。頭には、お母さんの作ってくれた、わた入れの防空頭巾をかぶっていきました。

　お母さんのかたにかかっているかばんには、包帯、お薬、配給のきっぷ、そして、大事なお米で作ったおにぎりが入っていました。

　ゆみ子は、おにぎりが入っているのをちゃあんと知っていましたので、

「一つだけちょうだい、おじぎり、一つだけちょうだい。」

と言って、駅に着くまでにみんな食べてしまいました。

お母さんは、戦争に行くお父さんに、ゆみ子の泣き顔を見せたくなかったのでしょうか。


〈今西祐行「一つの花」による〉

ウ（　）ゆみ子に何もしてやれないが、戦争中だからしかたがないとあきらめよう。

4 ゆみ子とお母さんが駅に行ったのは、どんな日でしたか。

（　　　　　　　　　　　　）

5 「ちゃあんと知っていました」とありますが、ゆみ子はどんなことを知っていましたか。

お母さんのかばんに

（　　　　　　　　　　　　）

6 よく出る 「駅に着くまでにみんな食べてしまいました」とありますが、お母さんがゆみ子におにぎりをみんな食べさせたのは、なぜだと考えられますか。一つに○をつけましょう。

ア（　）ゆみ子がいくらでもほしがると思って、初めからあきらめていたから。

イ（　）お父さんが戦争に行く前に、みんなでぜいたくをしようと決めていたから。

ウ（　）ゆみ子の泣き顔を見せて、戦争に行くお父さんを悲しませたくなかったから。

お母さんの心の中を、作者がそうぞうしている部分があるよ。

ものしりメモ 戦争中の日本は食べ物が不足し、配給も十分ではなかったんだ。人々は農家に買い出しに行き、服を食べ物と交かんするなどして、やっと生活していたんだよ。

練習のワーク②

一つの花 SDGs

教科書 上71～84ページ
答え 8ページ

できるナビ
●お父さんの行動や会話から、ゆみ子に伝えようとしている思いを考えよう。

勉強した日　月　日

おわったらシールをはろう

次の文章を読んで、問題に答えましょう。

　ところが、いよいよ汽車が入ってくるというときになって、またゆみ子の「一つだけちょうだい。」が始まったのです。

「みんなおやりよ、母さん。おにぎりを――。」

お父さんが言いました。

「ええ、もう食べちゃったんですの――。ゆみちゃん、いいわねえ。お父ちゃん、兵隊ちゃんになるんだって。ばんざあいって――。」

お母さんは、そう言ってゆみ子をあやしましたが、ゆみ子は、とうとう泣きだしてしまいました。

「一つだけ。一つだけ。」

と言って。

　お母さんが、ゆみ子を一生けんめいあやしているうちに、お父さんが、ぷいといなくなってしまいました。

　お父さんは、プラットホームのはしっぽの、ごみすて場のような所に、わすれられたようにさいていたコスモ

2　「みんなおやりよ、母さん。おにぎりを――。」とありますが、このとき、お父さんはどんな気持ちでしたか。一つに○をつけましょう。

ア（　）ゆみ子のねがいをかなえてやりたい。
イ（　）ゆみ子がうるさいから、静かにさせよう。
ウ（　）ゆみ子のわがままには、こまったものだ。

3　よく出る●「ゆみちゃん、いいわねえ。お父ちゃん、兵隊ちゃんになるんだって。ばんざあいって――。」という言葉には、お母さんのどんな気持ちがこめられていますか。一つに○をつけましょう。

ア（　）お父さんが兵隊として戦争に行くことができて、本当によかった。
イ（　）お父さんが戦争に行くことを、ゆみ子が分からなくてざんねんだ。
ウ（　）なんとかゆみ子を泣かせずに、お父さんを明るく送り出したい。

4　「ゆみ子は、とうとう泣きだしてしまいました」とありますが、泣きだしたゆみ子に、お父さんは、どんなことをしましたか。

言葉の意味プラス
9行　あやす…小さい子のきげんをとる。
13行　一生けんめい…全力で行う様子。

スの花を見つけたのです。あわてて帰ってきたお父さんの手には、一輪のコスモスの花がありました。

「ゆみ。さあ、一つだけあげよう。一つだけのお花、大事にするんだよう――。」

ゆみ子は、お父さんに花をもらうと、キャッキャッと足をばたつかせてよろこびました。

お父さんは、それを見てにっこりわらうと、何も言わずに、汽車に乗って行ってしまいました。ゆみ子のにぎっている、一つの花を見つめながら――。

〈今西祐行「一つの花」による〉

1 「ゆみ子の『一つだけちょうだい。』が始まった」とありますが、どういうことですか。

ゆみ子の言葉を聞いたお父さんは、何と言っているかな。

ゆみ子が、（　）を一つだけちょうだいと言い始めたこと。

プラットホームのはしっぽの、（　）のような所に、（　）ようにさいていた（　）の花を一輪つんで、ゆみ子にあげた。

5 お父さんは、何と言って、ゆみ子に花をあげましたか。

「□□だけのお花、□□にするんだよう――。」

6 よく出る 「にっこりわらう」とありますが、お父さんは、なぜわらったのですか。一つに○をつけましょう。

ア（　）おにぎりをねだって泣いていたゆみ子が、花をもらってよろこんだことに、ほっとしたから。

イ（　）ゆみ子が泣きやんだことで、まわりにいる人たちに、めいわくをかけずにすんだから。

ウ（　）たった一つの花で、ゆみ子がすぐに泣きやんでしまったのが、少しおかしかったから。

7 「ゆみ子のにぎっている、一つの花を見つめながら――。」とありますが、お父さんは、どんなねがいをこめて、ゆみ子に花をわたしたのでしょうか。考えて書きましょう。

二度と会えないかもしれないゆみ子のしょうらいのことを思っているよ。

書いてみよう！

（　）

ものしりメモ 昔の日本には、ちょう兵制度といって、強制的に兵隊にさせられる仕組みがあったんだ。だから、家族とわかれたくなくても、しかたなく戦争に行かなければならなかったんだよ。

つなぎ言葉のはたらきを知ろう

教科書 ㊤85～87ページ
答え 8ページ

勉強した日 月 日

学習の目標
●つなぎ言葉のはたらきを知ろう。
●自分の気持ちに合ったつなぎ言葉を正しく使おう。

おわったらシールをはろう

1 漢字の読み 読みがなを横に書きましょう。

❶ 健康
❷ 坂口氏
❸ 祝日
❹ 百貨店
❺ 台風
❻ 児童館
❼ 器官
❽ 良い
❾ 昨日

○新しく学習する漢字
●読み方が新しい漢字
◆特別な読み方をする言葉

❾には「さくじつ」という読み方もあるよ。

2 漢字の書き 漢字を書きましょう。

❶ □（おっと）と妻（つま）。
❷ □□□（ときょうそう）に出る。

❷の「そう」を「争」と書きあやまりやすいよ。

3 次のつなぎ言葉を使った文のうち、正しいもの全てに○をつけましょう。

ア（　）父は、犬の散歩に行っています。しかし、今、家にはいません。

イ（　）調べ物をしなければならない。それで、図書館に行くことにした。

ウ（　）文ぼう具店に行った。けれども、原こう用紙は売り切れだった。

エ（　）今日は、大雨になった。だから、運動会は予定どおりに行われた。

4 （　）に合うつなぎ言葉を、□から選んで書きましょう。

1 ラーメンを食べますか。（　　　）、カレーライスを食べますか。

2 あの人は母の姉です。（　　　）、わたしのおばです。

3 今日は暑い。（　　　）、長そでの服を着た。

4 空はくもっていた。（　　　）、かさを持って外出した。

だから　けれども　つまり　それとも

5 次の文を二つに分けるとき、（　）に合うつなぎ言葉を、□から選んで書きましょう。

1 寒さがきびしくなってきたのに、弟はまだ半ズボンだ。
↓寒さがきびしくなってきた。（　　　）、弟はまだ半ズボンだ。

2 暗くなってきたし、雪もふってきた。
↓暗くなってきた。（　　　）、雪もふってきた。

しかも　だから　しかし

6 次の文は、どんな気持ちを表していますか。つなぎ言葉に注意して、記号で答えましょう。

1 前日に夜おそくまで勉強した。だから、テストは九十点だった。（　　）

2 前日に夜おそくまで勉強した。しかし、テストは九十点だった。（　　）

ア　夜おそくまで勉強したのに九十点しかとれなかったと、ざんねんがる気持ちを表している。

イ　夜おそくまで勉強したから九十点をとることができたと、よろこぶ気持ちを表している。

ものしりメモ 「徒競走」の「徒」には、「乗り物に乗らないで歩く」という意味があるよ。ふだん話すときは、「徒競走」ではなく「かけっこ」というほうが多いかもしれないね。

きほんのワーク

短歌・俳句(はいく)に親しもう(一)
要約するとき

教科書 上88〜91ページ

答え 9ページ

勉強した日 月 日

おわったらシールをはろう

学習の目標
- 短歌や俳句(はいく)の、言葉の調子やひびきに注意しよう。
- 要約するときの注意点をおさえておこう。

漢字練習ノート11ページ

新しい漢字

筆順 1 2 3 4 5 ◀練習しましょう。

教科書88ページ 芽 ガ め 8画 一 艹 艹 芒 芽 芽 芽 芽

89 梅 バイ うめ 10画 一 木 木 栏 栏 梅 梅 梅 梅 梅

90 約 ヤク 9画 ㄥ 幺 糸 糸 糸 約 約 約 約

1 漢字の読み　読みがなを横に書きましょう。

〇新しく学習する漢字 ●読み方が新しい漢字 ◆特別(とくべつ)な読み方をする言葉

❶ 。芽　❷ ◆奈良　❸ 。梅　❹ 要。約

2 漢字の書き　漢字を書きましょう。

❶ 。［うめ］の木。　❷ 文章の。［ようやく］。

3 ☆短歌・俳句(はいく)に親しもう(一)　次の短歌を読んで、問題に答えましょう。

石走(いわばし)る垂水(たるみ)の上のさわらびの
萌(も)え出(い)づる春になりにけるかも
志貴皇子(しきのみこ)

岩の上をいきおいよく流れるたきのそばの、わらびが芽を出す春になったのだなあ。
〈「短歌・俳句(はいく)に親しもう(一)」による〉

1 「萌え出づる」とありますが、出てきたものは何ですか。短歌の中の四字の言葉を書きましょう。

［　　　　］

短歌の意味が書かれている部分とつき合わせてみよう。

2 この短歌には、どんなとくちょうがありますか。短歌の中の一字を書きましょう。

「（　　）」という言葉を三回くり返すことで、声に出して読むとリズムが感じられる。

4 次の俳句を読んで、問題に答えましょう。

あ 梅一輪一輪ほどの暖かさ　服部嵐雪

まだ寒いけれど、梅が一輪さいたら、その一輪分だけ、春の暖かみを感じるよ。

い 夏河を越すうれしさよ手に草履　与謝蕪村

夏の日に、手に草履を持って川をわたると、川の水がつめたくて気持ちがよく、うれしくなることだ。

う 雀の子そこのけそこのけ御馬が通る　小林一茶

雀の子よ、あぶないから、そこをどきなさい。お馬さんが通るよ。

〈「短歌・俳句に親しもう（一）」による〉

1 よく出る● あ～うの俳句の中で、同じ言葉のくり返しによってリズムを生み出しているものを全て選び、記号で答えましょう。

同じ言葉がつづいているのは、どの俳句かな。

（　　　）

2 あの俳句の作者は、何に感動していますか。俳句の中から、次の（　）に合う言葉を書きましょう。

寒い中、一輪の（　　　）から感じた（　　　）。

3 いの俳句に「うれしさよ」とありますが、なぜ、うれしくなるのですか。一つに○をつけましょう。

よまれた季節を考えてみよう。

ア（　）流れの速い川をぶじにわたれて、安心したから。

イ（　）つめたい川にはだしで入り、気持ちよかったから。

ウ（　）川で草履をきれいにあらえて、すっきりしたから。

4 うの俳句の作者は何に語りかけていますか。一つに○をつけましょう。

ア（　）馬　イ（　）雀　ウ（　）子ども

要約するとき

5 要約するときには、どんなことに気をつけますか。正しいものには○、まちがっているものには×をつけましょう。

ア（　）要約の目的や、まとめる分量などをたしかめる。

イ（　）説明する文章や物語など、元の文章の種類がちがっていても同じようにまとめる。

ウ（　）説明する文章では、文章全体のまとめや、問いの答えとなる部分を中心にまとめる。

エ（　）要約した部分に、自分の感想や意見をまぜて書く。

ものしりメモ　小林一茶は、かえるや はえなどを題材にした俳句を作っているよ。これらの俳句には、小さいものや弱いものをおうえんする、一茶の思いやりがこめられているんだよ。

まとめのテスト

一つの花 SDGs
つなぎ言葉のはたらきを知ろう

教科書 ㊤71〜91ページ　答え 9ページ

時間 20分　とく点 /100点

おわったらシールをはろう

勉強した日　月　日

1 次の文章を読んで、問題に答えましょう。

お母さんが、ゆみ子を一生けんめいあやしているうちに、お父さんが、ぷいといなくなってしまいました。

お父さんは、プラットホームのはしっぽの、ごみすて場のような所に、わすれられたようにさいていたコスモスの花を見つけたのです。あわてて帰ってきたお父さんの手には、一輪のコスモスの花がありました。

「ゆみ。さあ、一つだけあげよう。一つだけのお花、大事にするんだよう――。」

ゆみ子は、お父さんに花をもらうと、キャッキャッと足をばたつかせてよろこびました。

お父さんは、それを見てにっこりわらうと、何も言わずに、汽車に乗って行ってしまいました。ゆみ子のにぎっている、一つの花を見つめながら――。

それから、十年の年月（としつき）がすぎました。

ゆみ子は、お父さんの顔をおぼえていません。自分に

1 「お父さんが、ぷいといなくなってしまいました」とありますが、お父さんは、何をしていたのですか。一つ10〔20点〕

（　　　）がさいていたのを見つけて、（　　　）にあげようとつんでいた。

2 よく出る 「にっこりわらう」とありますが、お父さんは、ゆみ子のどんな様子を見て、にっこりわらったのですか。〔15点〕

（　　　）様子。

3 「ゆみ子は、お父さんの顔をおぼえていません。自分にお父さんがあったことも、あるいは知らないのかもしれません。」とありますが、ここから、どんなことが考えられますか。〔15点〕

書いてみよう！

お父さんは戦争に行ったきり、（　　　）ということ。

言葉の意味プラス
21行 たえず…いつも。　29行 さげる…物を手に持つ。
30行 くぐる…物の下やすきまを通りぬける。

お父さんがあったことも、あるいは知らないのかもしれません。

でも、今、ゆみ子のとんとんぶきの小さな家は、コスモスの花でいっぱいに包まれています。

そこから、ミシンの音が、たえず速くなったりおそくなったり、まるで、何かお話をしているかのように、聞こえてきます。それは、あのお母さんでしょうか。

「母さん、お肉とお魚とどっちがいいの。」

と、ゆみ子の高い声が、コスモスの中から聞こえてきました。

すると、ミシンの音がしばらくやみました。

やがて、ミシンの音がまたいそがしく始まったとき、買い物かごをさげたゆみ子が、スキップをしながら、コスモスのトンネルをくぐって出てきました。そして、町の方へ行きました。

今日は日曜日、ゆみ子が小さなお母さんになって、お昼を作る日です。

〈今西(いまにし)祐行(すけゆき)「一つの花」による〉

4 よく出る 「今、ゆみ子のとんとんぶきの小さな家は、コスモスの花でいっぱいに包まれています」とありますが、どんなことを表していますか。一つに○をつけましょう。〔15点〕

ア（　）ゆみ子の家が、お金持ちになったということ。

イ（　）ゆみ子たちが、平和にくらしているということ。

ウ（　）ゆみ子が、花を買うことがすきだということ。

5 チャレンジ！ 十年後の場面から読み取れることを説明したものとして、正しいものには○、まちがっているものには×をつけましょう。一つ5〔20点〕

ア（　）ゆみ子たちは、食べる物にこまらなくなった。

イ（　）ゆみ子は、お母さんと二人でくらしている。

ウ（　）ゆみ子は、日曜日もはたらいてお金をかせいでいる。

エ（　）ゆみ子は、明るくやさしい子に育っている。

2 次の文に合うつなぎ言葉を選んで、○をつけましょう。一つ5〔15点〕

❶ 大雨になった。{ア（　）だから／イ（　）しかし}、試合はつづいた。

❷ 駅まで走った。{ア（　）でも／イ（　）それで}、電車に乗れた。

❸ 明日は遠足だ。{ア（　）そのため／イ（　）けれども}、夜は早くねる。

ものしりメモ　戦争が終わっても、すぐに食べ物がほうふになったわけではないよ。多くの兵隊が帰国してきたり、作物が不作(ふさく)だったりしたため、食べ物不足(ぶそく)はしばらくつづいたんだ。

きほんのワーク
新聞を作ろう
アンケート調査のしかた

教科書 上92〜99ページ
答え 10ページ

学習の目標
- 新聞のとくちょうや作り方をたしかめよう。
- アンケート調査のしかたをおさえよう。

勉強した日 月 日

おわったらシールをはろう

漢字練習ノート11ページ

新しい漢字

教科書95ページ

付 フ つける 5画
筆順 ノ 亻 仁 付 付
◀練習しましょう。

97
清 セイ きよい 11画
筆順 氵 氵 汁 浐 浐 清 清 清 清 清 清

1 漢字の読み　読みがなを横に書きましょう。

○新しく学習する漢字
●読み方が新しい漢字
◆特別な読み方をする言葉

1 工夫　2 わり付け　3 清書　4 回答

2 漢字の書き　漢字を書きましょう。

1 わり［つ］けをする。　2 紙に［せい］［しょ］する。

2の「せい」は同じ読みで形もにている「晴」とまちがえないようにしよう。

3 新聞を作ろう
次の言葉の意味を□から選んで、記号で答えましょう。

1 取材（　）
2 わり付け（　）
3 見出し（　）

ア 文章のまとまりの初めにおかれる、要点を短くまとめた言葉。
イ 新聞などで、記事や写真などの大きさや入れる場所を決めること。
ウ 知りたいことについて、本で調べたりアンケート調査などをしたりして、材料を集めること。

4 新聞を作る順番になるように、（　）に1～4を書きましょう。

（　）取材をする。

（　）どんな新聞を作るかを決める。

（　）記事を書く。

（　）わり付けを決める。

（5）新聞を仕上げる。

5 新聞には、どのようなとくちょうがありますか。（　）に合う言葉を、[ ]から選んで書きましょう。

●新聞名と発行日、（　　）が書かれている。

●記事をより分かりやすくするために、文章と組み合わせて（　　）などが使われている。

●（　　）を見ると、記事のおおまかな内容が分かる。

感想　見出し　発行者　図や写真

読み手に分かりやすく伝えるために、さまざまな工夫がされているよ。

---

6 ☆アンケート調査のしかた

休日のすごし方についてクラスでアンケートをとった後、集計けっかをなかま分けしてまとめ、さらに表にしました。（　）に合う言葉や数字を書きましょう。

【なかま分けしてまとめたもの】

休日のすごし方

・（①）

テレビゲーム　六人

インターネット　五人

読書　三人

・出かける

友達の家　四人

公園　四人

（②）二人

【表】

休日のすごし方		人数
家にいる	テレビゲーム	6
	インターネット	(③)
	（　④　）	3
（　⑤　）	友達の家	4
	公園	4
	買い物	2

①（　）　②（　）　③（　）　④（　）　⑤（　）

ものしりメモ 1870年（明治3年）に始まった「横浜毎日新聞」が、日本で初めての、日刊新聞だといわれているよ。その前の江戸時代には、「かわらばん」というものが新聞の役目をはたしていたんだ。

きほんのワーク

カンジーはかせの都道府県の旅2
季節の言葉2　夏の楽しみ

教科書 上100～103ページ
答え 10ページ

勉強した日　月　日

学習の目標
●都道府県の名前を、漢字を使って書けるようにしよう。
●夏に関する俳句を味わおう。

おわったらシールをはろう

漢字練習ノート12ページ

新しい漢字

教科書100ページ

漢字	読み	画数	教科書ページ
滋	（ジ）　◆滋賀（しが）	12画	100
阪	（ハン）　◆大阪（おおさか）	7画	100
徳	トク	14画	101
香	か　かおり	9画	101
媛	（エン）　◆愛媛（えひめ）	12画	101
佐	サ	7画	101
賀	ガ　◆滋賀（しが）	12画	101
崎	さき	11画	101
熊	くま	14画	101
鹿	しか　か　◆鹿児島（かごしま）	11画	101
沖	おき	7画	101
縄	なわ	15画	101

◀練習しましょう。

筆順 1 2 3 4 5

○新しく学習する漢字
●読み方が新しい漢字
◆特別な読み方をする言葉

1 漢字の読み

読みがなを横に書きましょう。

①◆滋賀　②◆大阪　③鳥取　④徳島　⑤香川　⑥◆愛媛　⑦長崎　⑧熊本　⑨◆大分　⑩◆鹿児島

2 漢字の書き

漢字を書きましょう。

① かがわ［　　］県のうどん。
② さが［　　］県の名産（さん）品。
③ くまもと［　　］県に行く。
④ おきなわ［　　］県の海。

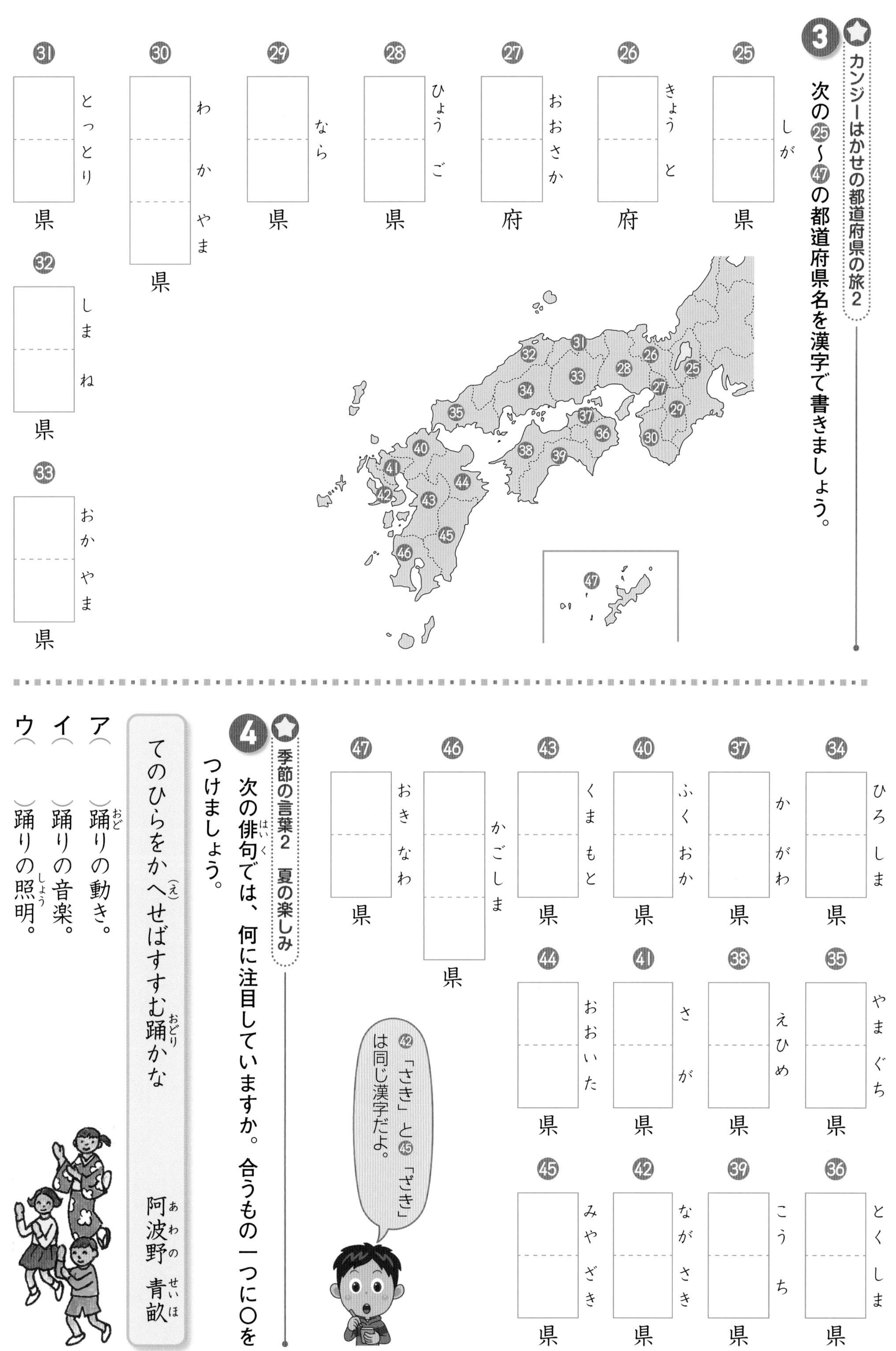

カンジーはかせの都道府県の旅2

3 次の㉕～㊼の都道府県名を漢字で書きましょう。

㉕ しが　県

㉖ きょうと　府

㉗ おおさか　府

㉘ ひょうご　県

㉙ なら　県

㉚ わかやま　県

㉛ とっとり　県

㉜ しまね　県

㉝ おかやま　県

㉞ ひろしま　県

㉟ やまぐち　県

㊱ とくしま　県

㊲ かがわ　県

㊳ えひめ　県

㊴ こうち　県

㊵ ふくおか　県

㊶ さが　県

㊷ ながさき　県

㊸ くまもと　県

㊹ おおいた　県

㊺ みやざき　県

㊻ かごしま　県

㊼ おきなわ　県

季節の言葉2　夏の楽しみ

4 次の俳句（はいく）では、何に注目していますか。合うもの一つに○をつけましょう。

てのひらをかへ（え）せばすすむ踊（おどり）かな　　阿波野（あわの）青畝（せいほ）

ア（　）踊（おど）りの動き。

イ（　）踊りの音楽。

ウ（　）踊りの照明（しょうめい）。

ものしりメモ　先祖（ぞ）が、あの世からこの世にもどってくる時期と言われているのが「お盆（ぼん）」。そのご先祖様のたましいをなぐさめるための行事が「ぼんおどり」なんだよ。

まとめのテスト

新聞を作ろう

教科書 上 92～103ページ
答え 10ページ
時間 20分
とく点 /100点
おわったらシールをはろう
勉強した日 月 日

次の新聞を読んで、問題に答えましょう。

にこにこ新聞

4年1組

6月19日
4年1組 2はん

校長先生にインタビュー

「みなさんと、もっとお話ししたい」

四月に、新しい校長先生として、林雪子先生がいらっしゃいました。そこで、わたしたちは、六月四日に、校長先生にインタビューをしました。

まず、先生のしゅみについてうかがいました。先生のしゅみは、かっている金魚をながめながら、ゆっくりお茶を飲むことだそうです。

えがおで話す林先生

次に、先生のすきなことわざをうかがいました。先生は、「案ずるよりうむがやすし」がすきで、その理由は、前向きになれる言葉だからだそうです。

さいごに、わたしたち四年生についてどう思うかをおききしたところ、「明るくて、元気がいいですね。みなさんと、もっとお話ししたいと思っています。」と話してくれました。

お礼を言って、校長室を出るとき、先生が、「いつでもまた来てね。」と声をかけてくださいました。みんなも、校長室に行ってみてください。（安田）

昼休み、人気なのはこれだ

昼休みにどんなすごし方をしているのか、四年一組の三十人にアンケートを取りました。そのけっか、三十人中二十三人が、体を動かす遊びをすると答えました。その中でも、ドッジボールなどのボール遊びが人気を集めました。（岸）

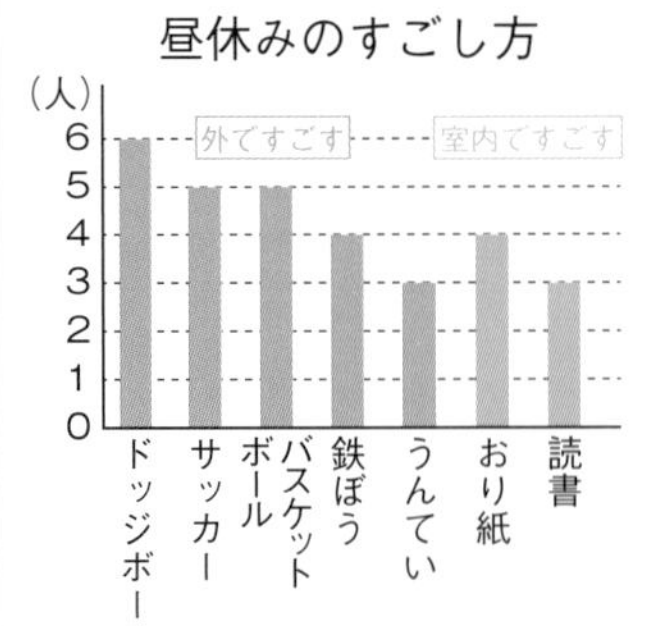

ゴーヤですずしく

四年一組が一階で育てているゴーヤが、順調につるをのばしています。このゴーヤには、実はすごい力があります。「緑のカーテン図鑑（かん）」（黒川れい著（ちょ）、ひかり書店）によると、ゴーヤで緑のカーテンができると、部屋の中の温度が、およそ二度ひくくなるそうです。また、暑くなってきてからは、一日に二回、水をやるとよいことも分かりました。

校内がすずしくなるかどうかは、これから四年一組のみんなが、きちんとゴーヤに水をやるかどうかにかかっています。（竹内）

順調に育つゴーヤ

一場のおすすめ本

「かあちゃん取扱（とりあつかい）説明書」 いとうみく 作

四年一組で指おりの読書家・一場が、おすすめの本をしょうかいします。

主人公の「哲哉（てつや）」は、四年生。哲哉は、口うるさいお母さんに、毎日いろいろ言われるのがいやだなあと思っています。そこで、お母さんを自分の思うようにそうじゅうしようと、「取扱説明書」を作り始めます。

哲哉とお母さんのやり取りがとても楽しいので、わらいながら、一気に読めてしまうはずです。（一場）

〈「新聞を作ろう」による〉

1 にこにこ新聞のテーマは何ですか。全てに○をつけましょう。　全てできて〔10点〕

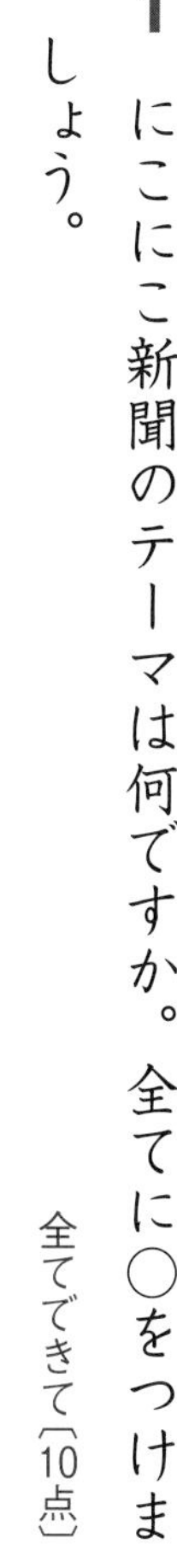

ア（　）ちいきに関すること。
イ（　）四年一組に関すること。
ウ（　）学校に関すること。

2 にこにこ新聞のわり付けについて答えましょう。

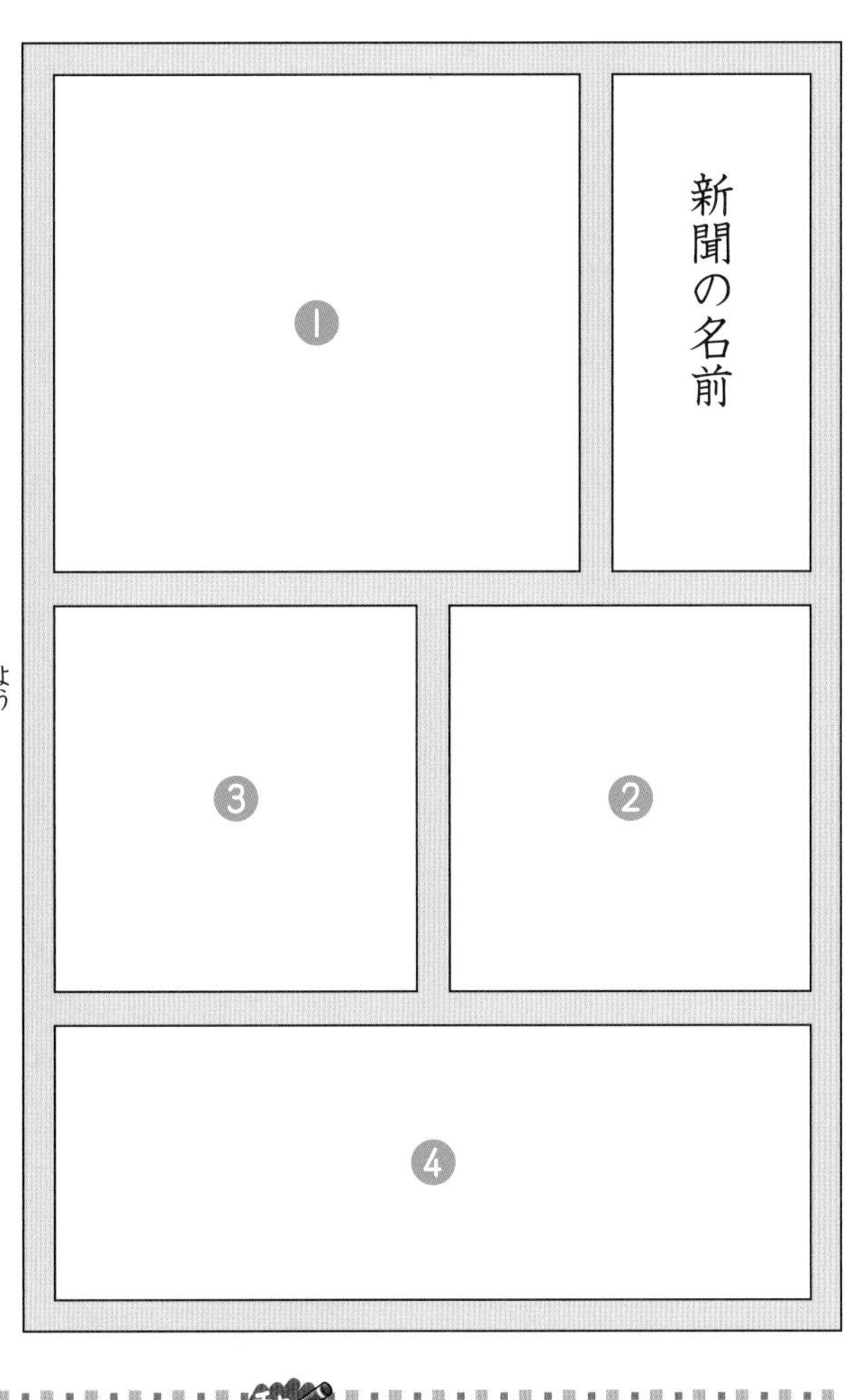

(1) ①～④に入る記事の内容を□から選んで、記号で答えましょう。　一つ5〔20点〕

①（　）②（　）③（　）④（　）

ア 本のしょうかい　イ 昼休みにすること
ウ ゴーヤのこと　エ 林先生のしょうかい

(2) ①～③の取材方法を□から選んで、記号で答えましょう。　一つ5〔15点〕

①（　）②（　）③（　）

ア インタビューをする。
イ 本で調べる。
ウ アンケート調査をする。
エ インターネットで調べる。

3 よく出る　にこにこ新聞でいちばん大きく取り上げられているのは、どんなことですか。　両方できて〔15点〕

新しい（　）に（　）をしたこと。

4 チャレンジ　にこにこ新聞のとくちょうとして正しいものには○、まちがっているものには×をつけましょう。　一つ10〔40点〕

ア（　）感想は書かないで、事実だけを伝えるようにしている。
イ（　）記事全体を「です」「ます」などのていねいな言い方で書いている。
ウ（　）グラフと文章を組み合わせることで、分かりやすくしめしている。
エ（　）見出しを入れないことで、記事の内容を目立たせている。

ものしりメモ　新聞は、本や冊子のように「ページ」という数え方はせずに、「面」という数え方をするんだ。新聞の最初のページは「一面」といって、いちばん伝えたい記事をのせるよ。

きほんのワーク

本のポップや帯を作ろう
神様の階段(だん) SDGs

教科書 上104～115ページ
答え 10ページ
勉強した日 月 日

学習の目標

- バリ島の風景の美しさを読み取ろう。
- バリ島に生きる人々としぜんのつながりに注目しよう。

おわったらシールをはろう

漢字練習ノート13ページ

新しい漢字

教科書108ページ

ページ	漢字	読み	画数
112	熱	ネツ / あつい	15画
112	働	ドウ / はたらく	13画
113	栄	エイ / さかえる	9画
113	養	ヨウ / やしなう	15画
114	満	マン / みちる	12画

筆順 1 2 3 4 5
◀練習しましょう。

1 漢字の読み　読みがなを横に書きましょう。

① 熱帯　② 手伝う　③ 春夏秋冬　④ 働く　⑤ 栄養　⑥ 満ち足りる

○新しく学習する漢字
●読み方が新しい漢字
◆特別な読み方をする言葉

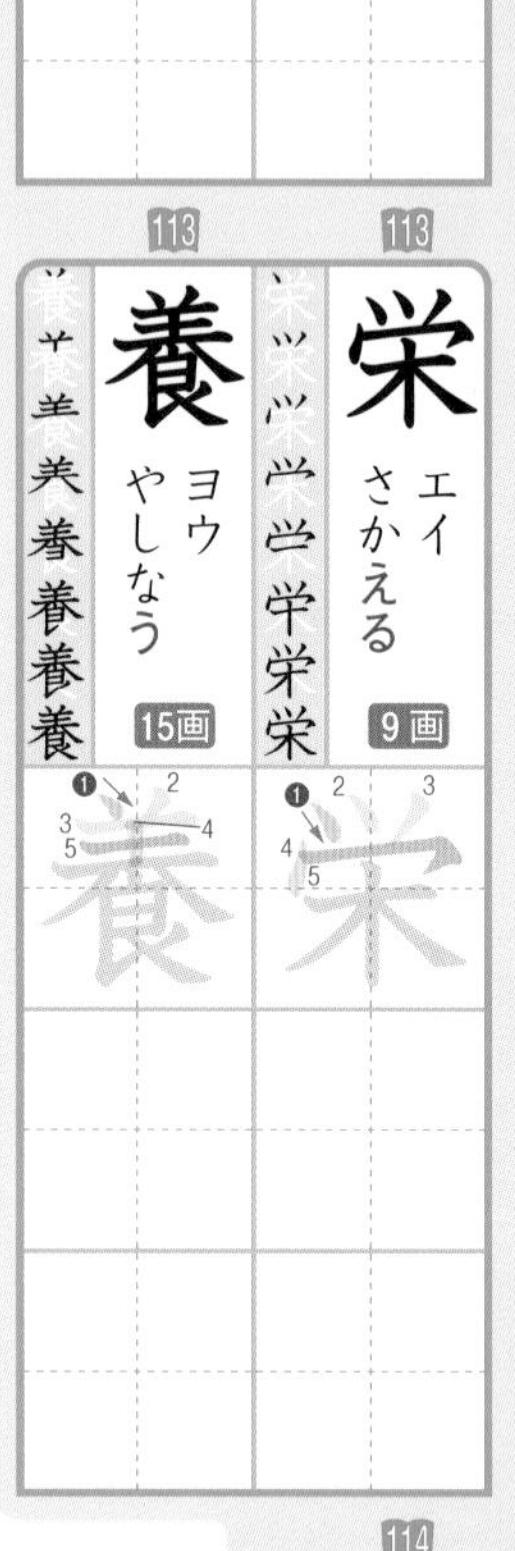

2 漢字の書き　漢字を書きましょう。

① 工場で［はたら］く。
② ［えいよう］をとる。

4 言葉の意味　○をつけましょう。

① 109ページ あたりが急に青ずむ。
ア（　）青みがなくなる。
イ（　）青みをおびる。
ウ（　）青みがうすれる。

② 110 こしをかがめる。
ア（　）おり曲げる。
イ（　）まっすぐにする。
ウ（　）ひねる。

3 言葉の知識

（　）に合う言葉を、［　］から選んで書きましょう。

1 反則をせずに（　　　　）戦う。

2 試合開始が（　　　　）近づく。

3 何も言わずに（　　　　）作業する。

［こくこくと　どうどうと　もくもくと］

内容をつかもう！

☆神様の階段　文章の内容をまとめます。［　］に合う言葉を、［　］から選んで書きましょう。　教科書108～115ページ

筆者がおとずれた場所

［　　　］にある［　　　］。

おとずれようと思った理由

昔ながらの美しい［　　　］がたくさんのこっていると聞いたから。

筆者が思ったこと

・神様が住む［　　　］に向かうたな田は「神様の階段」。

・島に住む人々は、土地に対する［　　　］をもっている。

［田んぼ　バリ島　アグン山　インドネシア　かんしゃの心］

---

3 112 田んぼが白くかすむ。
ア（　）はっきりと見える。
イ（　）ぼんやりと見える。
ウ（　）色づいて見える。

4 113 みるみるうちにたがやす。
ア（　）しばらく。
イ（　）ときどき。
ウ（　）たちまち。

5 113 山のいただき。
ア（　）いちばん高い所。
イ（　）真ん中あたり。
ウ（　）いちばんひくい所。

6 115 海をのぞむしゃめん。
ア（　）見えなくする。
イ（　）目の前にする。
ウ（　）思い出させる。

7 115 みんな、あせだくだ。
ア（　）びっしょりあせをかくこと。
イ（　）うっすらとあせをかくこと。
ウ（　）ひやあせをかくこと。

ものしりメモ たな田の役わりは米作りだけではないよ。ふった雨が一度に山から流れ落ちることがなくなるから、洪水の防止にも役立っているんだ。

神様の階段（だん）

SDGs

教科書 ㊤104～115ページ　答え 11ページ

できるナビ
●バリ島の田んぼや、そのまわりの風景について、日本とのちがいに気をつけながら読み取ろう。

勉強した日　月　日

おわったらシールをはろう

1 次の文章を読んで、問題に答えましょう。

バリ島は一年を通じて気温が高いので、決まった時期に田植えをする必要がない。だから、それぞれの田んぼで、いねかりの時期もちがっているのだ。

田植えの時期の水面が見える田んぼ、青々としげった緑の田んぼ、黄金（こがね）色に実った田んぼ、いねがかり取られた後の田んぼ。

高い所からながめると、バリ島のたな田は、パッチワークのようなもようを作り出す。春夏秋冬の四季になれた日本人には、とてもふしぎな風景だ。

林を上っていると、とつぜん、あざやかな色が目に飛びこんできた。色とりどりの服やズボンが、草の上に広げてある。ふろしきのような大きなぬのは、こしにまき付ける、サルンというものだ。あせやどろでよごれてしまったものを、下の川でせんたくして、ほしているのだろう。のんびりとひなたぼっこでもしているようなたくさんの服は、田んぼの仕事のたいへんさとともに、働く

になる。ふんとどろがまじったどくとくのにおいは、栄養たっぷりの土ができる印だ。

〈今森（いまもり）光彦（みつひこ）「神様の階段（だん）」による〉

1

(1)「とてもふしぎな風景」について答えましょう。

どんな風景でしたか。

［　　　］の時期の田んぼや緑や黄金色の田んぼ、［　　　　］の後の田んぼなどが、いっしょに見える風景。

(2) よく出る● なぜそんな風景が見えるのですか。一つに○をつけましょう。

バリ島と日本のちがいは何かな。

ア（　）バリ島は春夏秋冬がはっきりしているから。

イ（　）バリ島は一年を通じて気温が高いから。

ウ（　）バリ島の田んぼはたな田になっているから。

言葉の意味プラス
7行 パッチワーク…さまざまな色や大きさのぬのをつぎ合わせる手芸（げい）。
30行 どろまみれ…どろだらけになること。　33行 あいぼう…ともに行動する相手。

ことのよろこびも、感じさせてくれるようだった。

ゆるやかな尾根の向こうから、「エーイッ。」「オーッ。」というさけび声が聞こえる。その声をたよりにして道を上り切ると、広々としたたな田があらわれた。水のつぶが大気にとけこんで、遠くの田んぼが白くかすんでいる。

よく見ると、人といっしょに牛がいる。日本ではもう見られなくなった風景に出会って、うれしさがこみ上げてきた。ぼくはあぜ道をかけ下りた。

カラン、カラン、カラン。

首にすずを付けた牛が、どろまみれになって働いていた。大きなすきでどろをかき回す、「しろかき」という仕事をしている。

牛は、農家の人にとって、たのもしいあいぼうだ。かけ声にこたえて、もくもくと働く。力があるので、みるみるうちに、土を深くたがやしてくれる。

バリ島の農家の人たちにとって、牛は家族と同じなのだろう。家の近くでかわれていて、とても大事にされている。

牛は力仕事をするだけでなく、田んぼにとって大切な土も作ってくれる。牛のふんは、植物を育てるひりょう

2 「色とりどりの服やズボンが、草の上に広げてある。」とありますが、それを見た筆者は何を感じていますか。二つ書きましょう。

（　　）

（　　）

3 「日本ではもう見られなくなった風景」とありますが、どんな風景ですか。

（　　）風景。

4 「カラン、カラン、カラン。」とありますが、何の音ですか。

（　　）

5 よく出る 文章中に書かれている牛の役わりは何ですか。合うもの二つに○をつけましょう。

「力仕事」と「牛のふん」に注目しよう。

ア（　）栄養がたくさんある土を作ってくれる役わり。

イ（　）川までせんたく物を運んでくれる役わり。

ウ（　）農家の人に安らぎをあたえてくれる役わり。

エ（　）田んぼの土を深くたがやしてくれる役わり。

ものしりメモ　ちいきによってことなるけれど、日本ではだいたい、田植えの時期は５～６月ごろ、いねかりの時期は９～10月ごろだよ。

まとめのテスト

神様の階段（だん） SDGs

時間20分

とく点　/100点

おわったらシールをはろう

勉強した日　月　日

次の文章を読んで、問題に答えましょう。

翌朝（よく）、夜明け前に目をさまして、田んぼに行ってみた。うす暗がりの中で、アグン山が、黒々としたすがたを見せている。やみの中から、音もなく、静かにうかび上がる風景。

やがて、山のいただきから光の帯があらわれ、雲が赤くなってきた。田んぼの一まい一まいに、もえる空がうつりこむ。

土手を上っていくと、風景がこくこくとかわる。あぜ道のしなやかな曲線が、息をのむほど美しい。朝一番の光が、かがみのような水面にはんしゃして、まぶしくかがやく。

カッカッカッカッカッ。

気温が上がると、かえるの声が谷間中にひびきわたり始めた。満ち足りた気持ちで

……

バリ島の人たちにとって、お米を作ることは、神様が住むしんせいな森に近づくこと。人々は、森が、水を育み、自分たちを生かしてくれていることを知っている。土地に対するかんしゃの心が、美しい風景を守りつづけている。

〈今森（いまもり）光彦（みつひこ）「神様の階段（だん）」による〉

1 「山のいただきから光の帯があらわれ、雲が赤くなってきた」とありますが、どんな様子を表していますか。〔10点〕

夜が（　　　　）様子。

2 「田んぼの一まい一まいに、もえる空がうつりこむ。」とありますが、こうした田んぼの様子を、べつのところでは何にたとえていますか。〔15点〕

（　　　　）

3 「カッカッカッカッカッ。」とありますが、何を表していますか。一つに○をつけましょう。〔15点〕

言葉の意味プラス
10行 息をのむ…おどろいて息をとめる。　20行 たわわ…木のえだなどが重さで曲がるさま。
26行 ささげる…神様などに物を差し上げる。　41行 しんせい…清らかでとうといこと。

いっぱいになったぼくは、その声を聞きながら山を下ることにした。

たわわに実った田んぼの一角で、女の人が何かをかざっている。デウィ・スリという神様をおまねきするための場所、サンガパクワンを作っているのだという。

デウィ・スリは、ふだんは山に住んでいるが、いねが実ると、田んぼにまい下りてくるのだそうだ。そこで、人々は、デウィ・スリのために小さな家を作って、花やお米やおかしをささげ、しゅうかくまでの間、そこに住んでもらう。デウィ・スリがサンガパクワンに住み着くと、必ず豊作（ほう）になるという。

真っ黄色にかがやくいねの海原（うなばら）を下っていると、花をのせたお皿を持った女の人たちとすれちがった。これは、チャナンサリという、神様のためのおそなえ物だ。

人々にとって、田んぼは、神様の住むアグン山へつづく道。

山に向かって重なるたな田は、「神様の階段」。

青い海をのぞむしゃめんで、たくさんの人に出会った。横にならんで、かけ声をかけながら、けんめいにくわで土をほっている。だれもがみんな、あせだくだ。きいてみると、これから、ここにたな田を作るのだという。

ア（　）屋外の気温が少しずつ上がっていく様子。
イ（　）田んぼにはんしゃする朝日のかがやき。
ウ（　）谷間中にひびきわたるかえるの鳴き声。

4 「いねの海原」とありますが、どんな様子を表していますか。一つに○をつけましょう。（15点）

ア（　）田んぼが水でいっぱいになっている様子。
イ（　）田んぼの水面下にいねがしずんでいる様子。
ウ（　）見わたすかぎりいねが生えている様子。

5 「花をのせたお皿を持った女の人たち」とありますが、女の人たちは花をのせたお皿をどうするのですか。（15点）

書いてみよう！

6 よく出る 題名の「神様の階段」とは、どのようにしてつけられましたか。（15点）

（　　　　　　　　）に向かってたな田が重なっている様子が階段のように見えたことから、「神様の階段」と名づけた。

チャレンジ！

7 バリ島をおとずれた筆者は、どんなことを感じていますか。一つに○をつけましょう。（15点）

ア（　）バリ島の人々がしぜんを大切にしていること。
イ（　）バリ島のたな田が観光に利用されていること。
ウ（　）バリ島で出会った人々がみんなやさしいこと。

ものしりメモ

バリ島の田園風景は、2012年にユネスコ世界文化遺産（いさん）に登録されているよ。たな田のほかにも、バリ島にはたくさんの世界遺産が集まっているんだ。

きほんのワーク

忘れもの
ぼくは川

教科書 上116〜119ページ

答え 12ページ

勉強した日　月　日

学習の目標
- たとえの表現が、何を表しているのか考えよう。
- 詩の中の「ぼく」が、どんな思いをもっているのかをとらえよう。

漢字練習ノート14ページ

おわったらシールをはろう

1 漢字の読み　読みがなを横に書きましょう。

(1) ◆真っ赤

○新しく学習する漢字
●読み方が新しい漢字
◆特別な読み方をする言葉

2 次の詩を読んで、問題に答えましょう。

忘れもの
高田　敏子

入道雲にのって
夏休みはいってしまった
「サヨナラ」のかわりに
素晴らしい夕立をふりまいて

けさ　空はまっさお
木々の葉の一枚一枚が
あたらしい光とあいさつをかわしている

だがキミ！　夏休みよ

☆忘れもの

1 「素晴らしい夕立」は、どこからふってきたのですか。

2 「あたらしい光とあいさつをかわしている」は、どんな様子をたとえていますか。一つに○をつけましょう。

ア（　）木々の葉が真夏の太陽をあびて、しおれている様子。
イ（　）木々の葉が秋の日ざしの中で、かがやいている様子。
ウ（　）木々の葉に雨つぶが当たって、ゆれ動いている様子。

6行目の「けさ」が、いつかを読み取ろう。

3 よく出る● 「忘れもの」をしたのは、だれですか。

（　　　　）

4 作者はどんな気持ちになっていますか。一つに○をつけましょう。

もう一度　もどってこないかな
忘れものをとりにさ

迷子のセミ
さびしそうな麦わら帽子
それから　ぼくの耳に
くっついて離れない波の音

ぼくは川

阪田　寛夫

じわじわひろがり
背をのばし
土と砂とをうるおして
くねって　うねって　ほとばしり
とまれと言っても　もうとまらない

ぼくは川
真っ赤な月にのたうったり
砂漠のなかに渇いたり
それでも雲の影うかべ
さかなのうろこを光らせて
あたらしい日へほとばしる
あたらしい日へほとばしる

ア（　）忘れものがなかなか見つからずに、あせっている。

イ（　）夕立がやんで、空が晴れてきたことをよろこんでいる。

ウ（　）夏休みが終わってしまったことを、ざんねんに思っている。

ぼくは川

5 「背をのばし」とありますが、どんな様子を表していますか。一つに○をつけましょう。

ア（　）川の流れが、速くなっていく様子。

イ（　）川が、どんどん長くなっていく様子。

ウ（　）川のはばが、広くなっていく様子。

6 「それでも雲の影うかべ／さかなのうろこを光らせて」とありますが、どんな様子を表していますか。

川の水面に（　　　　）がうつったり、
川の中で、（　　　　）が泳いだりしている様子。

7 よく出る　この詩は「ぼく」を「川」にたとえていますが、川の様子から、「ぼく」の何が伝わってきますか。一つに○をつけましょう。

ア（　）「ぼく」の力強さ。

イ（　）「ぼく」のやさしさ。

ウ（　）「ぼく」の美しさ。

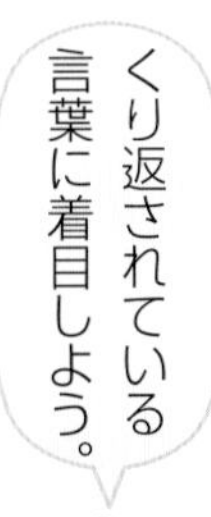

くり返されている言葉に着目しよう。

ものしりメモ　日本の川は、広い大陸にある他の国の川とくらべると、急な流れになっているよ。日本は山が多いし、山地から海までのきょりが短いからなんだ。

きほんのワーク

あなたなら、どう言う
パンフレットを読もう

SDGs

教科書 上120～125ページ

答え 12ページ

勉強した日 月 日

学習の目標

●自分とはちがう立場から考えてみよう。
●パンフレットが作られた目的や、伝えるための工夫をとらえよう。

おわったら シールを はろう

新しい漢字

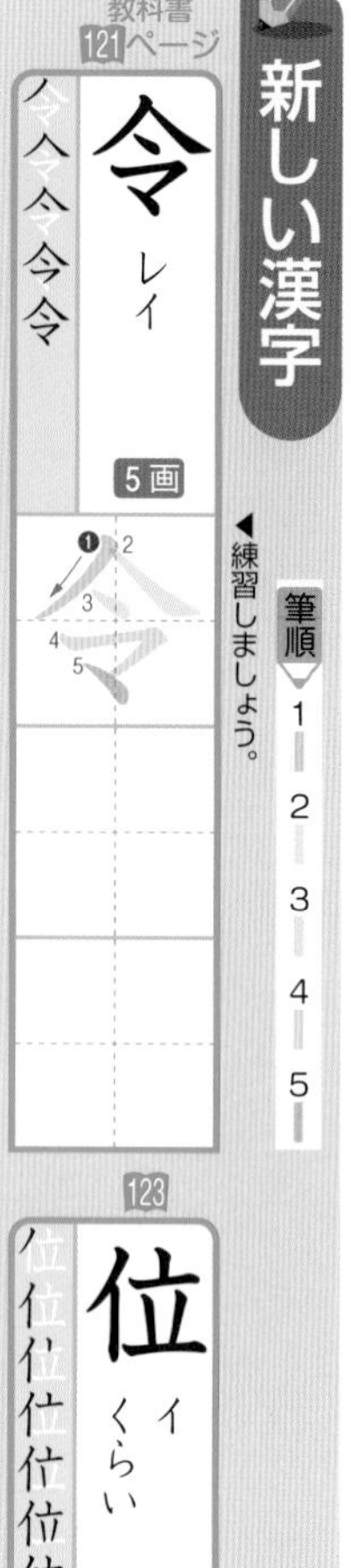

1 漢字の読み

読みがなを横に書きましょう。

① ◆お姉さん　② 命令　③ 位置

○新しく学習する漢字
●読み方が新しい漢字
◆特別な読み方をする言葉

2 漢字の書き

漢字を書きましょう。

① （めいれい）する。

② （いち）を決める。

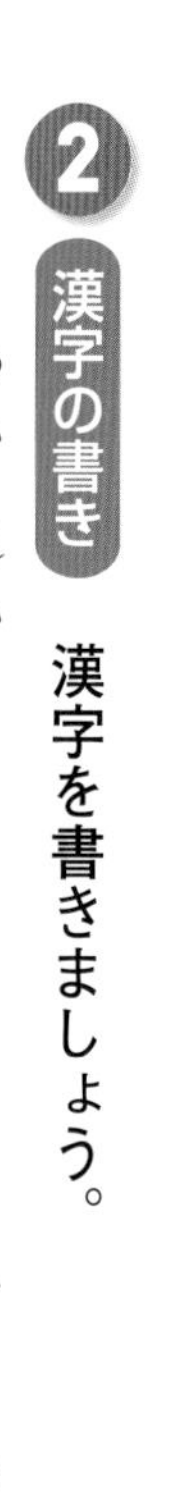

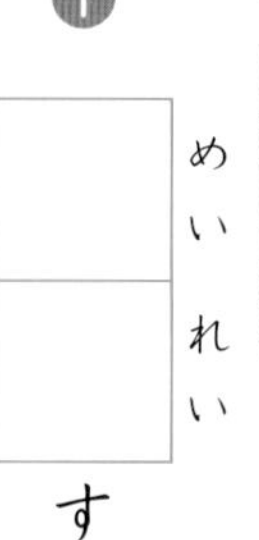

3 ☆あなたなら、どう言う

次の場面で、AさんはBさんに対して、早くプリントを配ってほしいと思っています。AさんがBさんの立場になって考えた言い方ができているほうに、○をつけましょう。

ア（　）

イ（　）

4 パンフレットを読もう

教科書124・125ページのパンフレットを読んで、問題に答えましょう。

1 何について説明するためのパンフレットですか。

（　　　　　）は、どのように

（　　　　　）のかということ。

説明したいことは、パンフレットの目立つところに大きく書かれているよ。

2 パンフレットの内容に合うものには○、合わないものには×をつけましょう。

パンフレットに書かれていないことは、内容が合っていても×だよ！

ア（　）中央清掃工場では、どんなごみでも処理することができる。

イ（　）ごみにまざっていた金属類は、しゅるいごとに分別してすてられる。

ウ（　）ごみは、ごみピットにためてから、熱分解装置で蒸しやきにする。

エ（　）中央清掃工場のえんとつから出る空気は、有害物質が取りのぞかれている。

3 パンフレットのとくちょうに合うものには○、合わないものには×をつけましょう。

ア（　）ごみ処理の流れを、絵だけで分かりやすく表している。

イ（　）矢印や数字を使うことで、ごみ処理の流れを分かりやすく表している。

ウ（　）むずかしい言葉を使うことで、ごみ処理の作業のふくざつさを表そうとしている。

エ（　）子ども向けに、「——だよ。」など語りかけるような書き方をしている。

4 パンフレットの内容をまとめた次の文の（　）に合う数字を、漢数字に直して書きましょう。

❶ 中央清掃工場で処理できるごみの量は、一日で（　　　　　）トンである。

❷ 中央清掃工場には、一日に約（　　　　　）台のごみ収集車が来る。

❸ 中央清掃工場にあるクレーンは、一回で約（　　　　　）トンのごみをつかんで運ぶ。

❹ 中央清掃工場では、約（　　　　　）万けんの家で使える電気を作っている。

ものしりメモ 元号である「令和」の「令」の漢字を習ったね。「令」と「令」の二つの形があるけれど、書くときはどちらの形でもいいんだよ。

どう直したらいいかな いろいろな意味をもつ言葉

教科書 上126～129ページ

答え 12ページ

勉強した日 月 日

学習の目標
- 相手や目的におうじて文章を見直そう。
- かなで書くと同じでも、ちがった意味をもつ言葉について考えよう。

おわったらシールをはろう

漢字練習ノート14～15ページ

新しい漢字

1 漢字の読み

読みがなを横に書きましょう。

❶ 漁業　❷ 海水浴場　❸ 出欠

❹ 卒業式　❺ 単行本　❻ 結果

❼ 直径　❽ 副大臣　❾ 街灯

○ 新しく学習する漢字
● 読み方が新しい漢字
◆ 特別な読み方をする言葉

❸「出欠」は、「出席」と「欠席」ということだよ。

2 漢字の書き

漢字を書きましょう。

❶ 円の［ちょっけい］。

❷ ［ふくだいじん］の話。

❷の「ふく」には、主なものにつきそって助けるという意味があるよ。

☆どう直したらいいかな

3 田中さんは、同じクラスの人たちに自転車に乗るときのルールを守ってほしいと思い、次のような文章を書きました。もっと分かりやすくするには、どのように書き直したらよいですか。直したほうがよいものには○、直さなくてもよいものには×をつけましょう。

> 自転車に乗るときには、いろいろなルールがある。交さ点では信号を守り、わたる前に人や車が来ていないかたしかめるようにします。
> 歩道は歩行者ゆう先です。じょ行しながら車道がわを走るようにして、歩行者が多いときは、自転車からおりておして歩くようにします。
> 二人乗りをしたり、ならんで走ったりしないようにして、暗くなったら必ずライトをつけるようにします。
> この他にも、安全に自転車に乗るための多くのルールがあります。みなさんもルールを守って乗りましょう。

ア（　）「ルールがある」を「ルールがあります」に直す。
イ（　）「じょ行しながら」を「いつでも止まれるような速度で」に直す。
ウ（　）「みなさんもルールを守って乗りましょう」を取る。
エ（　）全ての段落（だん）を一つにまとめる。

☆いろいろな意味をもつ言葉

4 □に共通（きょう）する言葉を、[　]から選んで書きましょう。

① 明かりを□。　あとを□。
日記を□。　気を□。　（　　）

② 大根を□。　魚を□。
荷物を□。　貯（ちょ）金を□。　（　　）

[おろす　かける　ひく　つける]

5 ——の言葉は、それぞれどんな意味ですか。[　]から選んで、記号で答えましょう。

① ボタンをとめる。（　）
外に出るのをとめる。（　）
いとこを家にとめる。（　）

[ア やめさせる。　イ 宿を貸（か）す。　ウ 動かないようにする。]

② ビルをたてる。（　）
声をたてる。（　）
計画をたてる。（　）

[ア 建物をつくる。　イ 前もって決める。　ウ 発する。出す。]

ものしりメモ 山でけものをとる人のことを「猟師（りょうし）」というよね。「漁」の「リョウ」という読み方は、「猟」の読み方をかりてきたものなんだよ。

きほんのワーク

ローマ字を使いこなそう
漢字の広場③ 三年生で習った漢字

教科書 上130～132ページ

答え 13ページ

勉強した日 月 日

学習の目標
●ローマ字を時と場合によって使い分けることができるようになろう。
●三年生で習った漢字を正しく書こう。

おわったらシールをはろう

漢字練習ノート15～16ページ

新しい漢字

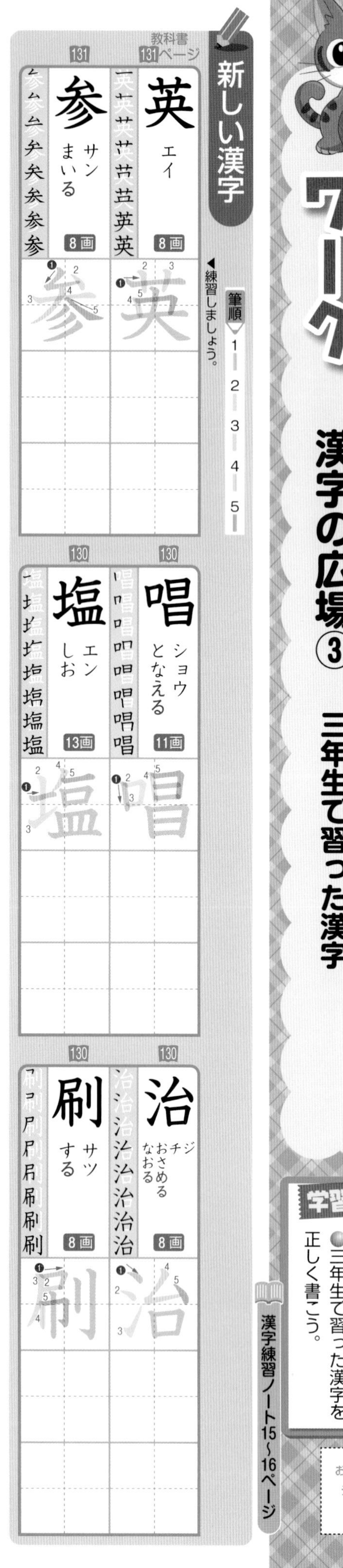

○新しく学習する漢字
●読み方が新しい漢字
◆特別な読み方をする言葉

1 漢字の読み

読みがなを横に書きましょう。

❶ 英語　❷ 参考　❸ 合唱
❹ 塩気　❺ 治水　❻ 印刷

❺「治」には「ジ」「チ」の二つの音読みがあるので、読みまちがいに注意しよう。

2 漢字の書き

漢字を書きましょう。

❶ （さんこう）図書。
❷ 新聞を（いんさつ）する。

3 三年生の漢字

漢字を書きましょう。

❶ 駅へ（いそ）ぐ。
❷ お（れい）を言う。
❸ （こうふく）な人生。
❹ 玉手（ばこ）を開ける。

4 次のローマ字の読み方を、平がなで書きましょう。

❶ Okayama （　　　　）

❷ Aomori （　　　　）

❸ Higashinakano （　　　　）

5 ローマ字で書かれた次の言葉を、ちがうローマ字の書き方で書きましょう。

❶ fukuro（ふくろ）

❷ syasin（写真）

6 次の言葉を、ローマ字を使って二つの書き方で書きましょう。

小さい「っ」は、すぐあとの文字を重ねて書くよ。

❶ 自分

❷ 合唱

7 島野さんと土田さんが、自分の名前をローマ字で書いて、外国人にわたすとき、どのように書けばよいですか。よりよいほうに○をつけましょう。

英語の発音を参考にして考えられたのは、どちらの書き方かな。

❶ 島野
- ア（　　）Simano
- イ（　　）Shimano

❷ 土田
- ア（　　）Tsuchida
- イ（　　）Tutida

8 「地図を見よう」とコンピュータに入力するとき、キーボードに入力する回数が少なくなるようにするには、どのように打つとよいですか。一つに○をつけましょう。

ア（　　）T I Z H U W O M Y O U

イ（　　）C H I Z U O M I Y O U

ウ（　　）T I Z U W O M I Y O U

ものしりメモ

ローマ字は、400年以上前、キリスト教を広めるために日本に来た外国人によって伝えられたよ。日本の昔の物語の「平家物語」などは、ローマ字で書かれたものもあるよ。

まとめのテスト

あせの役わり

教科書 上138〜139ページ
答え 13ページ

時間 20分

とく点　/100点

おわったらシールをはろう

勉強した日　月　日

次の文章を読んで、問題に答えましょう。

人の脳は、体温が上がるのを感知すると、ひふのかんせんという器官に、「あせを出せ」という命令を出します。すると、かんせんであせが作られます。かんせんは、ひふの表面に二百万個ほどあるといわれています。うでだと、一辺が一センチメートルの正方形の中に、だいたい、百個から百五十個ほどです。あせが出てくる様子をけんび鏡で観察すると、ひふのあちこちから、ぽつぽつと水玉のあせが出て、広がっていく様子が分かります。

このあせがひふからじょうはつすることで、体の表面の熱をうばい、体温が上がりすぎるのをふせいでいます。これは、夕立の後に、ぬれた地面がかわくと、気温が下がるのと同じ仕組みです。左のがぞうは、室温の高い部屋で、あせをかく前と、運動をしてあせを三十分間かいた後の、ひふの温度を見えるようにしたものです。ひふの温度が高い部分は赤く、低い部分は青や緑になっています。二つのがぞうをくらべると、あせをかくことで、

1 「かんせんであせが作られます」とありますが、どんなときにあせが作られるのですか。〔15点〕

書いてみよう!

（　　　）

チャレンジ!

2 「夕立の後に、ぬれた地面がかわくと、気温が下がるのと同じ仕組みです」とありますが、この「夕立」「地面」「気温」は、それぞれあせをかくときの何と同じですか。□から選んで、記号で答えましょう。　一つ10〔30点〕

❶夕立（　）　❷地面（　）　❸気温（　）

ア 室温　**イ** 体温　**ウ** 人の脳
エ ひふ　**オ** あせ　**カ** きんにく

3 「左のがぞう」について答えましょう。

(1) 左の二つのがぞうの色は、どのように変化していますか。　一つ10〔20点〕

言葉の意味プラス
1行 感知…感じ取って知ること。　9行 じょうはつ…液体がその表面から気体にかわること。
21行 おそれ…よくないことが起こるのではないだろうかという心配。

ひふの温度が下がっていることが、よく分かります。

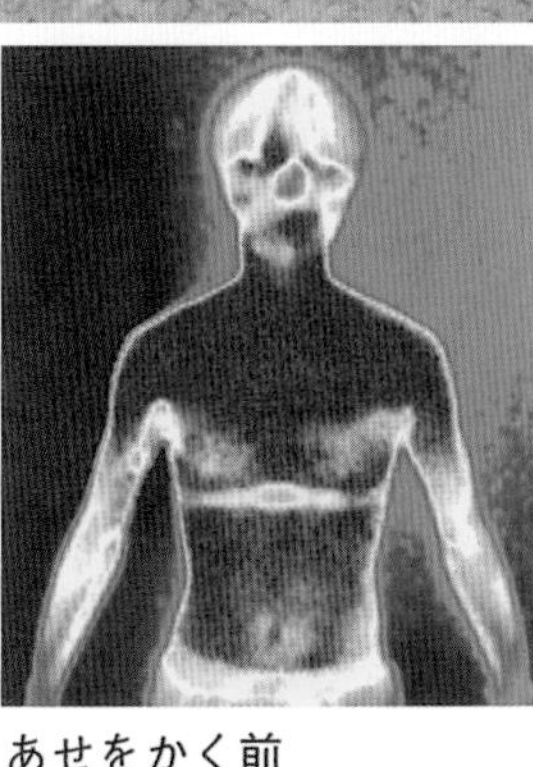
あせをかく前

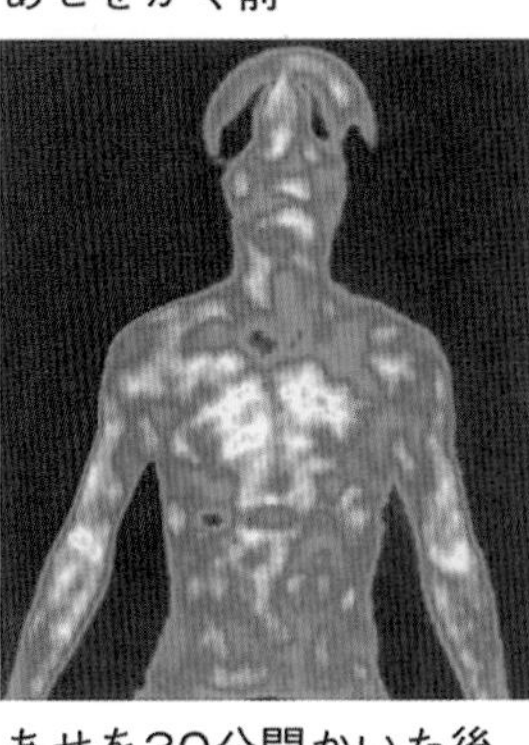
あせを30分間かいた後

かんせんの能力は、きんにくのように、使うことできたえることができます。かんせんの能力が低いと、あせをかく量が少なくなり、暑いところで体温の上がり方が大きくなるおそれがあります。ふだんから運動したり、外でたくさん遊んだりして、あせをかき、かんせんをきたえておけば、暑い日に熱中症をよぼうするのに役立ちます。

ただし、あせをかくと、体の中の水分がへってしまいます。人の体は、水分がなくなりすぎても命に関わるので、たくさんあせをかくようなときには、積極的に水分をとることをわすれてはいけません。

〈天野 達郎「あせの役わり」による〉

あせをかく前のがぞうは、大部分が［　　　］なっているが、あせをかいた後のがぞうは［　　　］の部分が多くなっている。

(2) よく出る● 二つのがぞうをくらべると、どんなことが分かりますか。〔15点〕

（　　　　　　　　）

4 「かんせんの能力は、きんにくのように、使うことできたえることができます。」について答えましょう。

(1) どうやってきたえるのですか。合うもの全てに○をつけましょう。　全てできて〔10点〕

ア（　）ふだんから運動をしてあせをかくようにする。

イ（　）あせをかいたら積極的に水分をとるようにする。

ウ（　）できるだけ暑いところに行かないようにする。

エ（　）外でたくさん遊んであせをかくようにする。

(2) よく出る● かんせんをきたえると、どんなよいことがありますか。〔10点〕

（　　　　　　　　）をふせぐことができる。

ものしりメモ　暑いときに人間のようにたくさんのあせをかく動物はあまりいなくて、馬ぐらいと言われているよ。犬やねこは、かんせんが足のうらぐらいにしかないんだ。

気持ちの変化に着目して読み、感想を書こう

きほんのワーク

ごんぎつね
言葉を分類しよう

教科書 下13～35ページ

答え 13ページ

勉強した日 月 日

学習の目標

●情景や場面の様子が分かる表現から、ごんや兵十の気持ちをとらえよう。
●ごんや兵十の気持ちの変化をとらえよう。

おわったら シールを はろう

漢字練習ノート17～18ページ

新しい漢字

練習しましょう。 筆順 1 2 3 4 5

教科書ページ	漢字	読み	画数	筆順
13	変	ヘン かわる	9画	変 亠 亣 亦 亦 変 変 変 変
13	末	マツ すえ	5画	一 二 キ 末 末
14	種	シュ たね	14画	種 千 禾 种 种 稀 稀 種 種
15	続	ゾク つづく	13画	続 糸 紅 紝 紝 結 綪 続 続
21	折	セツ おる おり	7画	一 寸 扌 扩 扩 折 折
23	積	セキ つむ	16画	積 千 禾 秆 秸 積 積 積
25	松	ショウ まつ	8画	十 オ 木 木 杦 松 松
26	不	フ ブ	4画	一 ア 不 不
26	議	ギ	20画	議 議 議 詳 詳 議 議 議
27	差	サ さす	10画	差 䒑 ⺷ 羊 差 差 差 差
27	念	ネン	8画	念 人 今 今 今 念 念 念
30	固	コ かためる かたい	8画	口 冂 冂 冃 冃 固 固 固
35	便	ベン ビン たより	9画	便 亻 仁 仨 侢 便 便
35	博	ハク	12画	博 十 忄 恒 恒 博 博 博
35	浅	あさい	9画	浅 浅 浅 浅 浅 浅 浅 浅 浅

1 漢字の読み

読みがなを横に書きましょう。

1 変化
2 結末
3 菜種
4 百姓家（しょう）
5 ふり続く
6 小川
7 ふみ折る
8 積む
9 松たけ
10 不思議

○新しく学習する漢字
●読み方が新しい漢字
◆特別な読み方をする言葉

3 言葉の意味

○をつけましょう。

1 （14ページ）しだがしげる。
ア（　）草や木がかれる。
イ（　）草や木が緑になる。
ウ（　）草や木がたくさん生える。

⑪ 差す
⑫ お念仏（ぶつ）
⑬ 固める
⑭ 便せん
⑮ 博物館
⑯ 浅い

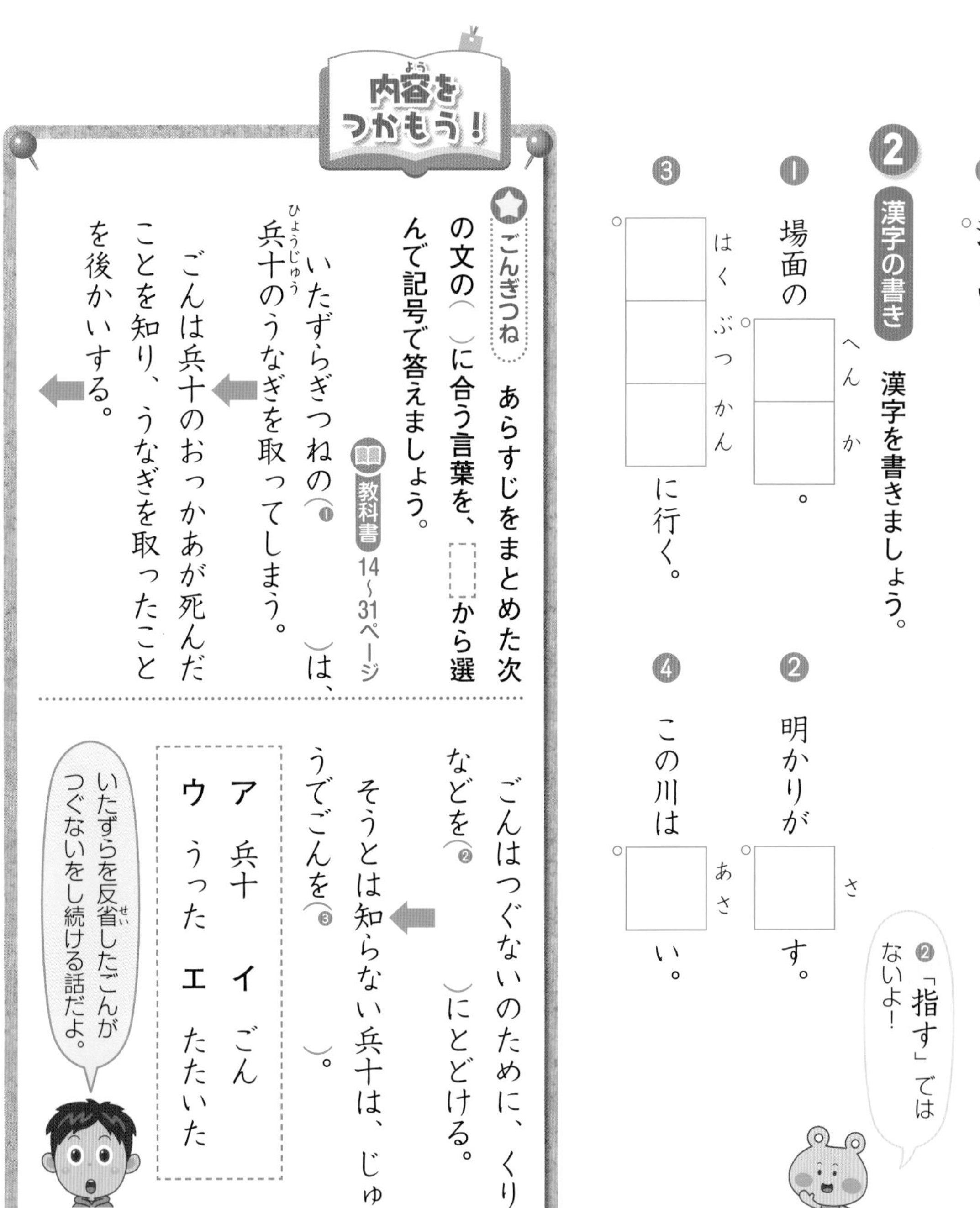

2 漢字の書き 漢字を書きましょう。

① 場面の［へんか］。
② 明かりが［さ］す。
③ ［はくぶつかん］に行く。
④ この川は［あさ］い。

内容をつかもう！

ごんぎつね あらすじをまとめた次の文の（　）に合う言葉を、［　］から選んで記号で答えましょう。 教科書14〜31ページ

いたずらぎつねの（①　　）は、兵十（ひょうじゅう）のうなぎを取ってしまう。

↓

ごんは兵十のおっかあが死んだことを知り、うなぎを取ったことを後かいする。

↓

ごんはつぐないのために、くりなどを（②　　）にとどける。

↓

そうとは知らない兵十は、じゅうでごんを（③　　）。

ア 兵十　イ ごん
ウ うった　エ たたいた

---

2 [14] 葉をむしり取る。
ア（　）気づかれないように取り去る。
イ（　）手でつかんで引きぬく。
ウ（　）細かくきざんでゆでる。

3 [15] ぬかるみ道を歩く。
ア（　）明るく見通しのよい道。
イ（　）ぬれてどろどろの道。
ウ（　）木におおわれている道。

4 [18] じれったくなる。
ア（　）あきれてうんざりする。
イ（　）てれくさくなってくる。
ウ（　）うまくいかずいらつく。

5 [24] つぐないをする。
ア（　）あやまちのうめ合わせ。
イ（　）やられたことの仕返し。
ウ（　）感しゃをこめたお礼。

6 [29] それでは、わたしは引き合わない。
ア（　）何も知らない。
イ（　）わりに合わない。
ウ（　）やりたくない。

ものしりメモ 「ごんぎつね」の作者の新美南吉（にいみなんきち）さんは、学校の先生をしながら童話や詩を書いていたんだ。きつねが出てくる話としては、ほかにも「手ぶくろを買いに」があるよ。

練習のワーク①

ごんぎつね

教科書 ㊦13〜35ページ　答え 14ページ

できるナビ
●ごんと兵十（ひょうじゅう）それぞれの考えと行動、様子を読み取ろう。

勉強した日　月　日

おわったらシールをはろう

※ 次の文章を読んで、問題に答えましょう。

「兵十（ひょうじゅう）だな。」と、ごんは思いました。兵十は、ぼろぼろの黒い着物をまくし上げて、こしのところまで水にひたりながら、魚をとるはりきりというあみをゆすぶっていました。はちまきをした顔の横っちょうに、円いはぎの葉が一まい、大きなほくろみたいにへばりついていました。

しばらくすると、兵十は、はりきりあみのいちばん後ろの、ふくろのようになったところを、水の中から持ち上げました。その中には、しばの根や、草の葉や、くさった木切れなどが、ごちゃごちゃ入っていましたが、でも、ところどころ、白い物がきらきら光っています。それは、太いうなぎのはらや、大きなきすのはらでした。兵十は、びくの中へ、そのうなぎやきすを、ごみといっしょにぶちこみました。そして、また、ふくろの口をしばって、水の中へ入れました。

兵十は、それから、びくを持って川から上がり、びくを土手に置いといて、何をさがしにか、川上の方へかけていきました。

1 ごんが兵十に気づいたとき、兵十は何をしていましたか。

□□□□□□ を使って、□ をとっていた。

兵十は、川の中で何かをしていたんだよ。

2 「はちまきをした顔の横っちょうに……へばりついていました。」とありますが、ここから、兵十のどんな様子が分かりますか。一つに○をつけましょう。

ア（　）一生けんめいな様子。
イ（　）つかれている様子。
ウ（　）あきらめている様子。

3 はりきりあみの中には、ごみの他に何が入っていましたか。二つ書きましょう。

（　　　　）（　　　　）

4 よく出る● 「いたずらがしたくなった」とありますが、ごんはどうしようと思ったのですか。一つに○をつけましょう。

ア（　）びくの中の魚を、全部川の中へにがしてしまおうと思った。

言葉の意味プラス
3行 ゆすぶる…全体がゆれるように、大きく動かす。　5行 へばりつく…ぴったりとくっつく。　10行 ところどころ…あちらこちら。

兵十がいなくなると、ごんは、ぴょいと草の中から飛び出して、びくのそばへかけつけました。ちょいと、いたずらがしたくなったのです。ごんは、びくの中の魚をつかみ出しては、はりきりあみのかかっている所より下手の川の中を目がけて、ぽんぽん投げこみました。どの魚も、トボンと音を立てながら、にごった水の中へもぐりこみました。

いちばんしまいに、太いうなぎをつかみにかかりましたが、なにしろぬるぬるとすべりぬけるので、手ではつかめません。ごんは、じれったくなって、頭をびくの中につっこんで、うなぎの頭を口にくわえました。うなぎは、キュッといって、ごんの首へまき付きました。そのとたんに兵十が、向こうから、

「うわあ、ぬすっとぎつねめ。」

とどなり立てました。ごんは、びっくりして飛び上がりました。うなぎをふりすててにげようとしましたが、うなぎは、ごんの首にまき付いたままはなれません。ごんは、そのまま横っ飛びに飛び出して、一生けんめいににげていきました。

〈新美(にいみ)南吉(なんきち)「ごんぎつね」による〉

イ（　）びくの中の魚を、うなぎに入れかえてしまおうと思った。

ウ（　）びくの中の魚を、全部自分が食べてしまおうと思った。

5 よく出る 「ぽんぽん投げこみました」とありますが、どんな様子を表していますか。一つに○をつけましょう。

ア（　）魚が重くて、やっとのことで投げている様子。

イ（　）魚が大きな音を立てて投げこまれている様子。

ウ（　）次から次へと、魚を投げこんでいる様子。

6 「うなぎの頭を口にくわえました」とありますが、ごんがうなぎの頭を口でくわえたのは、なぜですか。

ごんがじれったくなった理由でもあるよ。

うなぎが（　　　　）ので、手ではつかめなかったから。

7 「うわあ、ぬすっとぎつねめ。」とありますが、このときの兵十はどんな様子ですか。一つに○をつけましょう。

ア（　）悲鳴をあげてこわがっている。

イ（　）心の中でくやしがっている。

ウ（　）大声を出しておこっている。

8 「そのまま」とありますが、どんなままですか。

（　　　　）

ものしりメモ

「ごんぎつね」が初めて小学校の教科書にのったのは、1956年(昭和31年)のことだよ。みんなのおじいさんやおばあさんも、「ごんぎつね」を習っていたかもしれないね。

練習のワーク②

ごんぎつね

教科書 ㊦13～35ページ　答え 14ページ

できるナビ
いつもとちがう兵十の様子と、それを見た後のごんの気持ちをとらえよう。

勉強した日　月　日

おわったらシールをはろう

次の文章を読んで、問題に答えましょう。

「ああ、そうしきだ。」と、ごんは思いました。「兵十のうちのだれが死んだんだろう。」

お昼がすぎると、ごんは、村の墓地へ行って、六地蔵さんのかげにかくれていました。いいお天気で、遠く向こうには、お城の屋根がわらが光っています。墓地には、ひがん花が、赤いきれのようにさき続いていました。と、村の方から、カーン、カーンと、かねが鳴ってきました。そうしきの出る合図です。

やがて、白い着物を着たそうれつの者たちがやって来るのが、ちらちら見え始めました。話し声も近くなりました。そうれつは、墓地へ入ってきました。人々が通ったあとには、ひがん花がふみ折られていました。

ごんは、のび上がって見ました。兵十が、白いかみしもを着けて、いはいをささげています。いつもは、赤いさつまいもみたいな元気のいい顔が、今日はなんだかしおれていました。

1　「ごんは、村の墓地へ行って、六地蔵さんのかげにかくれていました」とありますが、ごんが墓地へ行ったのは、なぜですか。一つに○をつけましょう。

ア（　）兵十に何かいたずらをしようと思ったから。
イ（　）兵十のうちのだれが死んだのか、気になったから。
ウ（　）兵十に悪いことをしたとあやまりたかったから。

すぐ前に、ごんの思ったことが書かれているよ。

2　墓地には、どんな花がさいていましたか。また、この花がさいていることから、季節はいつだと分かりますか。漢字一字で書きましょう。

花（　　　）い色の（　　　）。

季節 □

3　「村の方から、カーン、カーンと、かねが鳴ってきました」とありますが、これは、何の合図ですか。

（　　　）

言葉の意味プラス
10行 ちらちら…少しだけ見えたり、見えなくなったりする様子。
13行 のび上がる…つま先で立って、背を高くのばす。
23行 とこにつく…病気でねこむ。

「ははん、死んだのは、兵十のおっかあだ。」ごんは、そう思いながら頭を引っこめました。

そのばん、ごんは、あなの中で考えました。「兵十のおっかあは、とこについていて、うなぎが食べたいと言ったにちがいない。それで、兵十が、はりきりあみを持ち出したんだ。ところが、わしがいたずらをして、うなぎを取ってきてしまった。だから、兵十は、おっかあにうなぎを食べさせることができなかった。そのまま、おっかあは、死んじゃったにちがいない。ああ、うなぎが食べたい、うなぎが食べたいと思いながら死んだんだろう。ちょっ、あんないたずらをしなけりゃよかった。」

〈新美南吉「ごんぎつね」による〉

4 よく出る● 「ははん、死んだのは、兵十のおっかあだ。」とごんが思ったのは、兵十のどんな様子を見たからですか。

● 白い（①　　）を着けて、（②　　）をささげている様子。

● いつもは、赤いさつまいもみたいな（③　　）顔が、今日はなんだか（④　　）いる様子。

5 「あんないたずらをしなけりゃよかった」について答えましょう。

(1) 「あんないたずら」とは、どんなことですか。

（　　　　）

(2) よく出る● このときのごんは、どんな気持ちでしたか。一つに○をつけましょう。

そうしきを見た後に思ったことだよ。

ア（　）兵十は、おっかあのためにうなぎを取っていたのに、悪いことをしてしまったな。

イ（　）兵十に元気がなかったのは、きっとうなぎが食べられなくて、くやしかったからだろうな。

ウ（　）いたずらをしなければ、兵十はうなぎを分けてくれたはずなのに、ざんねんだったな。

ものしりメモ　きつねは、油あげがすきだという言い伝えがあるんだ。だから、油あげをのせたうどんを、「きつねうどん」というんだね。

練習のワーク3 ごんぎつね

教科書 下13～35ページ　答え 14ページ

勉強した日　月　日

できるナビ　ごんの思ったことに注目して、兵十にいわしやくりをとどけるごんの気持ちをとらえよう。

おわったらシールをはろう

次の文章を読んで、問題に答えましょう。

兵十(ひょうじゅう)が、赤い井戸のところで麦をといでいました。

兵十は、今までおっかあと二人きりで、まずしいくらしをしていたもので、おっかあが死んでしまっては、もうひとりぼっちでした。「おれと同じ、ひとりぼっちの兵十か。」こちらの物置の後ろから見ていたごんは、そう思いました。

ごんは、物置のそばをはなれて、向こうへ行きかけますと、どこかで、いわしを売る声がします。

「いわしの安売りだあい。生きのいい、いわしだあい。」

ごんは、そのいせいのいい声のする方へ走っていきました。と、弥助(やすけ)のおかみさんが、うら戸口から、

「いわしをおくれ。」

と言いました。いわし売りは、いわしのかごを積んだ車を道ばたに置いて、ぴかぴか光るいわしを両手でつかんで、弥助のうちの中へ持って入りました。ごんは、そのすき間に、かごの中から五、六ぴきのいわしをつかみ出して、もと来た方へかけだしました。そして、兵十のう

1 よく出る 「おれと同じ、ひとりぼっちの兵十か。」とありますが、このときのごんはどんな気持ちでしたか。一つに○をつけましょう。

ごんもひとりぼっちだから、兵十の気持ちがよく分かるんだね。

ア（　）兵十もおれと同じで、のんびりできるだろう。
イ（　）兵十もおれと同じように、さびしいだろうな。
ウ（　）兵十もおれと同じになったから、うれしいな。

2 「いせいのいい声」とありますが、だれの声ですか。

（　　　　）の声。

3 「そのすき間に」とありますが、いわし売りがいない間に、ごんは、どんなことをしましたか。

かごの中から（　　　　）をつかみ出して、もと来た方へかけだした。

4 よく出る 「いわしを投げこんで」とありますが、ごんが兵十のうちの中へいわしを投げこんだのは、何のためですか。

言葉の意味プラス
1行 とぐ…水の中でこすり合わせてあらう。　10行 いせい…元気。
25行 どっさり…たくさんある様子。　37行 ぶつぶつ…不平や不満をつぶやく様子。

ちのうら口から、うちの中へいわしを投げこんで、あなへ向かってかけもどりました。とちゅうの坂の上でふり返ってみますと、兵十がまだ、井戸のところで麦をといでいるのが小さく見えました。

ごんは、うなぎのつぐないに、まず一つ、いいことをしたと思いました。

次の日には、ごんは山でくりをどっさり拾って、それをかかえて兵十のうちへ行きました。うら口からのぞいてみますと、兵十は、昼飯を食べかけて、茶わんを持ったまま、ぼんやりと考えこんでいました。変なことには、兵十のほっぺたに、かすりきずがついています。どうしたんだろうと、ごんが思っていますと、兵十がひとり言を言いました。

「いったい、だれが、いわしなんかを、おれのうちへ放りこんでいったんだろう。おかげでおれは、ぬすびとと思われて、いわし屋のやつにひどいめにあわされた。」

と、ぶつぶつ言っています。

ごんは、これはしまったと思いました。「かわいそうに兵十は、いわし屋にぶんなぐられて、あんなきずまでつけられたのか。」

〈新美（にいみ）南吉（なんきち）「ごんぎつね」による〉

うなぎの[　　　　]のため。

5 「まず一つ」という言葉には、ごんのどんな気持ちがこめられていますか。一つに○をつけましょう。

「まず一つ」ということは、二つ目や三つ目もあるはずだよ。

ア（　）これで、兵十はゆるしてくれるだろう。
イ（　）どうして、兵十は気づいてくれないのだろう。
ウ（　）また、兵十のうちに何か持ってこよう。

6 「兵十のほっぺたに、かすりきずがついています」とありますが、かすりきずがついていたのは、なぜですか。

ごんが投げこんだいわしのせいで、兵十は（　　　　　）だと思われて、いわし屋に（　　　　　）から。

7 「これはしまった」とありますが、このときのごんは、どんな気持ちでしたか。一つに○をつけましょう。

ア（　）兵十をよろこばせようと思ったのに、かえってひどいめにあわせてしまってすまなかったな。
イ（　）いわしを投げこんだのが自分だと分かったら、きっと兵十に仕返しされるだろうからこまったな。
ウ（　）食べ物のくりなんかよりも、兵十のきずにつける薬を持ってきたほうがよかったな。

ものしりメモ　日本では、きつねは人をだます、といわれるけれど、うやまわれてもいるんだよ。「稲荷（いなり）」の神様の使いとして、多くの神社にきつねの像（ぞう）が建てられているんだ。

まとめのテスト ごんぎつね 言葉を分類しよう

教科書 下13～35ページ　答え15ページ

時間20分

とく点 /100点

おわったらシールをはろう

勉強した日 月 日

1 次の文章を読んで、問題に答えましょう。

その明くる日も、ごんは、くりを持って、兵十(ひょうじゅう)のうちへ出かけました。兵十は、物置で縄をなっていました。それで、ごんは、うちのうら口から、こっそり中へ入りました。

そのとき兵十は、ふと顔を上げました。と、きつねがうちの中へ入ったではありませんか。こないだ、うなぎをぬすみやがったあのごんぎつねめが、またいたずらをしに来たな。

「ようし。」

兵十は立ち上がって、なやにかけてある火縄じゅうを取って、火薬をつめました。そして、足音をしのばせて近よって、今、戸口を出ようとするごんを、ドンとうちました。

ごんは、ばたりとたおれました。

兵十はかけよってきました。うちの中を見ると、土間にくりが固めて置いてあるのが、目につきました。

3 よく出る●「ようし。」と言ったとき、兵十はどんな気持ちでしたか。一つに○をつけましょう。〔10点〕

ア（　）今日こそやっつけてやろう。

イ（　）そろそろなか直りをしよう。

ウ（　）くりのお礼をしてあげよう。

4 「足音をしのばせて」近よった兵十は、ごんをどうしましたか。〔10点〕

火縄じゅうで、（　　　　）。

チャレンジ

5 「びっくりして」とありますが、兵十がおどろいたのは、何を見て、どんなことに気がついたからですか。一つ5〔15点〕

見たもの（　　　　）に固めて置いてある（　　　　）。

気がついたこと（　　　　）

言葉の意味プラス

2行 なう…わらなどをねじって一本により合わせる。

22行 ぐったりと…体の力がぬけて、弱って元気がない様子。

「おや。」

と、兵十はびっくりして、ごんに目を落としました。

「ごん、おまい（おまえ）だったのか、いつも、くりをくれたのは。」

ごんは、ぐったりと目をつぶったまま、うなずきました。

兵十は、火縄じゅうをばたりと取り落としました。青いけむりが、まだつつ口から細く出ていました。


〈新美（にいみ）南吉（なんきち）「ごんぎつね」による〉

1 「明くる日」に、ごんが兵十のうちへ出かけたのは、何のためですか。〔10点〕

（　　　　）

2 ごんを見つけた兵十は、ごんが何をしに来たと思いましたか。〔10点〕

□□□□

6 よく出る 「ぐったりと目をつぶったまま、うなずきました」とありますが、このとき、ごんはどんな気持ちでしたか。一つに○をつけましょう。〔10点〕

ア（　）自分をうった兵十が、にくいという気持ち。

イ（　）やっと分かってもらえて、よかったという気持ち。

ウ（　）いたずらが見つかって、くやしいという気持ち。

7 「火縄じゅうをばたりと取り落としました」とありますが、このときの兵十はどんな気持ちでしたか。兵十になったつもりで、書きましょう。〔15点〕

書いてみよう！

（　　　　）

2 **次の言葉は、どれに分類されますか。ア～ウから選んで、記号で答えましょう。** 一つ4〔20点〕

① きれいだ（　）　② 走る（　）
③ 楽しい（　）　④ 運動会（　）
⑤ すわる（　）

ア 物や事を表す言葉
イ 動きを表す言葉
ウ 様子を表す言葉

ものしりメモ
最後にごんは、「うなずきました」とあるけれど、初めの作者の原こうでは「うれしくなりました」と書いてあったんだよ。どちらが印象（いんしょう）にのこるかな。

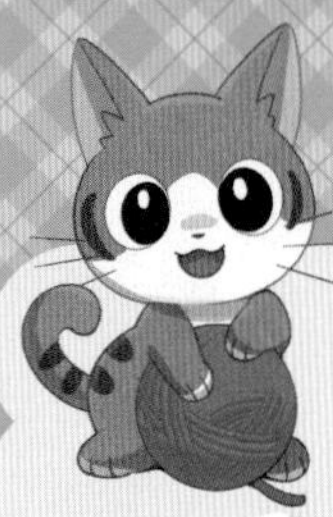

きほんのワーク

漢字を正しく使おう
季節の言葉3　秋の楽しみ

教科書 ㊦36～39ページ

答え 16ページ

勉強した日　月　日

学習の目標
●かなで書くと同じになる言葉や送りがな、いろいろな読みをもつ漢字に注意して、漢字を正しく使えるようになろう。

おわったらシールをはろう

新しい漢字

教科書36ページ

漢字	読み	画数	教科書
倉	ソウ　くら	10画	36
札	サツ　ふだ	5画	36
孫	ソン　まご	10画	36
功	コウ	5画	36
加	カ　くわえる	5画	36
牧	ボク	8画	36
借	シャク　かりる	10画	37

◀練習しましょう。　筆順 1 2 3 4 5

漢字練習ノート19ページ

1 漢字の読み　読みがなを横に書きましょう。

○新しく学習する漢字
●読み方が新しい漢字
◆特別な読み方をする言葉

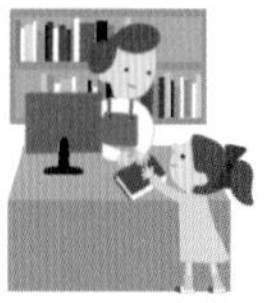

① ○倉庫　② 名○札　③ ○孫　④ 成○功

⑤ 参○加　⑥ ○牧場　⑦ ●読本　⑧ ○借りる

⑨ ●明後日　⑩ ●米作　⑪ ●戸外

⑫ ●木かげ　⑬ ●半ば

2 漢字の書き　漢字を書きましょう。

① □□（な ふだ）を作る。

② □（まご）が二人いる。

③ 発明に□□（せい こう）する。

④ 活動に□□（さん か）する。

⑤ □□（ぼく じょう）の牛。

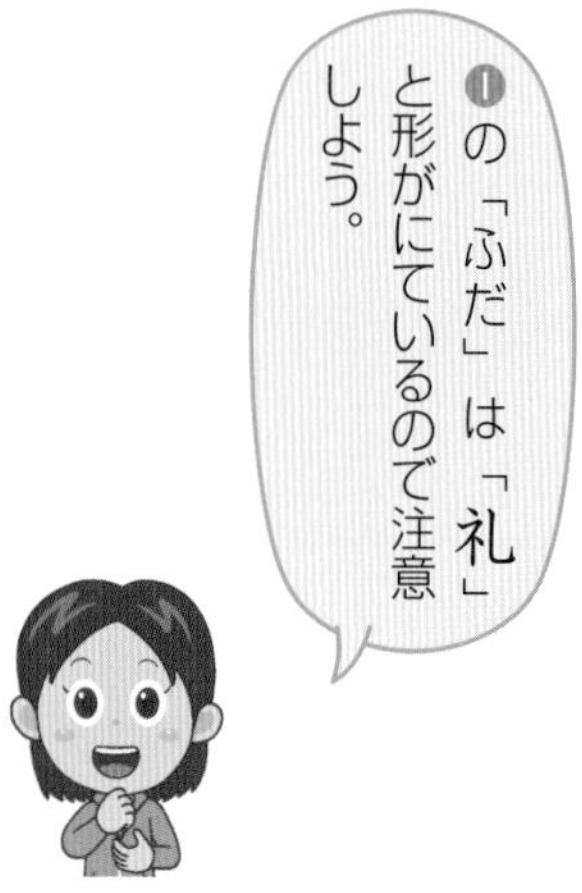

①の「ふだ」は「礼」と形がにているので注意しよう。

3 漢字を正しく使おう

――に合う漢字を下から選んで、・――・で結びましょう。

(1)
① まどから日がさす。 ・　・ア 指す
② 山の方をさす。 ・　・イ 差す

(2)
① 地球はまるい。 ・　・ア 丸い
② まるい形のお皿。 ・　・イ 円い

(3)
① 国語じてんを引く。 ・　・ア 事典
② 百科じてんで調べる。 ・　・イ 辞典

4 文の意味に合う漢字を、□に書きましょう。

①
七時に門が（あ）□く。
電車で席が（あ）□く。

②
化石に（かんしん）□□をもつ。
（かんしん）□□な行いとほめられる。

③
（きゅうそく）□□をとる。
（きゅうそく）□□に天気が悪くなる。

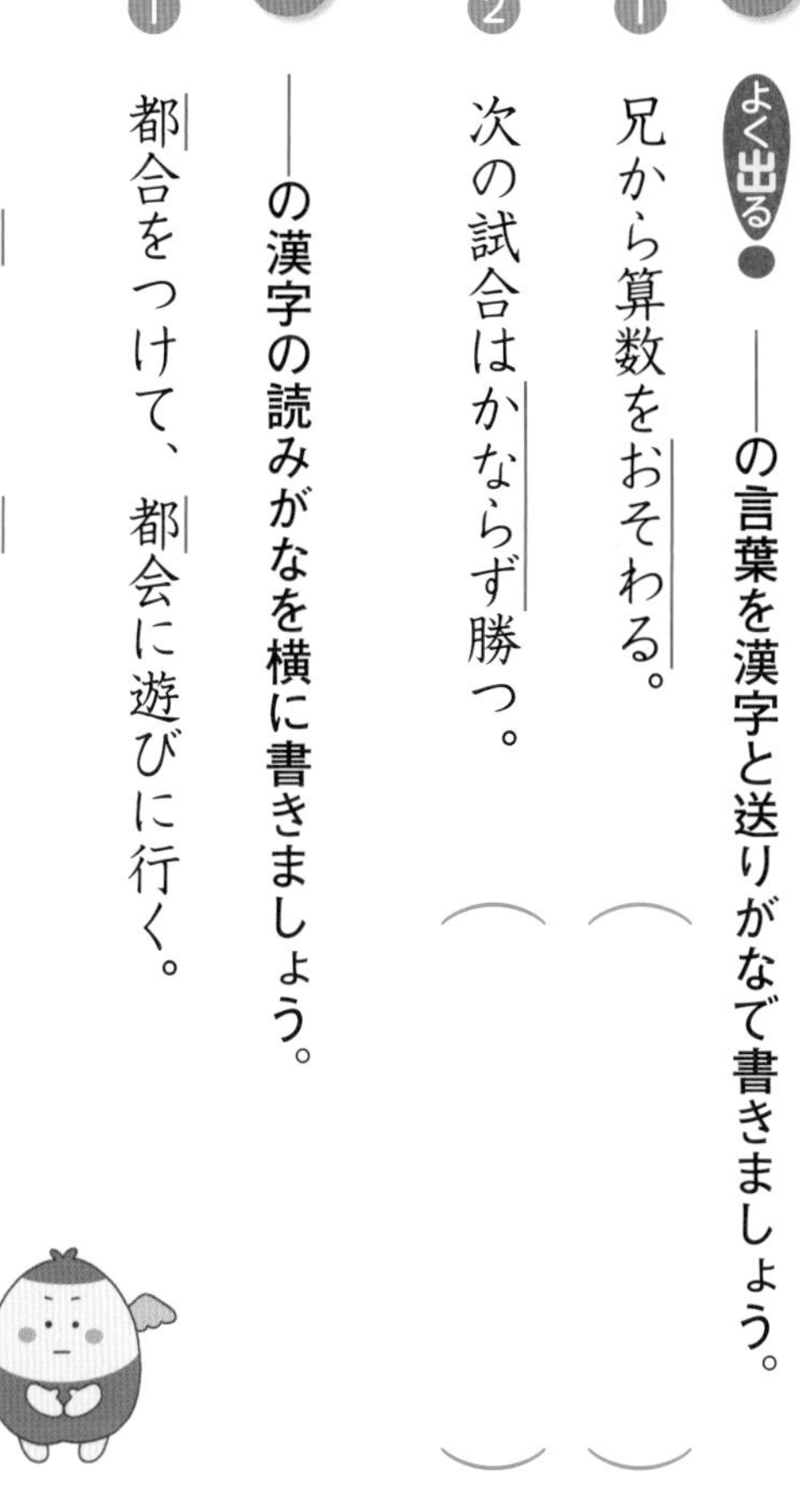

5 よく出る ――の言葉を漢字と送りがなで書きましょう。

① 兄から算数をおそわる。（　　）
② 次の試合はかならず勝つ。（　　）

6 ――の漢字の読みがなを横に書きましょう。

① 都合をつけて、都会に遊びに行く。
② 長方形の箱に人形をしまう。

7 ――の漢字の読みがなを（　）に書き、意味を下から選んで、・――・で結びましょう。

① 計画（　　）・　・ア 絵をかくこと。
② 画家（　　）・　・イ さかいめをつけること。
③ 区画（　　）・　・ウ 方法などを考えること。

8 季節の言葉3

秋に関する言葉を四つ選んで、○をつけましょう。

ア（　）もちつき　イ（　）すすき　ウ（　）かしわもち
エ（　）七五三　オ（　）新茶　カ（　）もみじがり
キ（　）月見だんご　ク（　）さくら　ケ（　）ほたるがり

ものしりメモ　2つ以上の読み方がある熟語（じゅくご）もあるよ。「風車（ふうしゃ・かざぐるま）」「人気（ひとけ・にんき）」「色紙（しきし・いろがみ）」などは、読み方によって意味もちがうね。

きほんのワーク

クラスみんなで決めるには

教科書 ㊦40～46ページ
答え 16ページ

学習の目標
●話し合いにおけるそれぞれの役わりを知ろう。
●役わりをいしきした上手な話し合いのしかたを考えよう。

勉強した日　月　日

おわったらシールをはろう

漢字練習ノート20ページ

新しい漢字

教科書43ページ
挙　キョ　あげる　10画
筆順：挙挙挙挙挙挙挙挙挙挙

44
協　キョウ　8画
筆順：協協協協協協協協

45
極　キョク　12画
筆順：極極極極極極極極極極極極

46
求　キュウ　もとめる　7画
筆順：求求求求求求求

◀練習しましょう。

○新しく学習する漢字
●読み方が新しい漢字
◆特別な読み方をする言葉

1 漢字の読み　読みがなを横に書きましょう。

① ○挙げる　② 協力　③ ○積極的　④ ○求める

2 漢字の書き　漢字を書きましょう。

① 手を［あ］げる。

② 友達に［きょうりょく］する。

❷の「きょうりょく」には、たくさんの「力」が集まっているね。

3 話し合いをするときの主な役わりを［　］から選んで、記号で答えましょう。

① 司会グループ（司会・記録係・時間係）（　）

② 提案者（　）

③ 参加者（　）

ア 進行にそって、自分の立場や考えを発言する。

イ 多くの参加者が発言できるようにし、意見を整理しながら進行する。

ウ 議題について、自分の考えを提案する。

4 次の文章は岸さんたちの話し合いの一部です。読んで、問題に答えましょう。

岸　今日は、ちいきの学習でお世話になった坂さんたちへ、かんしゃの気持ちを伝えるために、お礼の会で何をするかを決めます。会は、一時間です。初めに、事前に案を考えてきている提案者の六人に、意見を出してもらいます。次に、どうやって決めるかを考え、その決め方にそって話し合います。

それでは、竹内さんから、提案をおねがいします。

竹内　はい。ぼくは、かんしゃじょうをわたすのがよいと思います。そうすれば、ぼくたちの気持ちを、言葉にして伝えることができるからです。

小森　ぼくも、竹内さんと同じように、かんしゃじょうがいいと考えました。クラス全員でひと言ずつ書くとよいのではないでしょうか。

大木　わたしは、べつの案ですが、学校農園で作っているさつまいもを、いっしょに食べてはどうかと考えました。理由は、——。

〈「クラスみんなで決めるには」による〉

1 話し合いで司会の役わりをしているのはだれですか。名前を書きましょう。

（　　　　）さん

2 よく出る● 岸さんの発言について、合うものはどれですか。一つに○をつけましょう。

ア（　）話し合いの目的と議題、どのように話し合いを進めるのかをしめしている。

イ（　）どのような考えで議題を提案したのかを説明し、話し合いの大切さをしめしている。

ウ（　）発言のしかたについて説明した後で、自分の考えをのべている。

3 竹内さんがかんしゃじょうをわたしたいのは、なぜですか。

「～からです。」という理由をのべる言い方をさがそう。

（　　　　）から。

4 大木さんの発言の説明として、合うもの一つに○をつけましょう。

前の人の案とくらべているね。

ア（　）これまでに出された案を整理している。

イ（　）前の人の案につけ加えることをのべている。

ウ（　）前の人とはちがう案を話すことをのべている。

ものしりメモ　「あげる」には、「上げる」や「挙げる」があるね。頭をあげる場合は「上げる」を、手をあげる場合は「挙げる」を使うよ。「挙げる」には、はっきりとしめすという意味があるよ。

教科書 ㊦47〜59ページ　答え 17ページ　勉強した日　月　日

きほんのワーク

未来につなぐ工芸品 SDGs
工芸品のみりょくを伝えよう

学習の目標
●中心となる語や文に着目して、内容を読み取ろう。
●調べたことを、分かりやすく書こう。

おわったら シールを はろう

漢字練習ノート20ページ

新しい漢字

教科書47ページ

筆順 1 2 3 4 5　◀練習しましょう。

ページ	漢字	読み	画数	筆順
47	未	ミ	5画	一 二 キ 未 未
47	芸	ゲイ	7画	一 十 艹 芒 芸 芸 芸
48	各	カク	6画	ノ ク 夂 各 各 各
50	料	リョウ	10画	料 半 米 料 料 料 料 料 料
52	然	ゼン ネン	12画	ノ ク タ 夕 夕 外 外 然 然 然

○新しく学習する漢字
●読み方が新しい漢字
◆特別な読み方をする言葉

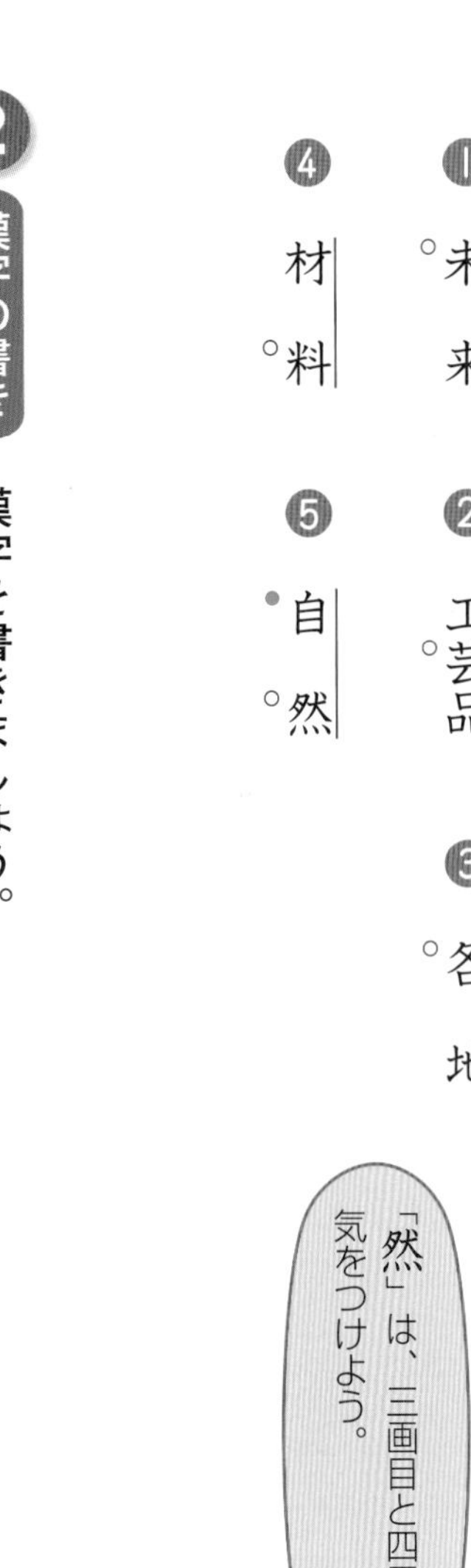

「然」は、三画目と四画目に気をつけよう。

1 漢字の読み　読みがなを横に書きましょう。

1 未来　2 工芸品　3 各地
4 材料　5 自然

2 漢字の書き　漢字を書きましょう。

1 □□（みらい）について考える。　2 日本□□（かくち）を旅する。

4 言葉の意味　○をつけましょう。

1 （48ページ）職人の手仕事。
ア（　）手のかからない仕事。
イ（　）手を使った仕事。
ウ（　）手ではできない仕事。

2 （48ページ）伝統的な工芸品を作る。
ア（　）未来につながるような。
イ（　）昔から有名だった。
ウ（　）昔から受けつがれてきた。

❸ ケーキの［ざいりょう］を買う。

❹ ［しぜん］のかんさつをする。

3

工芸品のみりょくを伝えるリーフレットを作る順番になるように、（　）に1～5を書きましょう。

（　）表紙やうら表紙を作る。

（　）くわしく調べて、分かったことを書き出し、整理する。

（　）みりょくが伝わるように、文章の組み立てを考える。

（　）しょうかいしたい工芸品を一つ選ぶ。

（　）具体例を挙げながら、みりょくを伝える文章を書く。

内容をつかもう！

未来につなぐ工芸品　教科書を読んで答えましょう。　教科書 48～53ページ

1　文章の「初め」「中」「終わり」に書かれていることを次から選んで、記号で答えましょう。

ア　工芸品のよさを伝える人は「一人の職人」だ。

イ　工芸品を未来の日本にのこしていきたい。

ウ　工芸品を未来の日本にのこしていきたい二つの理由。

・初め（　）

・中（　）

・終わり（　）

2　筆者は、工芸品をのこすことは、何を未来にのこすことだと考えていますか。合うもの全てに〇をつけましょう。

ア（　）日本の文化

イ（　）日本のげいじゅつ

ウ（　）かんきょう

エ（　）一人の職人

---

❸ 49 ていねいに工芸品を作る。

ア（　）楽しそうに。

イ（　）注意深く。

ウ（　）のんびりと。

❹ 49 日本の文化やげいじゅつ。

ア（　）美を表したもの。

イ（　）学びを深めるもの。

ウ（　）高級なもの。

❺ 50 色合いが美しい作品。

ア（　）色の様子。

イ（　）色のちがい。

ウ（　）色の変化。

❻ 52 自然にある素材をいかす。

ア（　）材料を使ってできたもの。

イ（　）物を作るための道具。

ウ（　）物を作るもとの材料。

❼ 52 工芸品にみりょくを感じる。

ア（　）他よりおとるところ。

イ（　）人をひきつけるところ。

ウ（　）他とちがうところ。

ものしりメモ　工芸品については、「伝統的工芸品産業の振興に関する法律」という法律があって、国に指定された伝統的工芸品には、商品にマークをつけることもあるそうだよ。

練習のワーク1

未来につなぐ工芸品 SDGs

教科書 下47～59ページ　答え 17ページ

勉強した日

できるナビ
●工芸品とはどのようなものか、筆者が工芸品を未来にのこしたいのはなぜなのかを読み取ろう。

おわったらシールをはろう

※ 次の文章を読んで、問題に答えましょう。

「工芸品」と聞いて、どのような物を思いうかべるでしょうか。みなさんが毎日のくらしで使っている皿やはし、つくえやいす、かばんや紙などの中で、職人の手仕事で一つ一つ作られているものが、「工芸品」とよばれています。日本各地で、その土地の気候やしげんをいかした伝統的な工芸品が作られ、全国のお店で売られています。

職人は、使う人のことを大切に思い、ていねいに工芸品を作っています。わたしは、そんな職人と、職人たちが生み出す工芸品が大すきで、工芸品のよさを伝える仕事をしています。日本人の生活の変化などから、昔にくらべて工芸品を使う人がへり、職人の数も少なくなっていますが、わたしは、工芸品を未来の日本にのこしていきたいと考えています。それには、二つの理由があります。

一つ目の理由は、工芸品が、過去、げんざいと続いて

1 「工芸品」とは、どのようなものですか。

どのように作られて、どこで使われるのかな。

職人の［　　　］で一つ一つ作られた、［　　　　　　］で使われるもの。

2 筆者はどんな仕事をしていますか。

［　　　　　　］を伝える仕事。

3 「昔にくらべて工芸品を使う人がへり」とありますが、工芸品を使う人がへったのは、なぜですか。一つに○をつけましょう。

ア（　）工芸品が売られなくなったから。
イ（　）日本人の生活が変化したから。
ウ（　）工芸品の職人の数がへったから。

4 よく出る● 「わたしは、工芸品を未来の日本にのこしていきたいと考えています」とありますが、筆者が工芸品をのこしていきたいと思う一つ目の理由は、何ですか。

言葉の意味プラス
5行 しげん…物を作る元になるもの。
26行 当時…そのとき。そのころ。
27行 書家…書道の専門家。

きた日本の文化やげいじゅつを、未来につないでくれることです。例えば、奈良県に、「奈良墨（ならすみ）」という工芸品があります。奈良墨は、千年以上も前から、文字や絵をかくための道具として使われてきました。木や紙にかかれた墨は、今も消えることなくのこっていて、当時の文化をわたしたちに伝えてくれています。そして、げんざいも、書家や画家、墨で文字や絵をかくことを楽しむ人たちの中に、色合いが美しく、かきごこちのよい奈良墨を使っている人が多くいます。そうしてかかれたものは、未来に、今を伝えてくれることでしょう。茶道（さどう）で使う茶わん、落語家のせんす、祭りのときのちょうちんや和だいこなども同じです。職人が作るさまざまな工芸品があるからこそ、日本の文化やげいじゅつを未来にのこせるのです。

〈大牧（おおまき）圭吾（けいご）「未来につなぐ工芸品」による〉

工芸品が未来にのこることで、

（　　　　　　　　　　）

ということ。

「一つ目の理由は、……」と理由を説明しているよ。

5 よく出る 「奈良墨」について答えましょう。

(1) 奈良墨にはどのようなよい点がありますか。二つに○をつけましょう。

ア（　）色合いが美しく、かきごこちがよい。

イ（　）書家や画家だけが楽しんで使える。

ウ（　）日本の文化の中心として役立ってきた。

エ（　）かかれたものが消えずに長くのこる。

(2) 奈良墨はどのような働きをしていますか。

「昔」とは千年以上前の「当時」のことだよ。

昔の文化を□に伝え、今の文化を（　　　　）に伝える働き。

(3) 奈良墨と同じようなよさと働きをもったものには、他にどのようなものがありますか。

（　　　　　　　　　　）

ものしりメモ　国に指定された伝統（とう）的工芸品の数は、都道府県によってさまざま。その中でも、東京都、京都府、新潟県、沖縄県などが、品目の多い都府県だよ。

練習のワーク②

未来につなぐ工芸品

SDGs

教科書 下47〜59ページ
答え 17ページ

できるナビ
●筆者が工芸品を未来にのこしたいと思う二つ目の理由を読み取り、筆者の思いをつかもう。

勉強した日　月　日

おわったらシールをはろう

次の文章を読んで、問題に答えましょう。

二つ目の理由は、かんきょうを未来につないでくれることです。工芸品には、材料や作り方の面で、かんきょうへの負荷が少ないというとくちょうがあります。また、長く使えるように作られているので、ごみをへらすことにもなります。岩手県の「南部鉄器」を例に見てみましょう。ある工房では、火山岩のすなとねん土をまぜて型を作り、そこに木炭の火でとかした鉄を流しこんで、鉄びんやふうりんなどを作ります。さびをふせぐために木炭で熱し、仕上げにうるしをぬって色をつけるのですが、そのときに使うはけも、「クゴ」という植物でできています。南部鉄器は、鉄、木炭、すな、ねん土、うるし、クゴなど、自然にある素材で、電気や化学薬品を使わなくても作ることができるのです。さびにくく、じょうぶなので、五十年、百年と使い続けることができます。材料や作り方、そして長く使えるという点で、かんきょうにやさしいといえます。

1 よく出る 「かんきょうを未来につないでくれる」とありますが、工芸品が、かんきょうを未来につなぐことができるのはなぜですか。二つに〇をつけましょう。

「〜。また、〜。」という形で二つ説明されているよ。

ア（　）かんきょうにあわせて材料や作り方を変えるから。
イ（　）材料も作り方もかんきょうへの負荷が少ないから。
ウ（　）長く使えるので、ごみをへらすことができるから。
エ（　）作るときに材料をむだなく使うことができるから。

2 「南部鉄器」はどのように作られますか。

・火山岩の［　　　　　　］をまぜて型を作る。
↓
・［　］に木炭の火でとかした鉄を流しこむ。
↓
・木炭で熱して［　　］をふせぐ。

「ある工房」での作り方の例が説明されているね。

言葉の意味プラス
3行 負荷…ふたんのこと。　6行 工房…工芸品などをつくる作業場。
7行 木炭…木から作った炭。

このような理由から、わたしは、工芸品を未来の日本にのこしたいと考えます。そのために、多くの人にそれぞれの工芸品のよさを知ってもらおうとしています。工芸品には、道具としての便利さ、使いごこち、色や形、もようの美しさなど、さまざまなよさがあります。どこにみりょくを感じるかは、人それぞれです。

〈大牧（おおまき）圭吾（けいご）「未来につなぐ工芸品」による〉

・[　][　][　]をぬって色をつけて仕上げる。

3 よく出る 「かんきょうにやさしい」とありますが、南部鉄器がかんきょうにやさしい理由を表にまとめましょう。

材料や作り方	（　　　　）を使い、電気や化学薬品を使わないで作る。
とくちょう	（　　　　）なので、長く使える。

4 「多くの人にそれぞれの工芸品のよさを知ってもらおうとしています」について答えましょう。

(1) 筆者は何のために工芸品のよさを知ってもらおうとしていますか。

（　　　　）

直前の「そのために」とは、何のためかな。

(2) 筆者は工芸品にはどんなよさがあると考えていますか。

（　　　　）

ものしりメモ 南部鉄器（なんぶてっき）は、江戸（えど）時代初めごろに作られ始めたと言われているよ。とくに、飲むためのお湯をわかす南部鉄瓶（びん）が有名だね。鉄分がとけだしておいしいお湯になるんだよ。

きほんのワーク

慣用句／短歌・俳句に親しもう（二）
漢字の広場④　三年生で習った漢字

教科書 ㊦60～64ページ
答え 18ページ

勉強した日　月　日

学習の目標
●慣用句の意味を知り、正しく使えるようになろう。
●短歌や俳句に表された風景をそうぞうしよう。

おわったらシールをはろう

漢字練習ノート20～21ページ

新しい漢字

教科書61ページ

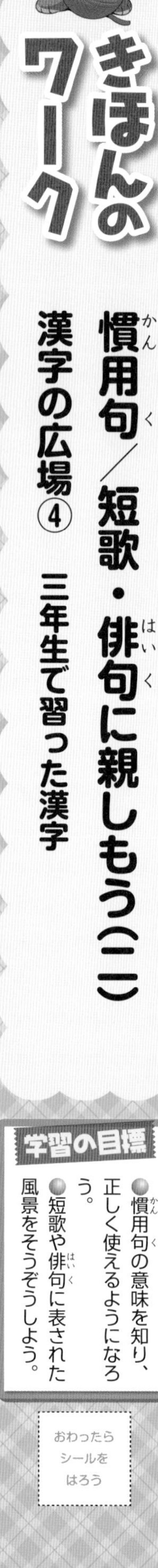

漢字	読み	画数	教科書
仲	なか	6画	61
労	ロウ	7画	61
焼	やく	12画	61
冷	レイ・つめたい・ひやす・ひやす・さめる	7画	61
照	ショウ・てらす	13画	63

◀筆順 1 2 3 4 5 練習しましょう。

1 漢字の読み　読みがなを横に書きましょう。

○新しく学習する漢字
●読み方が新しい漢字
◆特別な読み方をする言葉

① 仲がよい。
② 労をねぎらう
③ 焼く
④ 冷やす
⑤ 金色の葉
⑥ 照らす

⑤は「きんいろ」以外の読み方だよ。

2 漢字の書き　漢字を書きましょう。

① 魚を［や］く。
② 体を［ひ］やす。

3 三年生の漢字　漢字を書きましょう。

① ［せかい］地図を見る。
② 円の［めんせき］。
③ ［しごと］を始める。
④ ［しょうわ］の時代。
⑤ ［は］をみがく。
⑥ ［ふえ］をふく。
⑦ ［かる］い運動をする。
⑧ 外国の［しんわ］。

4 慣用句

次の（　）に合う慣用句を、[　]から選んで書きましょう。

❶ 林さんとは、しゅみも同じで（　　　　）。

❷ 兄は、頭がよいことをいつも（　　　　）。

❸ よい案を出そうと（　　　　）。

鼻にかける　息をのむ　頭をひねる　馬が合う

5 短歌・俳句に親しもう（二）

次の短歌と俳句を読んで、問題に答えましょう。

あ　ゆく秋の大和の国の薬師寺の
　　塔の上なる一ひらの雲
　　　　　　　　　　　　佐佐木　信綱

　秋も終わりのころの大和の国（今の奈良県）にある薬師寺。その塔を見上げると、すんだ空に一片の雲がうかんでいる。

い　柿くへば鐘が鳴るなり法隆寺
　　　　　　　　　　　　正岡　子規

　柿を食べていると、ちょうどそのとき、鐘の音がひびいてきた。ああ、法隆寺の鐘だ。

〈「短歌・俳句に親しもう（二）」による〉

---

1 あの短歌の作者は、何と何に注目していますか。

薬師寺の[　　]と、その上にうかぶ[　　]。

2 あの短歌では、ある音のくり返しがリズムを作っています。くり返している音を、平がな一字で書きましょう。

[　　]

3 よく出る！ いの俳句から、季節を表している言葉を書きましょう。また、その季節を漢字一字で書きましょう。

その季節ならではの言葉をさがそう。

言葉（　　　　）　季節[　　]

4 いの俳句の作者が、「法隆寺」とよんだのはなぜですか。一つに○をつけましょう。

俳句の意味が書かれている部分に注目しよう。

ア（　）柿を食べている場所が、法隆寺であることに気がついたから。

イ（　）柿の木がたくさん生えている有名な場所が、法隆寺だから。

ウ（　）鐘の音を聞いて、法隆寺の鐘であることに気がついたから。

ものしりメモ　正岡子規は、俳句や短歌の作者として有名だけれど、それだけではないんだ。野球を日本に広めた人としても知られているよ。2002年には野球の殿堂入りを果たしているよ。

まとめのテスト

未来につなぐ工芸品 SDGs
工芸品のみりょくを伝えよう

教科書 下47～64ページ
答え 18ページ
時間 20分
とく点 /100点
おわったらシールをはろう
勉強した日 月 日

1 次の文章を読んで、問題に答えましょう。

一つ目の理由は、工芸品が、過去、げんざいと続いてきた日本の文化やげいじゅつを、未来につないでくれることです。例えば、奈良県に、「奈良墨」という工芸品があります。奈良墨は、千年以上も前から、文字や絵をかくための道具として使われてきました。木や紙にかかれた墨は、今も消えることなくのこっていて、当時の文化をわたしたちに伝えてくれています。そして、げんざいも、書家や画家、墨で文字や絵をかくことを楽しむ人たちの中に、色合いが美しく、かきごこちのよい奈良墨を使っている人が多くいます。そうしてかかれたものは、未来に、今を伝えてくれることでしょう。茶道で使う茶わん、落語家のせんす、祭りのときのちょうちんや和だいこなども同じです。職人が作るさまざまな工芸品があるからこそ、日本の文化やげいじゅつを未来にのこせるのです。

二つ目の理由は、かんきょうを未来につないでくれる

1 「奈良墨」の説明として、正しいものには○、まちがっているものには×をつけましょう。 一つ3〔15点〕

ア（　）千年以上前から使われ続けている。
イ（　）木や紙に文字や絵をかくために使われる。
ウ（　）文字や絵の墨は消えずにのこっている。
エ（　）げんざいは少数の書家や画家だけが使っている。
オ（　）昔の文化を今に、今の文化を未来に伝えている。

2 「茶道で使う茶わん、落語家のせんす、祭りのときのちょうちんや和だいこなども同じです。」とありますが、どういうところが、何と同じなのですか。 一つ10〔20点〕

（　　　　）ところが、
（　　　　）と同じ。

3 「南部鉄器」はどのように作られますか。正しい作り方の順番になるように、（　）に1～4を書きましょう。 全てできて〔15点〕

（　）木炭で熱してさびをふせぐ。
（　）型に木炭の火でとかした鉄を流しこむ。
（　）うるしをぬって色をつけて仕上げる。

言葉の意味プラス
25行 火山岩…火山のふん火で地上に出たマグマが固まってできた岩。

ことです。工芸品には、材料や作り方の面で、かんきょうへの負荷が少ないというとくちょうがあります。また、長く使えるように作られているので、ごみをへらすことにもなります。岩手県の「南部鉄器」を例に見てみましょう。ある工房では、火山岩のすなとねん土をまぜて型を作り、そこに木炭の火でとかした鉄を流しこんで、鉄びんやふうりんなどを作ります。さびをふせぐために木炭で熱し、仕上げにうるしをぬって色をつけるのですが、そのときに使うはけも、「クゴ」という植物でできています。南部鉄器は、鉄、木炭、すな、ねん土、うるし、クゴなど、自然にある素材で、電気や化学薬品を使わなくても作ることができるのです。さびにくく、じょうぶなので、五十年、百年と使い続けることができます。材料や作り方、そして長く使えるという点で、かんきょうにやさしいといえます。

〈大牧圭吾「未来につなぐ工芸品」による〉

（　）火山岩のすなとねん土をまぜて型を作る。

4 よく出る 「長く使える」とありますが、南部鉄器が長く使えるのはなぜですか。〔15点〕

（　　　　）

5 チャレンジ この文章で、筆者は、工芸品を未来にのこしたいと思う理由を二つ説明しています。その理由をまとめて書きましょう。〔15点〕

（　　　　）

2 **工芸品の本を読んでリーフレットにまとめるときに、表紙とうら表紙にはどのようなことをのせればよいですか。ア～エの記号で答えましょう。** 一つ10〔20点〕

ア 他に知らせたいことや、参考にした資料。

イ 調べた工芸品のみりょくを伝える文章。

ウ 伝統工芸の名前と、その写真や絵。

エ リーフレットを作った感想。

表紙 □

うら表紙 □

ものしりメモ 奈良県は、「奈良墨」のほかに「奈良筆」も有名。1200年ほど前に、弘法大師が中国で筆作りの方法を学んで、それを奈良の人たちに伝えたのが始まりだよ。古い歴史だね。

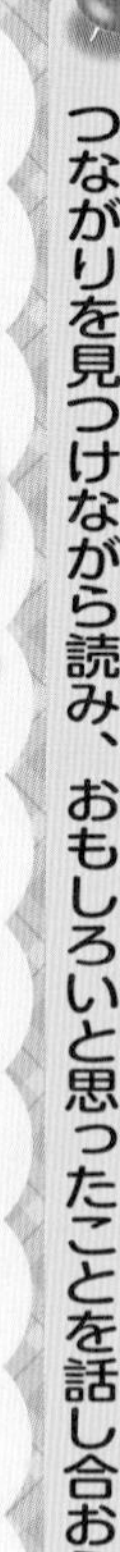

きほんのワーク

友情のかべ新聞

教科書 下 65〜83ページ

答え 19ページ

勉強した日 月 日

学習の目標
●登場人物のとくちょうや関係をとらえよう。
●いつ、だれが何をしたのかに注意して、出来事を読み取ろう。

おわったらシールをはろう

漢字練習ノート22ページ

新しい漢字

○新しく学習する漢字
●読み方が新しい漢字
◆特別な読み方をする言葉

1 漢字の読み　読みがなを横に書きましょう。

1 好き
2 正反対
3 最高
4 反省
5 放課後
6 無理
7 右側
8 改める
9 正直
10 一周

8「改」の送りがなは「あらた-める」となるよ。まちがえやすいので注意しよう。

2 漢字の書き　漢字を書きましょう。

4 言葉の意味　○をつけましょう。

1 66ページ たいこう心をもやす。
ア（　）相手とはりあう気持ち。
イ（　）相手をおそれる気持ち。
ウ（　）相手をばかにする気持ち。

2 67ページ けんかばかりであきれる。
ア（　）悲しい気持ちになる。
イ（　）わがままにはらを立てる。
ウ（　）ていどがひどくておどろく。

3 三年生の漢字 漢字を書きましょう。

① （す）[ ]きな食べ物。

② 一日の（はんせい）[ ][ ]をする。

③ 道の（みぎがわ）[ ][ ]を歩く。

④ （あらた）[ ]めて話し合いをする。

① （みどり）[ ]のシート。

② 本の（かんそう）[ ][ ]を言う。

③ 友達に（そうだん）[ ][ ]する。

④ （いけん）[ ][ ]をのべる。

内容をつかもう！

友情のかべ新聞 教科書を読んで答えましょう。 教科書66〜79ページ

1 次の文の[ ]に合う言葉を[ ]から選んで書きましょう。

東君と西君は、好きなものが[ ]で、仲が[ ]関係だったが、物語の最後では仲の[ ]関係に変わった。

同じ　正反対　悪い　よい

2 この物語の語り手はだれですか。○をつけましょう。

（　）東君　（　）西君　（　）ぼく　（　）中井先生

---

③ 68 まよったあげく、本を買った。
ア（　）けれど。
イ（　）かいもなく。
ウ（　）結果。

④ 68 顔をこわばらせる。
ア（　）そむける。
イ（　）かたくする。
ウ（　）かくす。

⑤ 68 二人の言い分を聞く。
ア（　）言いたいこと。
イ（　）言われていやなこと。
ウ（　）言いたくないこと。

⑥ 72 口々に王様をたたえる。
ア（　）それぞれに。
イ（　）こっそりと。
ウ（　）代表して。

⑦ 73 友達の言葉に首をひねる。
ア（　）さんせいする。
イ（　）反対する。
ウ（　）ぎもんを感じる。

ものしりメモ かべ新聞は、かんたんにじょうほうを伝えられる便利な方法として、昔から使われているよ。今は、小学生のかべ新聞のコンテストなどもたくさん行われているんだ。

つながりを見つけながら読み、おもしろいと思ったことを話し合おう

練習のワーク①

友情のかべ新聞

教科書 下65〜83ページ　答え 19ページ

勉強した日 月 日

おわったらシールをはろう

できるナビ
●東君と西君がどのような関係なのかをつかみ、何が起きているのかを読み取ろう。

次の文章を読んで、問題に答えましょう。


「あの二人が、協力ねえ。」

「無理だよ。」

「ぜったい、けんかするね。」

みんな、そんなうわさをした。

なのに、火曜日の朝、教室に入ったぼくらは、びっくりした。真新しい紙に書かれたかべ新聞のどうどうとしたすがたが、目に飛びこんできたからだ。

教室の後ろのけいじ板。表面には、緑のシートがはられている。向かって右の方には、ほけん室や図書館からの通信などがはってある。そして、左の方は、これまで何もはられていなかった。

そこに今、上の方が青い油性（せい）ペンでふち取られた、大きなかべ新聞がはってある。

新聞の右側には「海外でかつやくするサッカー選手」「気をつけたい　ねこの病気」、左側には「読書感想文を書きやすい本」「おすすめ　犬のさんぽコース」——そ

1 よく出る●「あの二人」とは東君と西君のことですが、この二人はどのような関係ですか。一つに○をつけましょう。

ア（　）とても仲がよい関係。

イ（　）とても仲が悪い関係。

ウ（　）あまり話さない関係。


二人についてみんながどんなうわさをしているのかに注目。

2 「びっくりした」とありますが、「ぼくら」がびっくりしたのは、なぜですか。

二人が協力するのは［　　　］と思っていたのに、けいじ板にできあがった［　　　］がはられていたから。

3 「同じことを思った」とありますが、どんなことを思ったのですか。

「どうして——。」の「——」にこめられた思いを考えよう。

言葉の意味プラス
4行 うわさ…ある人や物事についての、たしかではない話。
23行 とくい顔…じまんそうな顔つき。　29行 うつむく…顔を下の方に向ける。

んな記事が書かれたかべ新聞を前に、みんなは何も言えなかった。

　そして、同じことを思った。

「どうして――。」

　でも、中井先生はちがった。東君と西君を前にして、とくい顔だ。

「先生の作戦どおりだ。仲よく作業すると、気持ちいいだろ。」

　二人は、顔を見合わせてから、うつむく。

　みんなの意見は、真っ二つに分かれた。

「これをきっかけに、仲よくなるんじゃないかな。」

「いや、そんなにかんたんなものじゃないだろう。」

　学級会よりしんけんな話し合いの末、仲よくするのは無理だというけつろんでまとまった。

　だけど、それからの二人は、休み時間をいっしょにすごすようになったんだ。

〈はやみね　かおる「友情のかべ新聞」による〉

書いてみよう！

4 「先生の作戦どおりだ。」について答えましょう。

(1) 先生はどんな作戦を立てていましたか。

東君と西君にいっしょにかべ新聞を作らせて、二人を［　　　］させる作戦。

(2) よく出る　先生の言葉を聞いたときの、東君と西君はどんな気持ちだったでしょうか。一つに○をつけましょう。

ア（　）先生の作戦どおりでとてもはらが立つ気持ち。

イ（　）先生にかくしごとがあって後ろめたい気持ち。

ウ（　）先生にみとめてもらえてうれしい気持ち。

先生と話しているときの東君と西君の様子に注目して、二人の気持ちを読み取ろう。

5 「みんなの意見は、真っ二つに分かれた。」とありますが、じっさいには二人の休み時間の様子はどうなりましたか。

休み時間には、二人は（　　　　）ようになった。

ものしりメモ　石巻日日新聞社は、東日本大震災の津波で印刷機が使えなくなったときに、手書きのかべ新聞でじょうほうを伝えて人々を助けたんだ。そのときの新聞はしせつにほぞんされているよ。

つながりを見つけながら読み、おもしろいと思ったことを話し合おう

練習のワーク②

友情のかべ新聞

教科書 ㊦65〜83ページ　答え 19ページ

できるナビ
●様子を表す言葉に注意して、東君と西君の気持ちをとらえよう。

勉強した日　月　日

おわったらシールをはろう

次の文章を読んで、問題に答えましょう。

金曜日の放課後、すいとうをわすれたことに気づいたぼくは、急いで取りにもどった。見回りをしている先生にことわって、こうしゃに入る。

すいとうを取ったぼくは、教室を出る前に、かべ新聞を改めて読んだ。

すると、二人が協力して作っていないことが分かった。だって、相談して書いたという記事じゃない。紙を右と左の半分に分けて、それぞれが、好きなものを好き勝手に書いた内容だ。

さらにじっくり見ると、新聞のはしから、けいじ板のシートに青いよごれが付いているのが見えた。なんだろうと思って、かべ新聞をはがす。

そして、分かってしまった。あの日の放課後、何があったのか。

1 「かべ新聞を改めて読んだ」について答えましょう。

(1) よく出る　かべ新聞を読んだとき、「ぼく」はどんなことに気づきましたか。

(　　　　　)

(2) (1)はどんなことから分かりましたか。

かべ新聞の紙を(　　　　)に分けて、それぞれが、(　　　　)書いた内容だったこと。

かべ新聞にはどんな記事が、どんなふうに書かれていたのかな。

2 「かべ新聞をはがす」とありますが、何のためにはがしたのですか。一つに○をつけましょう。

新聞をはがす前に「ぼく」には何が見えたかな。

ア(　)かべ新聞の場所を移動するため。

イ(　)青いよごれが何かをかくにんするため。

ウ(　)かべ新聞を先生のところに持っていくため。

言葉の意味プラス
3行　ことわる…きょかをもらう。　10行　じっくり…くわしく。
22行　うなだれる…うつむく。首を前に下げる。　32行　はで…目立つ様子。

土曜日、日曜日と、雨の日が続いた。そして今日、月曜日も雨。昼休み、外で遊べないぼくたちは、どうしても室内でさわいでしまう。

そんな中、ぼくは思い切って、教室のすみで、二人に分かったことを伝えた。

すると二人は、うなだれて、それでもどこかほっとした顔で言った。

「金曜日に相談して、あやまりに行こうって決めたんだ。それで、今から職員室に行くところなんだ。」

そうか、よかった。

そのとき、教室の後ろの方で、だれかが「たいくつだなあ。」と、大きくうでを広げて、のびをした。その手が、近くにいた女の子をおした。女の子はふらつき、かべ新聞に手をつく。

ビリリリリ。

はでな音を立てて、やぶれるかべ新聞。

そして、やぶれたかべ新聞の向こうから、緑のシートの上を走る青い線があらわれた。

「つまり、東君と西君は、青の油性ペンで、けいじ板をよごしてしまったんだね。」

中井先生にきかれ、二人はうなずく。

〈はやみね かおる「友情のかべ新聞」による〉

3 よく出る 「二人に分かったことを伝えた」とありますが、「ぼく」に伝えられたとき、二人はどんな気持ちでしたか。二つに○をつけましょう。

「うなだれて」「どこかほっとした顔」に注目。

ア（　）ひみつをかくす必要がなくなりほっとする気持ち。
イ（　）ひみつを先生に知られたくないとあせる気持ち。
ウ（　）勝手にひみつをさぐられてはらを立てる気持ち。
エ（　）「ぼく」のかんちがいをこっけいに思う気持ち。
オ（　）ひみつがばれてしまってがっかりする気持ち。

4 「よかった」とありますが、「ぼく」はどんなことに対して「よかった」と思ったのですか。

書いてみよう!

（　　　）

5 「やぶれるかべ新聞」とありますが、かべ新聞がやぶれて何が見えましたか。

（　　　）

6 二人がかべ新聞を作っていたときに何があったのですか。

（　　　）

ものしりメモ 油性ペンと水性ペンのちがいは、インクを作るときに水を使っているかで決まるよ。水を使っているのが水性ペン、アルコールなど油をとかすものを使っているのが油性ペンだよ。

まとめのテスト 友情のかべ新聞

教科書 下65〜83ページ
答え 20ページ
時間 20分
とく点 /100点
おわったらシールをはろう
勉強した日 月 日

次の文章を読んで、問題に答えましょう。

「つまり、東君と西君は、青の油性ペンで、けいじ板をよごしてしまったんだね。」

中井先生にきかれ、二人はうなずく。

ここからは、ぼくのすいりだ。

記事を書き終わり、青が好きな東君が、青い油性ペンで新聞をふち取ろうとする。それを、赤が好きな西君がいやがって、止めようとする。

もみ合う二人。手に持っていた油性ペンがけいじ板に当たって、シートにインクが付く。インクは、ぞうきんでふくだけでは落ちない。

最近の二人はしかられ続けている。それなのに、けいじ板をよごしたのが知られたら、またどれだけしかられることか。

「正直にあやまろう。」

どちらかがそう言っても、相手はさんせいしない。相

じゃないか。」そう思えてきたのだ。

そして、それで十分だった。

〈はやみね かおる「友情のかべ新聞」による〉

1 次の(1)〜(3)について、「ぼく」のすいりの内容を答えましょう。

(1) 東君と西君がけいじ板をよごしてしまったときの様子。〔15点〕

新聞のふち取りをするときに、（　　　　）についての争いで、二人がもみ合いになり、シートにインクが付いた。

(2) よく出る● 二人が正直にあやまらなかった理由。〔15点〕

どちらかが正直にあやまろうと言っても □□ □□□□□□□□ から。

言葉の意味プラス
9行 もみ合う…相手とおし合ったり、入りみだれたりして争う。
20行 とっさに…しゅんかんに。 32行 後ろめたさ…悪いことをしたために、気が引けること。

手の意見に反対するのが、くせになっているからだ。

どっちが悪いか言い争っているとき、見回りの先生の足音が聞こえたりしたら——。

二人は、とっさにかべ新聞でよごれをかくしてしまった。あせっていたから、ほんの少しだけ、新聞のはしからインクが見えてしまっていることに気づかなかった。

そして、よごれをかくした二人には、新しく心配なことができた。

相手が、先生に言ってしまうのではないかと思ったのだ。それも、「自分は悪くありません。全部、相手が悪いんです。」というように。

だから、おたがいから目をはなせなくなり、いつもいっしょにいるようになった。

その間、二人は油性ペンをさわりたくなかった。また、後ろめたさでしょくよくがなくなり、プリンを取り合わなかった。

その後——。

いっしょにいるうちに、相手がどんなやつか分かってきた。不思議なことに、二人でいるのが楽しくなってきた。無理に仲よくなろうとしたんじゃない。相手のことを知るうちに、「なんだ、そんなにいやなやつじゃない

(3) 「新しく心配なこと」とはどんなことですか。一つに○をつけましょう。〔15点〕

ア（　）相手が、悪いこと全てを自分におしつけること。

イ（　）「ぼく」が、二人のひみつを先生に伝えること。

ウ（　）今でも二人の仲が悪いことが先生に知られること。

2 「いつもいっしょにいるようになった」について、答えましょう。

(1) 「ぼく」は、二人がいつもいっしょにいるようになったのは、何のためだとすいりしていますか。〔20点〕

書いてみよう!

（　　　　　）

(2) よく出る● いつもいっしょにいるようになった二人はどうなりましたか。〔15点〕

なぜか二人でいるのが［　　　］なってきた。

チャレンジ **3** 「それで十分だった」とは、どういうことですか。一つに○をつけましょう。〔20点〕

ア（　）よい友達は意外と身近にいるということ。

イ（　）けんかするほど仲がよくなれるということ。

ウ（　）相手を知れば自然に仲よくなれるということ。

ものしりメモ
油は水にとけないので、油性ペンは水であらっても落ちないよ。落とすためには、同じ油の性質をもっているエタノールなどを使おう。使うときは、おうちの人といっしょにね。

きほんのワーク もしものときにそなえよう SDGs 季節の言葉4 冬の楽しみ

教科書 下84～91ページ
答え 20ページ

学習の目標
●考えが伝わるような文章の書き方を知ろう。
●考えを伝えるための文章を書くときの工夫について学ぼう。

勉強した日　月　日

おわったらシールをはろう

漢字練習ノート22ページ

新しい漢字

教科書84ページ

害 ガイ 10画

筆順 1 2 3 4 5

◀練習しましょう。

○新しく学習する漢字
●読み方が新しい漢字
◆特別な読み方をする言葉

1 漢字の読み　読みがなを横に書きましょう。

① 災害（さい）　② 豪雨（ごう）　③ 元旦（たん）

2 漢字の書き　漢字を書きましょう。

① 自然災［　　］（がい）にそなえる。

①の「がい」の横画は、三本だよ。
細かいところに気をつけよう!

3 もしものときにそなえよう

次の竹内さんの文章を読んで、問題に答えましょう。

① じしんへのそなえで大切なことは、自分や家族にとって必要な物を用意することだと考える。

② ［　　］、ぼくの妹は、生後八か月だ。当然、ぼくたちとは必要な物がちがう。「災害にそなえよう」という本の「赤ちゃんに必要な物リスト」を見ると、飲みなれている種類のミルクやほにゅうびん、紙おむつなどを用意しておくとよいことが分かった。

③ ぼくの家には犬もいる。市の資料によると、東中学校が、けがをした動物のちりょうもするひなん所になるようだ。同じ資料には、「ふだんからほえないようにしつけ、キャリーバッグや食事を用意しておく」とあった。

〈「もしものときにそなえよう」による〉

1 よく出る　文章の［　　］に合う言葉は何ですか。一つに○をつけましょう。

ア（　）ところで　イ（　）なぜなら　ウ（　）例えば

2 竹内さんの考えは、どの段落に書かれていますか。①～③の段落番号を書きましょう。

「～と考える」という言葉に注目しよう。

□の段落

3 竹内さんの文章にはどんな工夫がされていますか。合うもの二つに○をつけましょう。

③の段落は、前の段落とは別の例を挙げているよ。

ア（　）自分の意見に賛成する人が多いことをしめすために、友達の感想も書いている。

イ（　）気をつけておくことがよく伝わるように、調べた資料の内容を引用している。

ウ（　）大切なポイントが分かりやすいように、事がらをかじょう書きにしている。

エ（　）読み手になるほどと思ってもらえるように、例をいくつか挙げている。

4 自分の考えを伝える文章を「初め」「中」「終わり」の組み立てで書くとき、それぞれにどんな内容を書けばよいですか。合うものを下から選んで、・――・で結びましょう。

初め・　・ア 理由や例を、くわしく書く。
中・　・イ 自分の考えを書く。
終わり・　・ウ 自分の考えを、もう一度書く。

季節の言葉4 冬の楽しみ

5 次の言葉の意味を□から選んで、（　）に記号で答えましょう。また、何月の言葉ですか。□に漢数字で書きましょう。

❶ 正月事始め（　）　□月
❷ 冬至（　）　□月

ア 一年で最も昼の時間が短い日。
イ 一年で最も夜の時間が短い日。
ウ 正月に向けたじゅんびを始める日。
エ 正月が終わって、ものをかたづける日。

6 次の俳句を読んで、問題に答えましょう。

使はざる部屋も灯して豆を撒く　馬場移公子

1 何の行事をよんだものですか。一つに○をつけましょう。
ア（　）お正月　イ（　）節分　ウ（　）七五三

2 季節を表している言葉に○をつけましょう。
ア（　）部屋
イ（　）灯して
ウ（　）豆を撒く

ものしりメモ　9月1日は「防災の日」。これは、1923年9月1日に発生した「関東大震災」に由来して決められたんだ。台風やじしんなどの災害に対するそなえをかくにんする日なんだよ。

きほんのワーク

自分だけの詩集を作ろう　言葉から連想を広げて　熟語(じゅくご)の意味　漢字の広場⑤　三年生で習った漢字

教科書 下92～98ページ　答え 21ページ

勉強した日　月　日

学習の目標
●漢字の訓や、漢字の組み合わせを手がかりにして、熟語(じゅくご)の意味を考えよう。

漢字練習ノート23～25ページ

おわったらシールをはろう

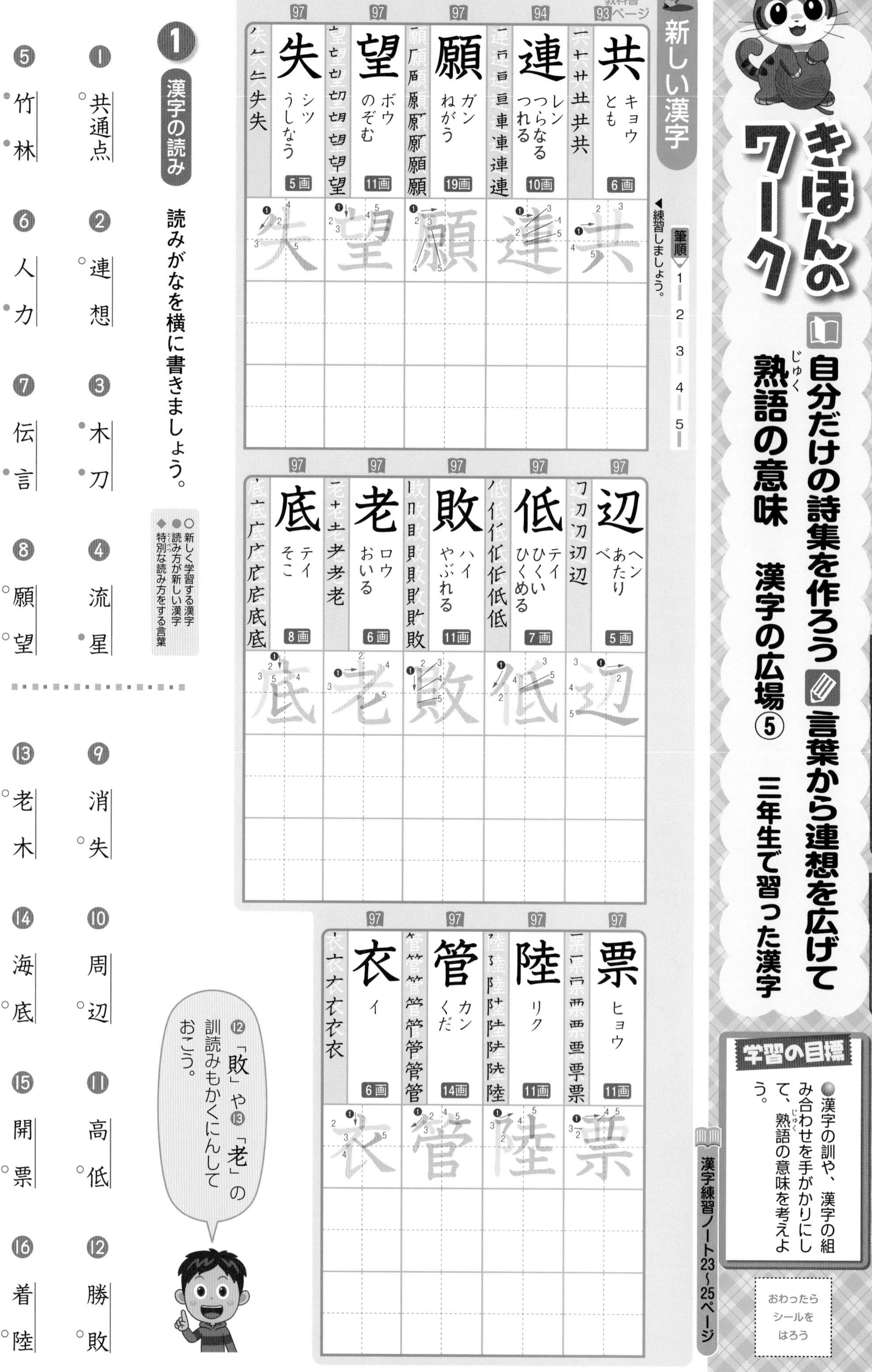

1 漢字の読み　読みがなを横に書きましょう。

○新しく学習する漢字
●読み方が新しい漢字
◆特別な読み方をする言葉

① 共通点
② 連想
③ 木刀
④ 流星
⑤ 竹林
⑥ 人力
⑦ 伝言
⑧ 願望

⑨ 消失
⑩ 周辺
⑪ 高低
⑫ 勝敗
⑬ 老木
⑭ 海底
⑮ 開票
⑯ 着陸

⑰ 血管
⑱ 岩石
⑲ 衣服
⑳ 右折

2 漢字の書き　漢字を書きましょう。

① 気温の［こうてい］。　② ［かいてい］を調べる。

3 三年生の漢字　漢字を書きましょう。

① ［みじか］いロープ。　② ［しんごう］を［ま］つ。

③ ［てちょう］を買う。　④ 家の［やね］。

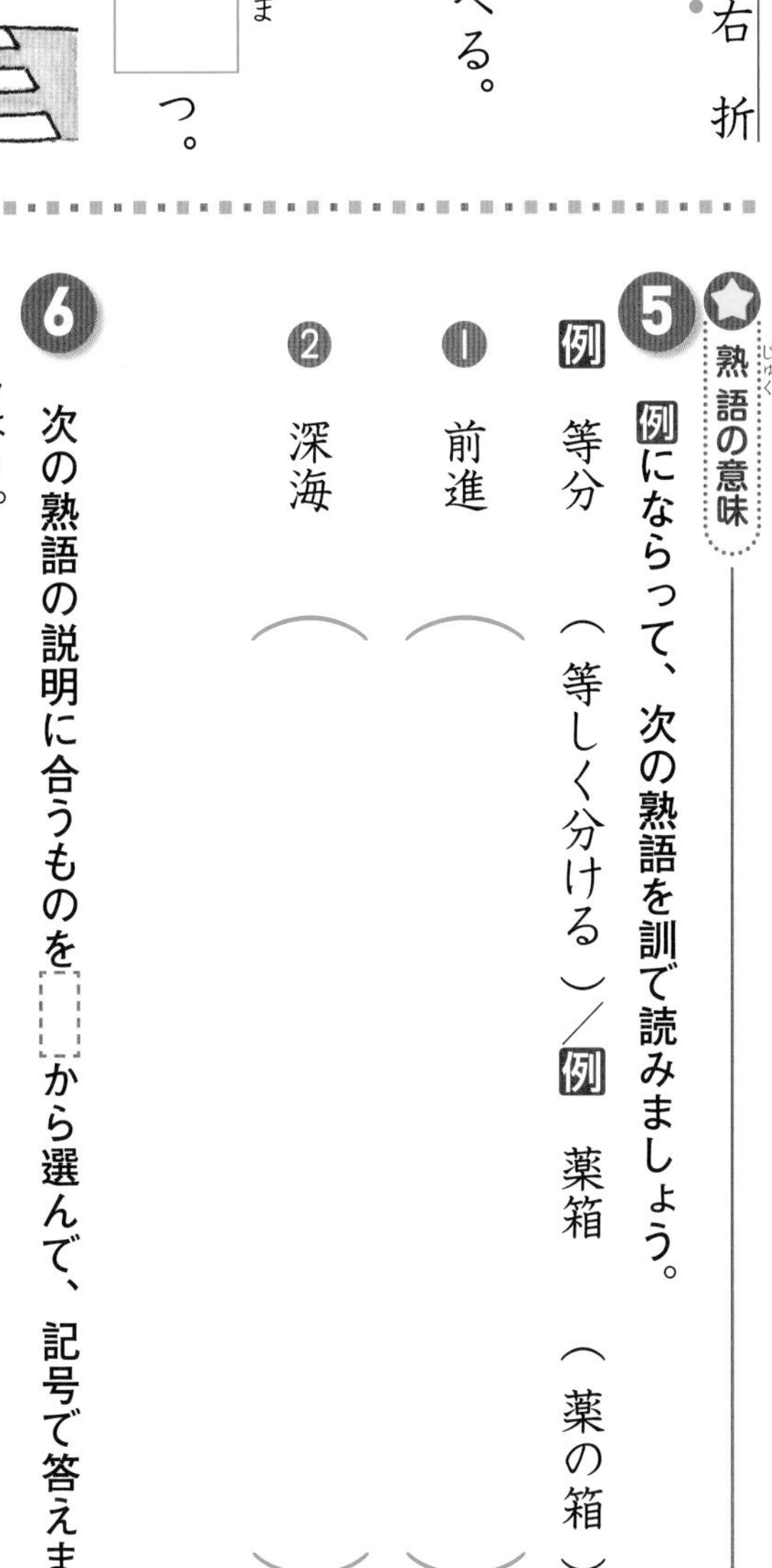

4 言葉から連想を広げて

連想を広げるときに大切なのはどんなことですか。合うもの一つに○をつけましょう。

ア（　）見たものをそのまま書くのではなく、自分の頭の中で連想したことだけを書くこと。

イ（　）見たままの様子や聞こえる音など、思いついたことをたくさん書き出すこと。

ウ（　）見たことや聞いたことの中で、いちばん心にのこっていることを一つ選んで書くこと。

5 熟語の意味

例にならって、次の熟語を訓で読みましょう。

例 等分（等しく分ける）／例 薬箱（薬の箱）

① 前進（　　　）

② 深海（　　　）

6 次の熟語の説明に合うものを［　］から選んで、記号で答えましょう。

① 親友（　）　② 明暗（　）　③ 着火（　）

④ 外国（　）　⑤ 帰国（　）　⑥ 回転（　）

⑦ 出欠（　）　⑧ 開始（　）

ア　にた意味をもつ漢字の組み合わせ
イ　反対の意味をもつ漢字の組み合わせ
ウ　上の漢字が、下の漢字を修飾する関係にある組み合わせ
エ　「――を」「――に」に当たる意味の漢字が下に来る組み合わせ

それぞれの漢字を、訓で読んでみよう！

ものしりメモ　「訓」というのは、漢字に日本語を当てて、読みとしたものだったね。漢字は昔の中国でできたものだから、日本人にとっては外国語みたいなものだったんだよ。

きょうみをもったことを中心に、しょうかいしよう

きほんのワーク

風船でうちゅうへ　SDGs

教科書 下99～112ページ
答え 21ページ

学習の目標

- 筆者が何をしようとしているのか読み取ろう。
- どのような失敗があって、どう解決していったのかを読み取ろう。

おわったらシールをはろう

漢字練習ノート26ページ

新しい漢字

教科書 101ページ

漢字	読み	画数	教科書ページ
完	カン	7画	101
験	ケン	18画	101
別	ベツ　わかれる	7画	102
残	ザン　のこる	10画	106
希	キ	7画	109
努	ド　つとめる	7画	109

筆順　1　2　3　4　5

◀練習しましょう。

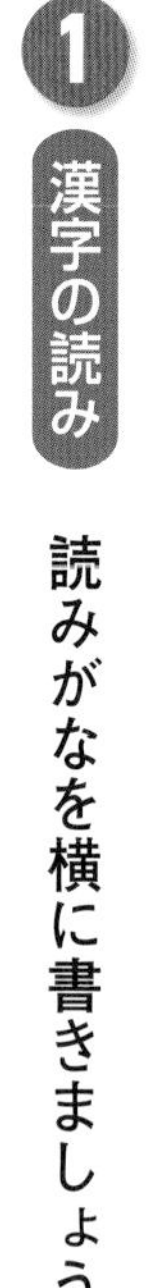

1 漢字の読み　読みがなを横に書きましょう。

①完成　②実験　③別　④残念　⑤希望　⑥努力

②「験」には、「ためす」「調べる」という意味があるよ。

○新しく学習する漢字
●読み方が新しい漢字
◆特別な読み方をする言葉

2 漢字の書き　漢字を書きましょう。

① 作品を［かんせい］させる。
② 何度も［じっけん］をする。

3 言葉の意味　○をつけましょう。

① 100ページ 大がかりな計画を立てる。
ア（　）サイズがとても大きい。
イ（　）人やお金をたくさん使った。
ウ（　）達成できそうもない。

② 103 新しい教訓をえる。
ア（　）教え。
イ（　）方法。
ウ（　）ほめ言葉。

③ （べつ）の本を読む。

④ いっしょに行けないのは（ざんねん）だ。

⑤ 放送委員を（きぼう）する。

⑥ 地道な（どりょく）を続ける。

③「別」は、もともと骨（ほね）と肉を切り分けることを表したもので、「かたな」を表す「刂」が使われているよ。

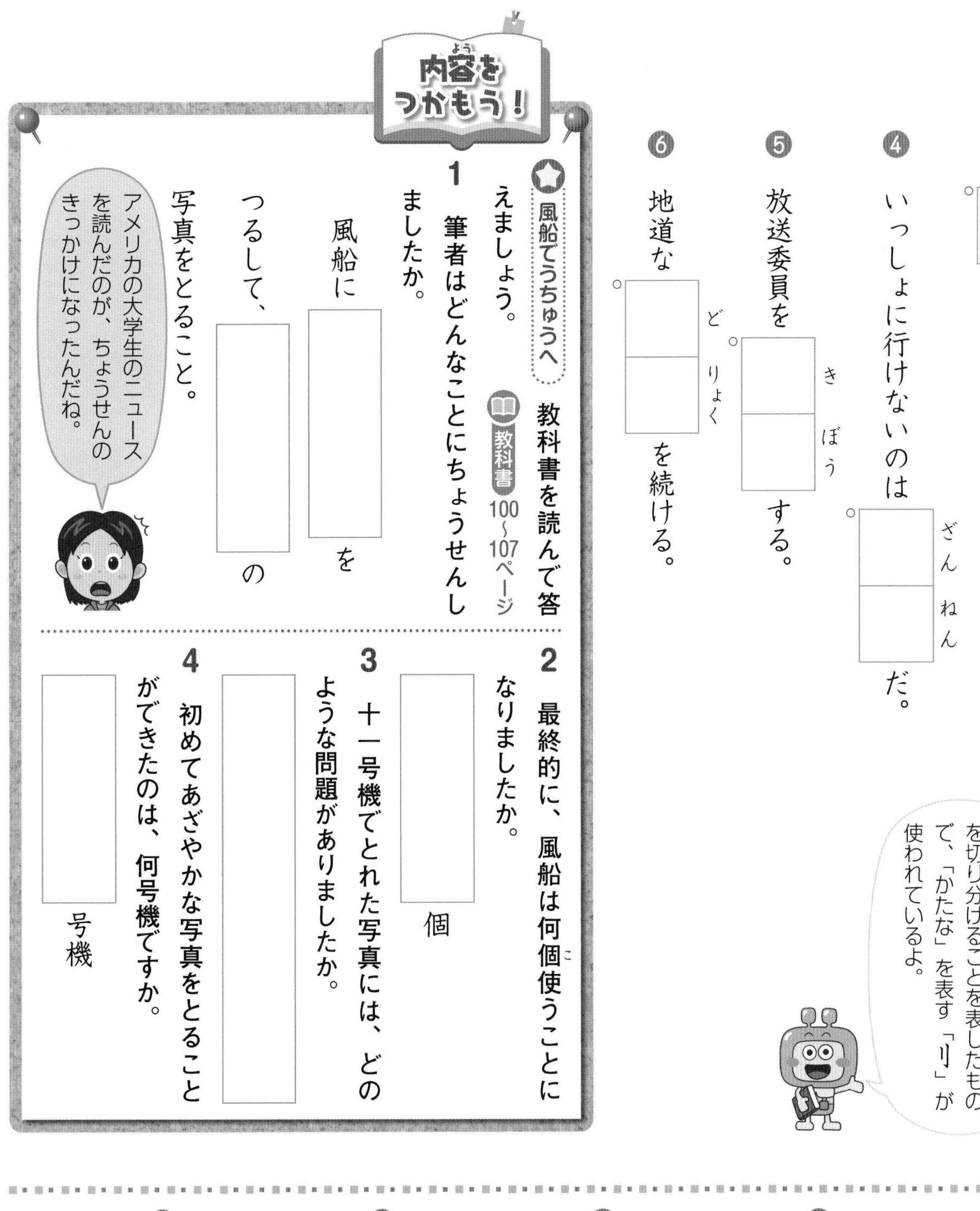

内容（よう）をつかもう！

風船でうちゅうへ　教科書を読んで答えましょう。　教科書100～107ページ

1 筆者はどんなことにちょうせんしましたか。

風船に（　　）をつるして、（　　）の写真をとること。

2 最終的に、風船は何個（こ）使うことになりましたか。

（　　）個

3 十一号機でとれた写真には、どのような問題がありましたか。

（　　）

4 初めてあざやかな写真をとることができたのは、何号機ですか。

（　　）号機

③ 103 予定どおり順調に進む。
ア（　）短い時間で。
イ（　）問題をのりこえて。
ウ（　）問題なく。

④ 104 念のため書類を送る。
ア（　）いっそう注意するため。
イ（　）せっとくするため。
ウ（　）目立たせるため。

⑤ 106 試行錯誤（さくご）をくり返す。
ア（　）何度も試（ため）し目標に近づくこと。
イ（　）いつも失敗すること。
ウ（　）よい方法を考えること。

⑥ 107 あざやかな写真をとる。
ア（　）明るくはっきりした。
イ（　）げいじゅつ的な。
ウ（　）高いかちのある。

⑦ 107 どんなこんなんにも負けない。
ア（　）おどろくこと。
イ（　）初めてのこと。
ウ（　）むずかしいこと。

ものしりメモ　自分の息でふくらませた風船がうかないのは、息が空気より軽くないからなんだ。風船をうかせるためには、空気よりずっと軽いヘリウムを入れるんだよ。

練習のワーク

風船でうちゅうへ

SDGs

教科書 ㊦99～112ページ　答え 21ページ

できるナビ
●筆者がどのような実験をして、どのような結果になったのかをとらえよう。

勉強した日　月　日

おわったらシールをはろう

次の文章を読んで、問題に答えましょう。

二か月後の十月、一号機が完成しました。カメラをはっぽうスチロールでおおったそうちに、二十五個の風船を付けたものです。うちゅうをさつえいするための最初の実験として、百メートルほどの高さまで飛ばしてみることにしました。カメラは、小さくて軽い、動画がとれるものにし、一号機がどこかへ行ってしまわないように、ひもを付けて、地上とつなぐことにしました。

　通っていた北海道大学の、広い農地から打ち上げた一号機は、百メートルほどの高さまでふんわりと上がり、空にただよいました。しかし、回収したカメラにうつっていたのは、ぐわんぐわんとゆれたえいぞうで、ポコポコという音も聞こえました。わたしは、風船どうしがぶつかり、そのゆれが、カメラに伝わってしまったのではないかと考えました。物事には、やってみて初めて分かることがあります。一号機の失敗は、次に進むためのヒントをくれました。

1 「一号機」について答えましょう。

(1) 「一号機」とは、どんなものですか。

カメラを（　　　）でおおったそうちに、（　　　）を付けたもの。

(2) 「一号機」は、何のために作ったのですか。

（　　　）

「～ため」という言葉に注目しよう。

2 「最初の実験」では何をしましたか。

一号機に（　　　）を付けて地上とつなぎ、（　　　）ほどの高さまで飛ばしてみた。

3 「一号機の失敗」について答えましょう。

(1) どのような失敗でしたか。二つ書きましょう。

・カメラにうつっていたのは、（　　　）だった。

言葉の意味プラス
2行 おおう…つつむ。　10行 ただよう…水や空中にゆらゆらうかぶ。
10行 回収…一度手元からはなれたものを集めること。　25行 不意に…急に

二号機は、少し大きな風船を一個だけ付けて、打ち上げました。これでうまくいくと思いましたが、今度は、別の失敗をしました。二号機を飛ばしてすぐに、二号機と地上とをつないだひもがぴんとはったかと思うと、不意に力がぬけたのです。風が強い日だったので、二号機はあっというまに風に流されて、空のかなたへ消えました。そうちと風船をつなぐ金具に結んでいたひもが、ほどけてしまったのです。げんいんは、ひもの結び方がゆるかったことと、風の弱い日まで実験を待てなかったことでした。カメラを回収できなかったので、風船を一個にしたことがよかったのかどうかも分かりません。回収することの大切さを感じた失敗でした。

〈岩谷圭介「風船でうちゅうへ」による〉

・（　　　　）も聞こえた。

「一号機の失敗」については、同じ段落でくわしく説明されているね。

(2) よく出る 筆者は、失敗のげんいんをどう考えましたか。

風船どうしがぶつかった（　　　　）が、カメラに伝わってしまったと考えた。

(3) 筆者は、失敗をふまえて、どう改善しましたか。

（　　　　）

4 「別の失敗」について答えましょう。

(1) どのような失敗でしたか。一つに○をつけましょう。

すぐ後のくわしい説明に注目しよう。

ア（　）二号機が地上に落ちてしまった。

イ（　）二号機がうまく空にうかばなかった。

ウ（　）二号機がどこかに飛んでいってしまった。

(2) 失敗のげんいんを二つ書きましょう。

（　　　　）

（　　　　）

ものしりメモ　ふくらませた風船は、どんなにしっかりしばっておいても、長い時間がたつとしぼんでしまうよね。空気のつぶはとても小さいから、ゴムのまくから少しずつもれてしまうんだ。

きほんのワーク

つながりに気をつけよう

教科書 ㊦113～116ページ

答え 22ページ

勉強した日　月　日

学習の目標

- 言葉と言葉、文と文のつながりに注目しよう。
- 言葉と言葉のつながりや一文の長さに注意して、文や文章を書こう。

漢字練習ノート26～27ページ

おわったらシールをはろう

新しい漢字

筆順 1 2 3 4 5

◀練習しましょう。

教科書ページ	漢字	読み	画数
113	束	ソク　たば	7画
114	巣	す	11画
114	産	サン　うむ	11画
114	候	コウ	10画
116	察	サツ	14画
116	特	トク	10画
116	兆	チョウ	6画
116	億	オク	15画
116	鏡	キョウ　かがみ	19画

1 漢字の読み

読みがなを横に書きましょう。

○新しく学習する漢字
●読み方が新しい漢字
◆特別な読み方をする言葉

① 約○束　② 野●鳥　③ ○巣　④ ○産む

⑤ 天○候　⑥ 観○察　⑦ ○特に　⑧ ●自ら

⑨ 八十一○兆　⑩ 三千○億　⑪ 望遠○鏡

⑧「自ら」は、送りがなをまちがえやすいので注意しよう！
→○「自ら」／×「自から」

2 漢字の書き

漢字を書きましょう。

① （やく○そく）は必ず守る。

② 朝顔の（かん○さつ）をする。

③ （ぼう　えん　○きょう）で星を見る。

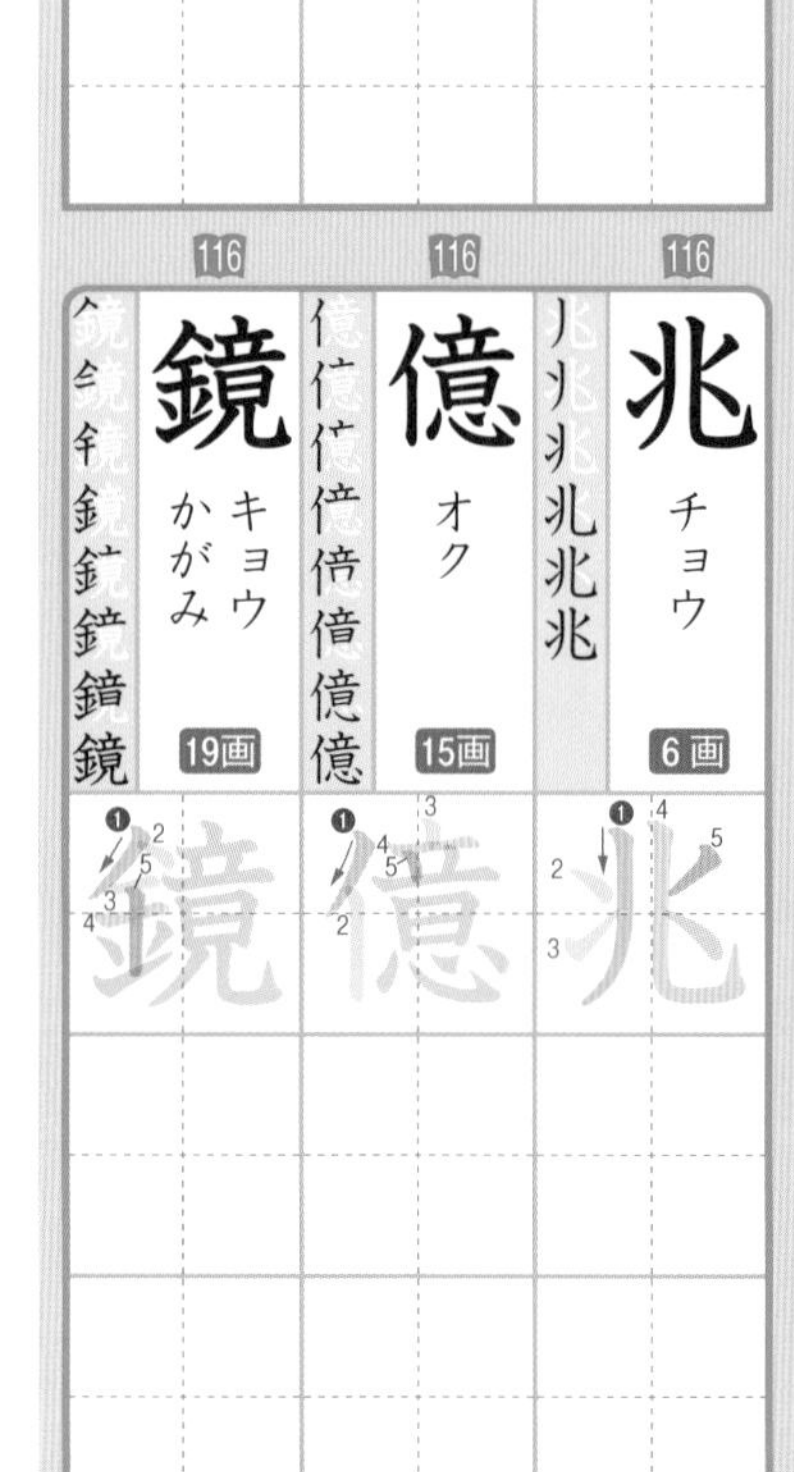

②「さつ」は、「祭」と形がにているから、書きまちがえないように注意しよう。

3 次の文は、主語と述語が正しくたいおうしていません。主語に合うように、——の述語を書き直しましょう。

主語と述語をつなげて読んで、うまくつながるような述語を考えよう。

① ぼくの夢は、消防士になりたい。

→ぼくの夢は、消防士に（　　　　）。

② 旅の目的は、美しい風景を見ます。

→旅の目的は、美しい風景を（　　　　）。

4 次の文が（　）の意味になるように、読点を一か所に打ちましょう。

姉はわらいながらテレビを見ている妹をよんだ。

① （わらっているのは姉）

姉はわらいながらテレビを見ている妹をよんだ。

② （わらっているのは妹）

姉はわらいながらテレビを見ている妹をよんだ。

5 次の文章を読んで、問題に答えましょう。

ぼくは、くつをぬいだ。ぼくは、手をあらった。ぼくは、いすにすわった。箱の中のケーキを出してお皿にのせて食べた後、ソファにすわって本を読んでいたら、お母さんが帰ってきた。

1 「ぼくは、……いすにすわった。」の文章を、分かりやすくなるように一文でまとめて書きましょう。

三つの文の主語はどれも「ぼくは」だね。

（　　　　）

2 「箱の中のケーキを……帰ってきた。」の文は長いので、三つに分けます。（　）に合うつなぎ言葉を□から選んで書きましょう。

箱の中のケーキを出してお皿にのせて食べた。

（　　）、ソファにすわって本を読んでいた。

（　　）、お母さんが帰ってきた。

だから　それから　しかし　すると

ものしりメモ　数を表す漢字で習ったのは、一、十、百、千、万、億、兆だね。兆より大きい数を知っているかな。それは「京」だよ。さらに大きいのは「垓」というよ。まだまだ大きい数があるんだよ。

まとめのテスト 風船でうちゅうへ SDGs

教科書 ㊦99~116ページ　答え 22ページ

時間 20分　とく点 /100点　おわったらシールをはろう

勉強した日 月 日

次の文章を読んで、問題に答えましょう。

四号機の失敗を受けて、わたしは、風船が飛ぶ方向や速さを正しく予測する方法を考える必要があると感じました。そこで、気象庁に相談に行くと、気象台で、さまざまな高さの気温や風速、風向を調べていることを教えてくれました。今後は、このデータをもとに、どのように飛ぶかを予測し、打ち上げ場所を選ぶことにしました。

また、四号機のえいぞうから、意外な発見もありました。四号機では風船を三つにしたにもかかわらず、えいぞうがあまりぶれていないのです。三号機までと四号機とのちがいを考えたとき、えいぞうがぶれるげんいんは、地上とつなぐひもにあることに気づきました。風に流される風船をひもがおさえるために、風船どうしがぶつかっていたのです。ひもがなければ、風船は一つでなくてもよいのです。

いっぽう、風船の数は、別の点で重要でした。それは、風船が上がる速度です。速度がおそいと、風船が風に流

1 「このデータ」とはどのようなデータですか。〔20点〕

（　　　　　　　　　　　　）

2 「意外な発見」について答えましょう。

(1) よく出る● 筆者がえいぞうから発見したのは、どのようなことでしたか。〔15点〕

風船を三つにしたにもかかわらず、（　　　　　　　　）。

(2) 「意外な発見」から、どのようなことが分かりましたか。一つに○をつけましょう。〔10点〕

ア（　）風船は風に流されやすく、きけんな実験だということ。

イ（　）風船の打ち上げ場所がもっとも大切であるということ。

ウ（　）ひもがなければ、風船は一つでなくてもよいということ。

言葉の意味プラス　8行 かかわらず…関係なく。　21行 課題…解決しなければならない問題。

されて、打ち上げ場所から遠くはなれたり、十分な高さに上がる前に、カメラの電池が切れたりします。五号機からは、これが課題の一つになりました。わたしは、風船が多いほうが速く上がると思っていました。しかし、やってみると、風船の数が多いほどおそくなります。風船が多いと、外の空気におされる面積が大きくなり、上がるのをじゃまされて、速度がおそくなってしまうのです。最終的には、ゆれではなく、上がる速度の問題から、一つのとても大きな風船を使うとよいというけつろんにたどり着きました。

　この後も、きれいな写真を連続してとれるカメラにかえたり、レンズがくもらない工夫をしたりと、さまざまな試行錯誤(さくご)を重ね、十一号機で、初めてうちゅうの写真をとることができました。残念ながら、ほとんどの写真がぼけていましたが、成功まであと少しというところまできました。

〈岩谷(いわや)　圭介(けいすけ)「風船でうちゅうへ」による〉

3 「課題の一つ」とありますが、どのような課題ですか。　一つ10〔20点〕

風船が上がる（　　　）を考えながら、風船の（　　　）を決めるという課題。

4 「一つのとても大きな風船を使う」とありますが、筆者がこのように決めたのはなぜですか。一つに○をつけましょう。〔10点〕

ア（　）カメラがゆれなくなるから。
イ（　）風船が上がる速度が速くなるから。
ウ（　）カメラの電池が長持ちするから。

チャレンジ！ **5** 「試行錯誤」について答えましょう。

(1) 「試行錯誤」と同じような意味の言葉はどれですか。一つに○をつけましょう。〔10点〕

ア（　）悪戦苦闘(とう)
イ（　）因果応報(いんがおうほう)
ウ（　）意味不明

(2) 筆者は「試行錯誤」として、どのようなことをしましたか。〔15点〕

（　　　）

ものしりメモ　気象庁(しょうちょう)では、雨雲の動きをインターネットで配信しているよ。データをもとに今後の雲の動きの予想も動画になっているんだ。雲の動きが分かると雨の予想がしやすくてとても便利だね。

きほんのワーク

心が動いたことを言葉に
調べて話そう、生活調査隊

教科書 下117～124ページ

答え 23ページ

勉強した日　月　日

学習の目標
●組み立てや表現の工夫に注意して、詩の書き方を学ぼう。
●調べたことを発表するときの話し方を知ろう。

おわったらシールをはろう

心が動いたことを言葉に

1 心が動いたことを詩に表現するときの活動の流れは、どのような順番になりますか。（　）に1～4を書きましょう。

（　）詩の組み立てを考える。
（　）友達の詩の工夫を見つけ、感想を伝え合う。
（　）言葉を選んで、詩を書く。
（　）詩に書きたいことについて、くわしく書き出す。

まず、一人一人が詩を書いて、できたものをおたがいに読み合うよ。友達の詩のよいところはどんどん取り入れていくといいね。

2 詩の組み立てを考えるときには、何に気をつけたらよいですか。合うもの二つに○をつけましょう。

ア（　）表現の工夫
イ（　）連の数
ウ（　）題名
エ（　）行数

3 よく出る 詩を書くときには、どのようなことに気をつければよいですか。（　）に合う言葉を、□から選んで書きましょう。

●自分が（　　）ことに合う言葉かどうかを見直す。
●言葉と言葉の（　　）や、言葉の（　　）を工夫する。

順序　知りたい　伝えたい　組み合わせ　美しさ

4 詩の感想を伝え合うときに気をつけることとして、合うものには○、合わないものには×をつけましょう。

ア（　）言葉や表現の工夫について、たがいの作品のよいところを見つける。
イ（　）自分が好きかきらいかを考えながら読み、その理由を伝える。
ウ（　）書いた人が何に心を動かされたかを考えながら読み、感想を伝える。

調べて話そう、生活調査隊

5 調べて分かったことや考えたことを「初め」「中」「終わり」の組み立てで話すときに、それぞれの部分ではどんな内容を話せばよいですか。[ ]から選んで、記号で答えましょう。

初め（　　）（　　）

中（　　）

終わり（　　）

ア 考えたことや、伝えたいことを話す。
イ 調べたきっかけや目的を話す。
ウ 調べたことや、調べて分かったことを話す。
エ 話題をはっきりと伝える。

6 よく出る 調べて分かったことを話すときに大事なのは、どのようなことですか。（　）の中の合うほうを○でかこみましょう。

● 調べて分かったことと考えたことを、（いっしょに ・ 分けて）話す。
● 大事なことや特に伝えたいことは、（強く、ゆっくり ・ 軽く、早口で）言う。
● 資料の見てほしい部分を（ちらっと見せる ・ 指ししめす）。

7 次の①～④の資料に合うものを、[ ]から選んで、（　）にア～エの記号で答えましょう。また、それぞれの資料のとくちょうを下から選んで、・――・で結びましょう。

① 実物や写真（　　）・　　・㋐ 数量の変化が見やすい。
② ぼうグラフ（　　）・　　・㋑ 具体的な数字が読み取りやすい。
③ 折れ線グラフ（　　）・　　・㋒ 形や様子が分かりやすい。
④ 表（　　）・　　・㋓ 数量をくらべやすい。

ア　イ　ウ　エ

ものしりメモ　日本で一番短い詩は草野心平の「冬眠」。本文は「●」という黒丸１文字なんだ。冬眠中のかえるについてえがかれているんだけど、そうぞう力を果てしなくしげきしてくれるね。

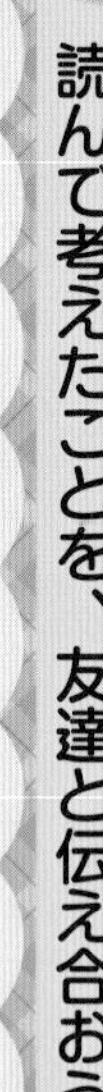

きほんのワーク

スワンレイクのほとりで
漢字の広場⑥ 三年生で習った漢字

教科書 ㊦125～143ページ
答え 23ページ
勉強した日 月 日

学習の目標
●登場人物の行動や様子に注意して気持ちを読み取ろう。
●情景（じょうけい）を表す表現（げん）から気持ちをとらえよう。

おわったらシールをはろう

漢字練習ノート27～28ページ

○新しく学習する漢字
●読み方が新しい漢字
◆特別な読み方をする言葉

1 漢字の読み 読みがなを横に書きましょう。

①● 白鳥　②○ 散歩　③○ 移（い）民　④○ 覚める　⑤○ 勇気　⑥○ 笑う

「覚」には、「さ・める」のほかに、「おぼ・える」という読みもあるよ。

2 漢字の書き 漢字を書きましょう。

①● [はくちょう] の絵をかく。
②一人で ○[さんぽ] をする。

4 言葉の意味 ○をつけましょう。

① 126ページ 本番前にしんこきゅうをする。
ア（　）大きく息をすること。
イ（　）急いで息をすること。
ウ（　）軽く息をすること。

② 127 雲がちぎれる。
ア（　）まとめて大きくなる。
イ（　）少しだけ見えなくなる。
ウ（　）細かくばらばらに切れる。

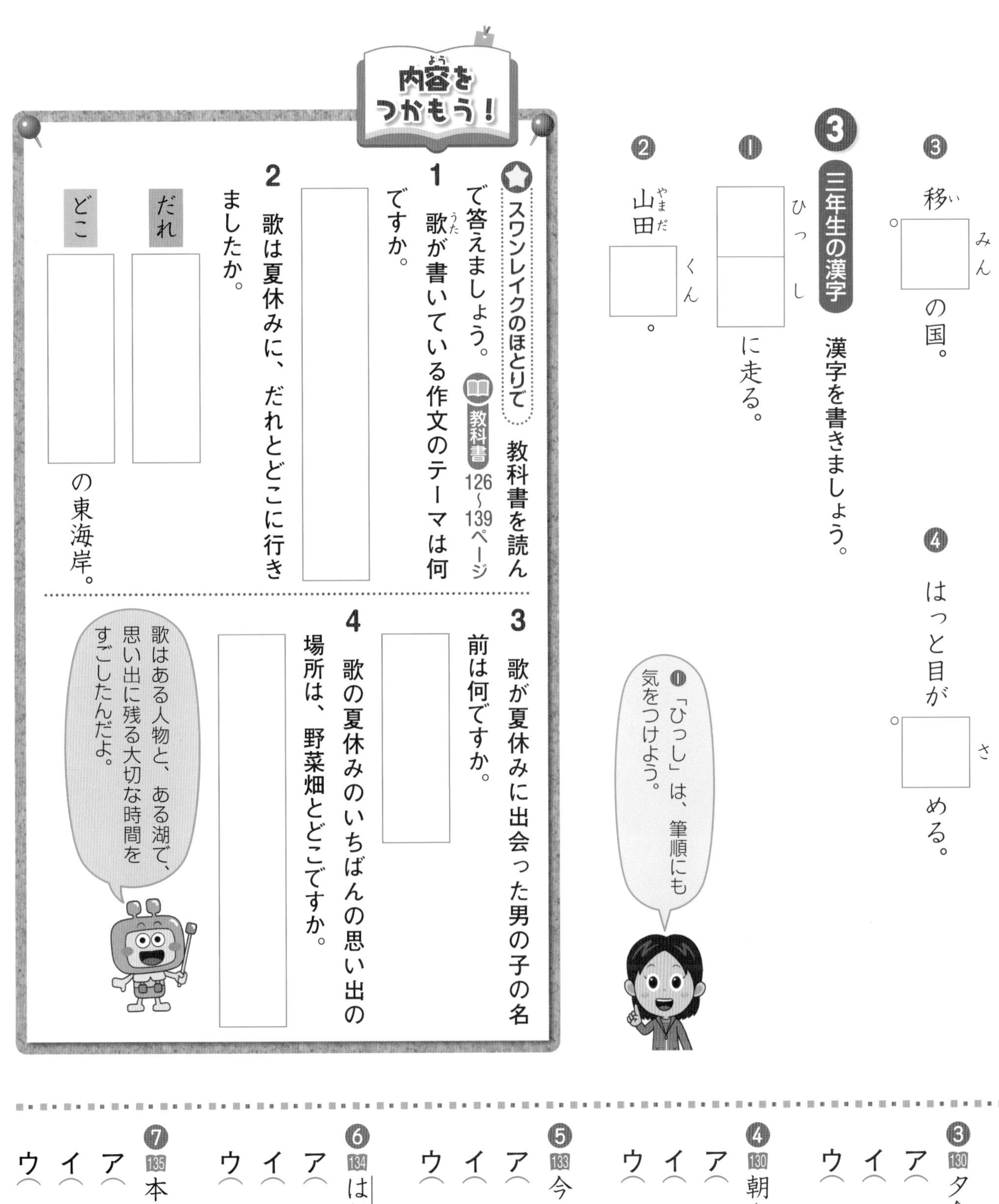

③ 移（い）［　］（みん）の国。

④ はっと目が［　］（さ）める。

3 三年生の漢字　漢字を書きましょう。

① ［　］［　］（ひっし）に走る。

② 山田（やまだ）［　］（くん）。

内容（よう）をつかもう！

☆ スワンレイクのほとりで　教科書を読んで答えましょう。　教科書126～139ページ

1 歌（うた）が書いている作文のテーマは何ですか。

［　］

2 歌は夏休みに、だれとどこに行きましたか。

だれ［　］

どこ［　］の東海岸。

3 歌が夏休みに出会った男の子の名前は何ですか。

［　］

4 歌の夏休みのいちばんの思い出の場所は、野菜畑とどこですか。

［　］

③ 130 夕食にしょうたいする。

ア（　）客として出かけること。

イ（　）客をまねくこと。

ウ（　）ぐうぜん出かけること。

④ 130 朝からそわそわしている。

ア（　）落ち着かない様子。

イ（　）急いでいる様子。

ウ（　）ゆったりしている様子。

⑤ 133 今日の食事はにぎやかだ。

ア（　）活気がある。

イ（　）ごうかだ。

ウ（　）おいしい。

⑥ 134 はじけるようなえがお。

ア（　）ざんねんそうな。

イ（　）はずかしそうな。

ウ（　）いきいきとした。

⑦ 135 本をすらすら読む。

ア（　）引っかかりながら。

イ（　）なめらかに。

ウ（　）大急ぎで。

ものしりメモ　『白鳥の湖』という有名なバレエの音楽があるね。ロシアの作曲家のチャイコフスキーの作品で、主役の女性（せい）が、清らかな白鳥とそのてきの黒鳥を１人でえんじ分けるのがとくちょうなんだ。

練習のワーク1

スワンレイクのほとりで

教科書 下125〜143ページ　答え 23ページ

できるナビ
●歌がどのような経験をしているのかを読み取り、そのときの気持ちをとらえよう。

勉強した日　月　日

おわったらシールをはろう

次の文章を読んで、問題に答えましょう。

アメリカに着いてからは毎日、おどろきと発見の連続だった。いちばんおどろいたのは、アメリカには、いろんな人が住んでいるということ。

お父さんといっしょに、スーパーマーケットへ買い物に行ったとき、お店の中には、本当にいろんな人たちがいた。はだの色も、かみの色も、目の色も、人それぞれにちがう。英語ではない言葉を話している人たちもいた。

日本のスーパーマーケットでも、ときどき、外国から来た人を見かけるけれど、アメリカでは、わたしとお父さんが外国人。だけど、わたしたちを外国人だと思っている人は、いないのかもしれない。散歩をしているわたしたちに、道をたずねてくる人もいたから。

「アメリカは、移民がつくりあげた国だからね。いろんな人種の人たちみんなが同じ、アメリカ人なのよ。」

と、真琴さんは教えてくれた。

湖の周りに広がっている森にも、いろんな動物たちが

1 「おどろきと発見の連続」とありますが、歌がいちばんおどろいたのは、どんなことですか。

「いちばんおどろいたのは……」という言葉に注目しよう。

（　　　　　　　　　　　　　　　）

2 「お父さんといっしょに、スーパーマーケットへ買い物に行った」とありますが、歌はどのようなところに、日本とのちがいを感じていますか。一つに○をつけましょう。

ア（　）周りの人たちが、外国人に対してとても親切でやさしくしてくれるところ。

イ（　）周りの人たちが、自分たちを外国人だと思っていないように見えるところ。

ウ（　）周りの人たちが、買い物をしている自分たちに話しかけてくれるところ。

言葉の意味プラス　13行 移民…他の国からやって来て住み着いた人たち。　23行 ほとり…そば。

すんでいた。鹿、熊、うさぎ、やまあらし、きつね、りすなど。同じりすでも、しっぽがふさふさの銀色のりすもいれば、短いしっぽの茶色のりすもいる。

　わたしは、毎日のように森へ遊びに行って、虫や小鳥の観察をしたり、湖のほとりで絵をかいたりしていた。

　そんなある日、真琴さんが言った。

「歌ちゃん、あした、おとなりのおうちのご家族をしょうたいして、みんなでバーベキューパーティーをすることにしたの。歌ちゃんと同じくらいの年の子も来るから、楽しみにしていてね。名前は、グレンっていうの。友達になれたらいいね。」

　グレンは男の子で、お父さんの祖先は中国から、お母さんの祖先はアイルランドから、アメリカにやって来たという。

　友達になれたらいいな。なりたいな。でも、なれるかな。

　まどの外を見ると、それまでは真っ青だった湖に、黒っぽい雲のかげがうつっていた。昼すぎから、雨がふり始めた。けれど、夜になる前に、ぴたりとやんだ。

〈小手鞠るい「スワンレイクのほとりで」による〉

---

3 よく出る 「真琴さんは教えてくれた」とありますが、どんなことを教えてくれたのですか。

アメリカは（　　　　）がつくった国なので、人種にかかわらず、全員が（　　　　）だということ。

4 「歌」について答えましょう。

(1) 毎日どこで遊んでいますか。

（　　　　）

「わたしは、毎日のように……」の一文に注目。

(2) どんなことをして遊んでいますか。二つ答えましょう。

（　　　　）

（　　　　）

5 よく出る 「友達になれたらいいな。」とありますが、だれが、だれと友達になれたらいいと思っているのですか。

だれが…（　　　　）

だれと…（　　　　）

ものしりメモ　アメリカは、もともと移民によって作られた国なので、最初は全ての移民を受け入れていたんだ。でも、移民がふえすぎて問題が起きているため、今は人数の制限をしているよ。

練習のワーク②

スワンレイクのほとりで

教科書 下125〜143ページ　答え 24ページ

できるナビ
グレンとの交流と、それによってうつり変わっていく歌(うた)の気持ちを読み取ろう。

勉強した日　月　日

おわったらシールをはろう

次の文章を読んで、問題に答えましょう。

グレンは、車いすに乗っていた。黄色いきょうりゅうがプリントされた、青いTシャツを着ている。

勇気を出して、わたしから声をかけてみた。かんたんなあいさつの言葉なら、言える。前のばん、お父さんから教えてもらって、一生けんめい練習していたから。

――こんにちは、グレン。わたしの名前は、歌(うた)です。わたしはあなたに会えて、とてもうれしいです。

グレンは、わたしの顔を見つめたまま、だまっている。

あれっ、わたしの英語、通じなかったのかな。もう一度、最初から言い直したほうがいいのかな。

言い直そうとしたそのとき、グレンがにっこり笑った。

――こんにちは、ウタ。ぼくも、君に会えて、すごくうれしいよ。

言いながら、ひざの上に置いていた手をすっと、わたしの方へ差し出している。

思わず、ぎゅっと、グレンの手をにぎりしめた。アメ

1 「勇気を出して、……一生けんめい練習していたから。」とありますが、ここから歌のどんな気持ちが分かりますか。一つに○をつけましょう。

ア（　）英語を話すのは好きではないという気持ち。
イ（　）グレンに英語をほめてもらいたいという気持ち。
ウ（　）グレンと仲よくなりたいという気持ち。

あいさつの練習をしたり、自分から話しかけたりするのは、相手に対してどんな気持ちをもっているときかな。

2 よく出る 歌がグレンに話しかけたときのことについて答えましょう。

(1) グレンは話しかけられたとき、どうしていましたか。

歌が「こんにちは、グレン。」と言った後の、グレンの様子に注目。

（　　　　）

(2) グレンの様子を見て、歌はどう思いましたか。

歌の心の中の言葉に注目。

（　　　　）

言葉の意味プラス
8行 見つめる…じっと見る。　15行 差し出す…前の方に出す。
23行 さっぱり…少しも。全然。

リカでは、初めて会った人とは、あくしゅをする。これも、お父さんから教えてもらっていた。

あいさつはうまくできたものの、でもそのあとに、何を話したらいいのか、さっぱり分からなくて、今度はわたしがだまってしまった。

するとグレンは、ほほえみをうかべたまま、言った。問いかけているようにも聞こえた。

——ねえ、ウタ。ぼくといっしょに……へ行こうよ。

どこかへ行こうと、さそってくれている。でも、それがどこなのか、分からない。

近くにいた真琴（まこと）さんが助けてくれた。

「グレンはね、歌ちゃんといっしょに、野菜畑へ行きたいみたいよ。よかったら、行っておいで。」

ジョージさんと真琴さんが野菜を育てている畑。わたしはまだ、中へ入ったことはなかった。

「うん、行ってくる。」

〈小手鞠（こでまり）るい「スワンレイクのほとりで」による〉

自分の英語が（　　　　）のかもしれないと思った。

3 「今度はわたしがだまってしまった」とありますが、なぜですか。

（　　　　）

4 「うん、行ってくる。」とありますが、だれとだれが、どこに行くのですか。

「うん、行ってくる。」は、だれが言った言葉かな。

だれとだれが…（　　　　）と（　　　　）

どこに…（　　　　）

5 よく出る この場面の歌とグレンの説明として合うものを一つ選んで、○をつけましょう。

ア（　）少しずつ話しかけ合いながら、仲よくなろうとしている。

イ（　）話がどんどんはずんでいって、すぐに仲よくなっている。

ウ（　）おたがいにどうしていいのか分からず、打ちとけられないでいる。

ものしりメモ あくしゅには、武器（ぶき）を持っていないことを見せて、相手へのしんらいをしめすという意味があるんだ。西洋ではいちばんよく使われるあいさつで、右手でするのがマナーになっているよ。

まとめのテスト　スワンレイクのほとりで

教科書 下125～143ページ　答え 24ページ

時間20分

とく点　/100点

おわったらシールをはろう

勉強した日　月　日

次の文章を読んで、問題に答えましょう。

野菜畑をひと回りしたあと、湖のほとりにならんで、湖面のすいれんをながめた。白とピンクの花も、緑の葉っぱも、きらきら、かがやいている。

ふいに、グレンがこう言った。

——ウタ、君の名前には、どんな意味があるの。

わたしは答えた。むねをはって。

「歌（うた）」は「ソング」だよ。

すると、グレンはこう言ったのだった。まぶしそうに、目を細めて。

——なんて美しい名前なんだろう。

美しい名前、と言われて、むねがくすぐったくなった。急に自分の名前が好きになった。

向こう岸から空に向かって、

1　「むねをはって。」とありますが、このときの歌はどんな様子でしたか。一つに○をつけましょう。〔10点〕

ア（　）自分の英語が通じるか心配する様子。
イ（　）自分の名前についてどうどうと話す様子。
ウ（　）自分の名前がはずかしくてこまっている様子。

2　よく出る　「なんて美しい名前なんだろう」について答えましょう。

(1)　このときのグレンの気持ちに合うものを選んで、一つに○をつけましょう。〔10点〕

ア（　）歌のきげんをとりたいと思う気持ち。
イ（　）日本語のむずかしさにおどろく気持ち。
ウ（　）歌の名前のすばらしさに感動する気持ち。

(2)　歌はこの言葉を聞いてどうなりましたか。〔20点〕

（　　　　　　　　　　）

チャレンジ！
3　□の情景（じょうけい）から、歌とグレンのどのような様子がそうぞうできますか。一つに○をつけましょう。〔15点〕

言葉の意味プラス　9行　目を細める…①まぶしくてまぶたを少しとじる。②うれしく感じてほほえむ。

白鳥が二羽、仲よくよりそって、飛び立っていくのが見えた。わたしは、白い鳥たちを指さしながら、言った。

――あれは、白鳥。英語では、スワン、だよね。

グレンは、目の前の湖を指さしながら、言った。

――これは、スワンレイク。鳥たちは今、空を泳いでいるけど。

二人、顔を見合わせて、笑った。

すずしい夏の風がふいてきて、辺りの草をゆらした。さわさわ、さやさや、さわさわ、さやさや、草と風がやさしく話しかけてくる。見つめていると、まぶたまで青くそまってしまいそうな湖に、細かい波が立っていた。まるで、わたしたちといっしょに、笑っているかのように――。

あのまぶしい夏の午後、グレンに出会ってから、わたしは、もっともっと英語の勉強をして、いろんなことをグレンと話してみたい、と思うようになっている。わたしたちの心の中には、野菜畑の思い出がある。いっしょにながめたスワンレイクの景色も。今は、遠くはなれた場所でくらしているけれど、わたしたちは、友達。

この気持ちをいつか、グレンに伝えられたらいいな。

〈小手鞠るい「スワンレイクのほとりで」による〉

ア（　）相手の言葉を正しく聞き取るために、集中力をとぎすましている様子。

イ（　）相手の話はよく分からないが、ゆうだいな自然の中で少しだけ打ちとけている様子。

ウ（　）いごこちのよい時間の中で、おたがいの心が通じ合い楽しくすごしている様子。

4 「あのまぶしい夏の午後」について答えましょう。

(1) いつのことを指していますか。〔10点〕

歌が（　　　　　　　　）日のこと。

書いてみよう！

(2) この日の出来事をとおして、歌は英語について、どんな思いをもつようになりましたか。〔20点〕

（　　　　　　　　　　　　　　　　）

(3) 歌はグレンのことをどのように思っていますか。一つに○をつけましょう。〔15点〕

ア（　）今は分かり合えないが、これから少しずつ知り合って、いつか親友になれると思っている。

イ（　）今は遠くはなれているが、同じ思い出を分かち合っている大切な友達だと思っている。

ウ（　）なつかしい思い出の場所でいつまでも待っていてくれる心のささえとなる人だと思っている。

ものしりメモ

長野県の軽井沢は、明治時代に多くの外国人が別荘を建てた場所なんだけど、そこにある雲場池は、冬に白鳥がきていたことから、「スワンレイク」と呼ばれていたよ。

まとめのテスト

手ぶくろを買いに

教科書 ㊦150～157ページ
答え 25ページ
時間 15分
とく点 /100点
おわったら シールを はろう
勉強した日 月 日

次の文章を読んで、問題に答えましょう。

「このお手々にちょうどいい手ぶくろ、ください。」

すると、ぼうし屋さんは、おやおやと思いました。きつねの手です。きつねの手が、手ぶくろをくれと言うのです。これはきっと、木の葉で買いに来たんだなと思いました。そこで、

「先にお金をください。」

と言いました。子ぎつねは、すなおに、にぎってきた白どうかを二つ、ぼうし屋さんにわたしました。ぼうし屋さんは、それを人さし指の先にのっけて、かち合わせてみると、チンチンとよい音がしましたので、これは木の葉じゃない、ほんとのお金だと思いましたので、たなから子ども用の毛糸の手ぶくろを取り出してきて、子ぎつねの手に持たせてやりました。子ぎつねは、お礼を言って、また、もと来た道を帰り始めました。

〈新美　南吉「手ぶくろを買いに」による〉

1 子ぎつねは、ぼうし屋に何を買いに来ましたか。〔15点〕

（　　　　）

2 ぼうし屋さんは、なぜ「おやおや」と思ったのですか。〔20点〕

（　　　　）から。

3 よく出る ぼうし屋さんが「先にお金をください。」と言ったのは、なぜですか。一つに○をつけましょう。〔20点〕

ア（　）子ぎつねを、少しからかいたくなったから。

イ（　）子ぎつねが、木の葉で買いに来たと思ったから。

ウ（　）先にお金をもらうのが、この店の決まりだから。

4 子ぎつねは、ぼうし屋さんにどれだけお金をわたしましたか。〔20点〕

（　　　　）

5 チャレンジ！ ぼうし屋さんが、子ぎつねに手ぶくろを持たせてやったのは、なぜですか。〔25点〕

（　　　　）

夏休みのテスト②

1

――の漢字の読みがなを書きましょう。　一つ2〔20点〕

① 多くの建物（　）（　）が立ちならぶ。

② 地図に目印（　）（　）をつける。

③ 運動会の徒競走（　）（　）に出場する。

④ 速達（　）がとどく。

⑤ 選手（　）（　）に作戦を伝える（　）。

⑥ 標本（　）を分類（　）する。

⑦ 祝日（　）の街（まち）はとても静（　）かだ。

2

□に漢字を書きましょう。　一つ2〔20点〕

① □□（けんこう）に注意する。

② 良い□□（ほうほう）を考える。

③ □□（ひつよう）な物がそろう。

④ 公園□□（いがい）に遊び場がない。

⑤ お□（しろ）までの□□□（あんないず）。

⑥ □□（ほうたい）をまいた□□（へいたい）。

⑦ □（うめ）の花がさく□□（きせつ）になる。

教科書　上16～115ページ　答え　27ページ

時間30分

名前

とく点　／100点

おわったらシールをはろう

3

次の①・②の漢字の画数を漢数字で、③・④の漢字の部首を平仮名（がな）で書きましょう。　一つ4〔16点〕

① 級（　）画　② 記（　）画

③ 係（　）　④ 安（　）

4

「府」という漢字を漢字辞典で調べるとき、どのようにしますか。次の（　）に合う言葉を書きましょう。　一つ6〔12点〕

「府」は読み方が「（　）」だと分かっているので、（　）さくいんで引いて調べる。

5

（　）に合う言葉を、□から選んで書きましょう。　一つ4〔12点〕

① 右に行きますか。（　）、左に行きますか。

② 本屋に行った。（　）、店はしまっていた。

③ 弟は野球がうまい。（　）、ピアノをひくのもうまい。

また　それとも　でも

6

都道府県名でしりとりをして、漢字に書き直しました。□に合う漢字を書きましょう。　一つ4〔20点〕

①（とち）木（ぎ）→岐（ぎ）阜（ふ）→②（ふく）③（おか）→神（か）奈（な）川（がわ）→④（わ）⑤（か）山（やま）

① □　② □　③ □

④ □　⑤ □

実力判定テスト

夏休みのテスト①

勉強した日　月　日

教科書 上16～115ページ

答え 27ページ

時間30分

名前

とく点　/100点

おわったらシールをはろう

☆ 文章を読んで、答えましょう。

〔愛美(まなみ)は、友達のともかちゃんにさそわれて、「お花ばたけ」というざっか店に行った。ともかちゃんはラブレターを書くための便(びん)せんを選んだ。〕

ともかちゃんは、二十分くらいなやんで、青い便せんとふうとうのレターセットを選んだ。下のすみにヤドカリとヒトデの絵がかいてある。ヤドカリの貝は白い水玉もようだった。

「ねっ、このイルカのもようのよりヤドカリのほうがかわいいよね。」

「うん、こっちのほうがかわいい。」

愛美がそう言うと、ともかちゃんは、むねにレターセットをかかえてにこっと笑(わら)った。すごくうれしそうなえがおだった。

「ねっ、愛美ちゃんは買わない？」

「え？」

「愛美ちゃんは、手紙だれかに書いたりしない？」

＊楽(らく)くんの顔がうかぶ。朝の光の中で、笑ってた顔だ。

あっ、書きたい。ほおのところが、きゅっとひきしまるぐらい強く思った。

「ラブレターでなくてもいいんだよ。あっ、わたしと仲(なか)良しレターしてみる？」

愛美は、頭を横にふった。

楽くんに書きたい。楽くんにだけ書いてみたい。

愛美は、棚(たな)の一番上にある便せんを手にとった。さっきから、気になっていた便せんだった。

白い紙で右すみに金色のふちどりで、走る馬がかいてある。馬のふちどりだけで、目も口も書いてなかった。でも、たてがみが後ろになびいて、「あっ、この馬、全力で走ってるんだ。」とわかった。

この便せんで、楽くんにラブレターを書きたい。

〈あさの　あつこ「ラブ・レター」による〉

＊楽くん＝愛美と同じクラスの男の子。

1 ともかちゃんが選んだレターセットの便せんは、どんなものでしたか。　一つ10〔20点〕

下のすみに、（　　　）の貝のヤドカリと（　　　）の絵がかいてあるもの。

2 「にこっと笑った」とありますが、ともかちゃんはこのときどんな気持ちでしたか。一つに○をつけましょう。〔20点〕

ア（　）愛美とおそろいのレターセットを買えて、うれしい気持ち。

イ（　）ほしいレターセットがすぐに決まって、よかったという気持ち。

ウ（　）とても気に入ったレターセットが見つかって、満(まん)足した気持ち。

3 「手紙だれかに書いたりしない？」ときかれて、愛美は何を思いうかべましたか。〔10点〕

朝の光の中で笑っていた、□□□□□。

4 「頭を横にふった」とありますが、愛美はこのときどんな気持ちでしたか。一つに○をつけましょう。〔10点〕

ア（　）ともかちゃんに手紙を書くのは絶(ぜっ)対にいやだという気持ち。

イ（　）手紙を書きたい相手が見つからないという気持ち。

ウ（　）手紙は楽くんにだけ書きたいという気持ち。

5 「走る馬がかいてある」とありますが、馬が走っていると分かったのは、なぜですか。〔20点〕

絵の馬のたてがみが、□□□□□□□いたから。

6 愛美は、便せんで何を書きたいと思ったのですか。〔20点〕

（　　　　　）

冬休みのテスト①

●勉強した日　月　日

教科書 ㊤116～132ページ、㊦13～91ページ

答え 28ページ

名前

とく点　/100点

おわったらシールをはろう

文章を読んで、答えましょう。

　クジラは、海にすんでいますが、生物の分類からいうと魚類ではなく、ほ乳類です。ほ乳類というのは、肺で呼吸をし、赤ちゃんを乳で育て、体温がいつも一定の生き物のことをいいます。人間もほ乳類に分類されます。

　ほ乳類は、さらに、いくつかのグループに分類されます。

　クジラは、クジラ目に属し、さらに、「ヒゲクジラ」と「ハクジラ」に分かれます。「ヒゲクジラ」は体長が三十メートルにもなるシロナガスクジラなど大型のクジラです。いっぽう「ハクジラ」は、小さめのクジラです。一般に、体長が四メートル前後以上のものをクジラ、それより小さなものをイルカとよんでいます。

　クジラは、ほ乳類ですから、肺で呼吸をします。つまり、人間と同じように、息をすってはくという行為をつねに行っているのです。クジラの潮吹きは、この呼吸と関係があります。

　息をはくとき、鼻孔にたまっている海水がふき上がることがあります。また、湿気の多いあたたかい息がいきおいよくふき出したとき、周囲の空気に冷やされて水滴になることがあります。これが、クジラの潮吹きの正体です。

　潮の高さは、三～四メートルにもなります。

　クジラは、ほ乳類にもかかわらず、海面にうかんで泳ぐだけでなく、海のなかにもぐることもできます。いったいどれくらいのあいだもぐっていることができるのでしょうか。

　ふつうは五分から十分くらいですが、マッコウクジラは、一時間以上ももぐっていたという記録があります。

〈白鳥 敬「子どもの頭を育てる　科学のなんでだろう？」による〉

1　クジラは何に分類されますか。正しいほうに○をつけましょう。〔10点〕

ア（　）魚類
イ（　）ほ乳類

2　ほ乳類とは、どのような生き物ですか。ほ乳類の説明として正しくないもの一つに○をつけましょう。〔15点〕

ア（　）赤ちゃんを乳で育てる。
イ（　）体温がいつも一定である。
ウ（　）いつも海にすんでいる。
エ（　）肺で呼吸をする。

3　クジラを次のように二種類に分けるとき、❶・❷に入るクジラの分類を書きましょう。一つ10〔20点〕

大型のクジラ	❶（　）
小さめのクジラ	❷（　）

4　どのようなものを「イルカ」とよんでいますか。〔15点〕

クジラ目に属していて、体長が
（　　）もの。

5　「潮吹きの正体」とは、どのようなものですか。二つに○をつけましょう。一つ10〔20点〕

ア（　）鼻孔にたまった海水が、息といっしょにふき上がったもの。
イ（　）口から入った海水のうち、いらないものをはき出したもの。
ウ（　）湿気の多いあたたかい息が冷やされて、水滴になったもの。
エ（　）からだの中の水をふき上げて、自分の場所を知らせるもの。

6　クジラは、ふつう、どれくらいもぐっていられますか。〔20点〕

（　　）

冬休みのテスト②

時間30分

教科書 上116～132ページ、下13～91ページ

答え 28ページ

名前

とく点 /100点

●勉強した日 月 日

1 ―の漢字の読みがなを書きましょう。 一つ2〔20点〕

① 兄は正月に帰省する。（ ）
② 出欠を調べる。（ ）
③ 名札を落とす。（ ）
④ 街灯がともる。（ ）
⑤ 博物館の周りを歩く。（ ）（ ）
⑥ 工芸品を作り続ける。（ ）（ ）
⑦ 孫はあまい物が好きだ。（ ）（ ）

2 □に漢字を書きましょう。 一つ2〔20点〕

① □□□（ほうかご）に集まる。
② 良い□□（けっか）を出す。
③ 日が□（さ）す。
④ □□（しおけ）の強い食事。
⑤ □□□（せっきょくてき）に□□（きょうりょく）する。
⑥ つくえの□□（いち）が□□（へんか）する。
⑦ □（びん）せんを□（か）りる。

3 次の文の―と同じ意味で使われているものを後から選んで、一つに○をつけましょう。 一つ4〔12点〕

① 庭の草木に水をかける。
ア（ ）ぬいだぼうしを、かべにかける。
イ（ ）自動車のエンジンをかける。
ウ（ ）すいかにしおをかける。

② 部屋のまどを全部あける。
ア（ ）びんづめのジャムのふたをあける。
イ（ ）びんのジュースをコップにあける。
ウ（ ）父は来月から一か月ほど家をあける。

③ ひもをひくと、明かりがついた。
ア（ ）寒い日が多くてかぜをひく。
イ（ ）ギターで新しい曲をひく。
ウ（ ）全員でつなをひく。

4 □に体の部分を表す漢字を入れて、慣用句を完成させましょう。 一つ4〔24点〕

① □を焼く。
② □を運ぶ。
③ □をすます。
④ □をはさむ。
⑤ □がない。
⑥ □が広い。

5 文の意味を考えて、正しい送りがなを書きましょう。 一つ4〔12点〕

① もうすぐ年が改（ ）。
② いろいろな例を挙（ ）。
③ 冬でも、水を浴（ ）。

6 次の文の漢字のうち、正しいほうに○をつけましょう。 一つ4〔12点〕

① この店は、日曜日 ア（ ）以外 イ（ ）意外 は開いている。
② 早く病気を ア（ ）直 イ（ ）治 したい。
③ 弟を先に家に ア（ ）返 イ（ ）帰 すことにした。

おわったらシールをはろう

学年末のテスト②

教科書 上16〜132ページ、下13〜144ページ
答え 29ページ

●勉強した日　月　日

名前

とく点　/100点

おわったらシールをはろう

1 ――の漢字の読みがなを書きましょう。　一つ2〔20点〕

❶ 勇気（　）を出して発言する。

❷ やっと念願（　）がかなう。

❸ 少し残（　）す。

❹ 早朝に目が覚（　）める。

❺ 牧場（　）で牛が子どもを産（　）む。

❻ ありの巣（　）を観察（　）する。

❼ 選挙の開票（　）を管理（　）する。

2 □に漢字を書きましょう。　一つ2〔20点〕

❶ □□□（きょうつうてん）をさがす。

❷ □□（やくそく）を守る。

❸ □□（きぼう）を伝える。

❹ □□（れんそう）を広げる。

❺ □（とく）に□□（どりょく）が大切だ。

❻ 湖の□□（しゅうへん）に□□（ちゃくりく）する。

❼ □□（てんこう）が良いので□□（さんぽ）をする。

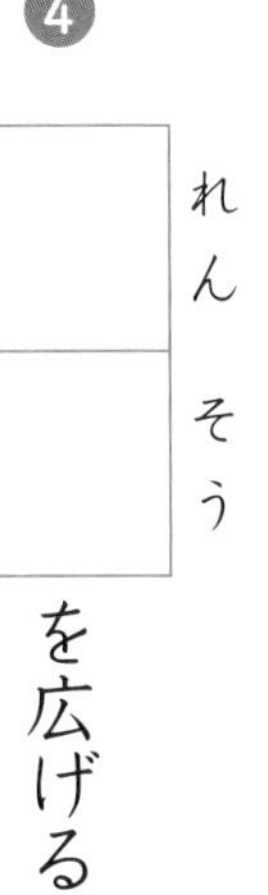

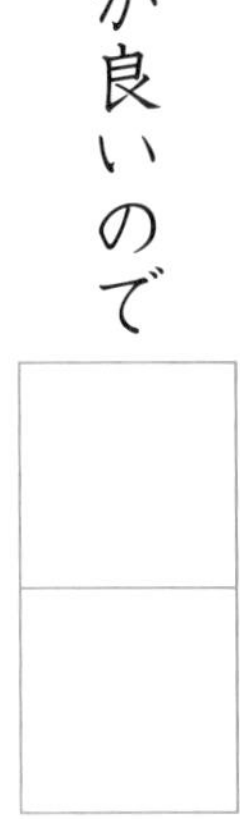

3 次の組み合わせでできている熟語（じゅくご）を□から選んで、記号で答えましょう。　一つ4〔16点〕

❶ にた意味をもつ漢字の組み合わせ　□

❷ 反対の意味をもつ漢字の組み合わせ　□

❸ 上の漢字が、下の漢字を修飾（しゅうしょく）する関係にある組み合わせ　□

❹ 「――を」「――に」に当たる意味の漢字が下に来る組み合わせ　□

ア 下山　イ 黒板　ウ 長短　エ 同等

4 次の熟語と漢字の組み合わせが同じものを、□から選んで書きましょう。　一つ4〔16点〕

❶ 絵画（　）　❷ 通学（　）

❸ 終始（　）　❹ 多数（　）

苦楽　満足　欠点　乗車

5 主語に合うように、――の述語（じゅつご）を書き直しましょう。　一つ7〔14点〕

❶ 学校は、いろいろなことを勉強します。
（　）

❷ わたしの目標は、百点をとります。
（　）

6 次の文が（　）の意味になるように、読点を一か所に打ちましょう。　一つ7〔14点〕

母は手をふりながら近づいてくる少年にほほえみかけた。

❶（手をふっているのは母）
母は手をふりながら近づいてくる少年にほほえみかけた。

❷（手をふっているのは少年）
母は手をふりながら近づいてくる少年にほほえみかけた。

実力判定テスト

学年末のテスト①

時間30分

名前

とく点　／100点

教科書　上16～132ページ、下13～144ページ

答え　29ページ

おわったらシールをはろう

●勉強した日　月　日

★ 文章を読んで、答えましょう。

〔今日は、春になる日といわれる立春。ミカとよしみちゃんは、春の足音が聞こえるかもしれないと先生に教わった。〕

白いいきをはきはき、よしみちゃんがげんかんに立っていました。

「いまね、春の足音をきいたよ。公園のそばを歩いていたら、きこえたの。」

「ひとの足音じゃないの。」

「ちがうよ。ピーンピーンピーンて、水がおちるような音。」

「じゃあ、水道から水がたれてたのよ。」

「ううん、あれは春の足音だとおもうな。だって、からだがぽかぽかしてきて、春になるんだなあっておもったもの。」

よしみちゃんの顔をみていると、ミカもその音をきいてみたくなりました。

ふたりは、かけ足で公園にやってきました。

よしみちゃんは、足をとめて、空をあおぎ、耳をすますしぐさをしました。

ミカも、耳にしんけいをあつめます。

かすかな音がきこえてきました。

水道からおちる水てきより、もっと高くてすんだ音です。まるで、空から小さなガラスのかけらがおちてくるようなかんじ……。

その音をきいていると、からだがぽかぽかあたたかくなってきました。

「ね、これって春の足音じゃないかしら。」

よしみちゃんが、ミカの顔をのぞきこみます。

「うん、きっとそうだよ。そうか、春って、こんな足音がするんだ。」

ミカも、うれしくなってきました。

〈那須正幹「春の足音」による〉

1 「春の足音をきいたよ」とありますが、よしみちゃんは、どこで、どんな音を聞いたのですか。　一つ10〔20点〕

（　　　　）で、ピーンピーンピーンと（　　　　）ような音を聞いた。

2 ーで、よしみちゃんが言っていた「春の足音」を、ミカは何の音だと思いましたか。　〔10点〕

（　　　　）

3 よしみちゃんとミカは、公園で、どのように「春の足音」を聞きましたか。　一つ10〔20点〕

よしみちゃん　空をあおぎ、［　　　　　］しぐさをした。

ミカ　耳に［　　　　］をあつめた。

4 「かすかな音」とありますが、どんな音ですか。　一つ10〔20点〕

水道からおちる水てきより、（　　　　）音で、空から（　　　　）がおちてくるようなかんじがする音。

5 「これって春の足音じゃないかしら」とありますが、よしみちゃんがそう思ったのは、なぜですか。　〔20点〕

（　　　　）

6 「ミカも、うれしくなってきました。」とありますが、ミカがうれしくなったのは、なぜですか。一つに○をつけましょう。　〔10点〕

ア（　）寒い冬が終わって、もうすぐ春が来ることが分かったから。

イ（　）よしみちゃんといっしょに公園で遊ぶことができたから。

ウ（　）春の足音を自分もたしかに聞くことができたと感じたから。

実力判定テスト

漢字リレー①

4年生の漢字202字を書こう！

時間30分

□に漢字、□に漢字と送りがなを書きましょう。

名前

●勉強した日　月　日

答え 30ページ

おわったらシールをはろう

1. 〔うめ〕の花がさく。
2. 十さい〔い〕下の小学生。
3. 気持ちを〔さっ〕する。
4. 〔とち〕木県のいちご。
5. けがが〔かんち〕する。
6. かれ葉が〔ちる〕。
7. 〔なし〕の皮をむく。
8. かぜで〔けっせき〕する。
9. 〔えい〕語を勉強する。
10. 山田〔し〕とお会いする。
11. 〔えひめ〕県のみかん。
12. 〔なたね〕油を使う。
13. クイズの〔し〕会者。
14. 野生の〔しか〕を見る。
15. 大〔おおさか〕駅に着く。
16. 自分にとって〔とくべつ〕な日。
17. 〔じ〕童文学を読む。
18. 〔おく〕万長者の話。
19. にぎり〔めし〕
20. 〔しお〕味のスープ。

字/25字 クリア！

▶書けた漢字の数を書こう。

21. 授業〔さんかん〕の日。
22. 〔か〕物列車が通る。
23. とんぼが〔とぶ〕。
24. 体そうが日〔か〕だ。
25. 〔まつ〕の木を植える。
26. 〔かならず〕家に帰る。
27. 〔じゅんい〕が上がる。
28. 草の〔め〕が出る。
29. 実けんに〔せいこう〕する。
30. 名前を〔おぼえる〕。
31. 入った〔ひょう〕を数える。
32. 〔ふく〕委員長
33. 〔へいたい〕の人形。
34. 本を〔かりる〕。
35. 道路の交通〔ひょう〕識。
36. 日本〔かく〕地の話題。
37. 駅の〔かいさつ〕を通る。
38. 池の〔まわり〕を歩く。
39. 商店〔がい〕を歩く。
40. 新〔がた〕県の米。

字/25字 クリア！

41. 京都〔ふ〕出身の人。
42. 〔しけん〕を受ける。
43. 〔しが〕県にある湖。
44. たん生日を〔いわう〕。
45. ばく大な〔とみ〕をえる。
46. 今日の〔さいてい〕気温。
47. ガス〔かん〕の交かん。
48. 新しい大〔じん〕。
49. 楽しそうに〔わらう〕。
50. 〔あたり〕が暗くなる。
51. 体内の消化〔きかん〕。
52. 今年の〔すえ〕の予定。
53. 昔の〔せき〕所。
54. ざっしの〔ふろく〕。
55. 町の様子が〔かわる〕。
56. 言うことを〔しん〕じる。
57. 谷川の〔きよい〕流れ。
58. みんなで〔きょう〕力する。
59. 会〔ぎ〕を開く。
60. 〔はた〕をふる。

字/25字 クリア！

61. 〔いるい〕をたたむ。
62. 太陽が〔てる〕。
63. 国語〔じてん〕を引く。
64. 魚を〔やく〕。
65. 〔いさましい〕すがた。
66. 〔でんたつ〕事こうを聞く。
67. 〔きせつ〕がうつる。
68. 命〔れい〕にしたがう。
69. 山に〔くま〕が出る。
70. 助けを〔もとめる〕。
71. 鳥が水を〔あびる〕。
72. 〔いばらき〕県の海で泳ぐ。
73. 考えを〔とく〕。
74. 〔い〕戸の水をくむ。
75. 〔れい〕をあげて話す。
76. 〔りく〕で生活する動物。
77. 赤ちゃんが〔なく〕。
78. むだを〔はぶく〕。
79. 〔かがみ〕を見る。
80. 〔とも〕に行動する。

字/25字 クリア！

実力判定(はんてい)テスト

4年生の漢字202字を書こう!

漢字リレー②

□に漢字、○に漢字と送りがなを書きましょう。

時間30分

名前

書けた数 全部で /202字

答え 30ページ

おわったらシールをはろう

●勉強した日 月 日

81 [101][102](はつまご)の顔を見る。
82 紙を〔103 おる〕。
83 〔104 つめたい〕水。
84 [105][106](ぎふ)県の温せん。
85 〔107 たたかい〕に勝つ。
86 大[108](ぐん)がせめてくる。
87 [109](わ)になっておどる。
88 [110][111](ほうたい)をまく。
89 この川は〔112 あさい〕。
90 かい犬が〔113 おいる〕。
91 [114](くん)で読む漢字。
92 自[115](ぜん)の中でくらす。
93 つばめが[116](す)を作る。
94 羊が〔117 むれる〕。
95 米を[118](くら)にしまう。
96 社長をほ[119](さ)する。
97 [120][121](しっぱい)をくやむ。
98 テストの[122][123](けっか)。
99 [124](ぐん)部に住む。
100 [125](はく)物館に行く。

▶書けた漢字の数を書こう。 □字/25字 クリア!

101 [126][127](ぎょふ)の利をえる。
102 [128][129](やくそく)を守る。
103 円の半[130](けい)の長さ。
104 道の右[131](がわ)を歩く。
105 美しい風[132](けい)。
106 大学を[133](そつ)業する。
107 [134][135](せっきょく)的な人。
108 家を〔136 たてる〕。
109 [137](たん)なるまちがい。
110 [138][139](おきなわ)県の県花。
111 頭が〔140 かたい〕人。
112 花びんを〔141 おく〕。
113 [142](さい)玉県の出身。
114 木[143](ざい)を切る。
115 中学校の生[144](と)。
116 [145][146](ねんがん)がかなう。
117 走る速さに[147](さ)が出る。
118 何[148](ちょう)円もの大金。
119 [149](なか)がよい二人。
120 春らしい気[150](こう)。

□字/25字 クリア!

121 [151][152](しずおか)県のお茶。
122 [153](まと)に矢をいる。
123 長[154](さき)県の教会。
124 [155][156](みんげい)品を買う。
125 じゅもんを〔157 となえる〕。
126 [158](さく)夜は雨だった。
127 電[159](とう)の明かり。
128 [160][161](なら)県の神社。
129 インクで紙に〔162 する〕。
130 [163](しるし)をつける。
131 社会道[164](とく)を守る。
132 [165][166](ろうどう)にはげむ。
133 二十さい[167][168](みまん)の人口。
134 国が〔169 さかえる〕。
135 子を〔170 やしなう〕。
136 [171](ぼく)草を食べる。
137 ぬまの[172](そこ)にすむ生物。
138 さとうを〔173 くわえる〕。
139 [174](きゅう)食を食べる。
140 [175](りょう)理がすきだ。

□字/25字 クリア!

141 研究に〔176 つとめる〕。
142 [177][178](きぼう)をもつ。
143 [179][180](けんこう)な体。
144 [181][182](ほうあん)を提(てい)出する。
145 かさは[183][184](ふよう)だ。
146 車を[185][186](りょうさん)する。
147 洋服を〔187 えらぶ〕。
148 [188](きょ)手をして発表する。
149 花の〔189 かおり〕。
150 心に〔190 のこる〕こと。
151 〔191 すき〕な色。
152 作品作りを[192][193](きょうそう)する。
153 大型(がた)の[194][195](きかい)。
154 雲の〔196 ない〕空。
155 かぜで[197](ねつ)が出る。
156 [198][199](べんり)な道具。
157 人体に[200](がい)がある。
158 [201][202](れんぞく)して行う。

□字/27字 クリア!

教科書ワーク

答えとてびき

光村図書版

国語 4年

使い方

まちがえた問題は、もういちどよく読んで、なぜまちがえたのかを考えましょう。正しい答えを知るだけでなく、なぜそうなるかを考えることが大切です。

春のうた

2・3ページ きほんのワーク

1 春・かえる・はじめて

2 ❶ほっ　うれしいな。
❷かぜは　そよそよ。
❸ほっ　おおきなくもがうごいてくる。

3 (1) イ　(2) ウ

4 イ

てびき

1 「かえるは冬のあいだは土の中にいて／春になると地上に出てきます。／そのはじめての日のうた。」に着目します。

2 言葉のひびきや使い方、字数のにている行が、となり合っていることに着目しましょう。❶は「ほっ　……な。」、❷は「……は　……。」、❸は「ほっ　……が……。」という形になっています。

3 (2) 詩の中に、「うれしいな」、「いいにおいだ」と、春のおとずれをよろこんでいる気持ちが書かれていることに注意しましょう。かえるは、うれしくて、何回も鳴き声を出しているのです。

4 暗い地下から、明るい春の地上に出てきたかえるの気持ちを読み取りましょう。かえるは、「うれしいな」とよろこび、「みず」や「かぜ」に感動し、「ケルルン　クック。」とくり返し鳴いています。

白いぼうし

4・5ページ きほんのワーク

❶ ❶しんごう　❷そくたつ　❸と　❹うんてんせき　❺たてもの　❻な　❼もくひょう　❽ともだち

❷ ❶速達　❷飛　❸運転席　❹例

❸ ❶ア　❷イ　❸ウ　❹ア　❺イ　❻ウ　❼ア

☆内容をつかもう！

1 ぼうし・ちょう　2 イ

6・7ページ 練習のワーク❶

1 小さなぼうし

2 イ

3 例（もんしろ）ちょうをつかまえようとした。

4 例つかまえておく

5 ウ

6 （もんしろ）ちょう・夏みかん

7 ウ

てびき

1 すぐ後に、「おや、車道のあんなすぐそばに、小さなぼうしが落ちているぞ。」とあることに注意しましょう。松井（まつい）さんは、「アクセルをふもうとしたとき」に、ぼうしに気づいてはっとしたのです。

2 「風がもうひとふきすれば、車がひいてしまうわい。」と思った松井さんは、ぼうしを車にひかれないところにうつそうとしたのです。松井さんのやさしい気持ちが読み取れる部分です。

3 自分がつまみ上げたぼうしの下から、もんしろちょうが飛び出してきたので、松井さんはつかまえようとして、ぼうしをふり回したのです。

4 松井さんは、つまみ上げたぼうしの下からもんしろちょうが飛び出してきたことで、ぼうしは落ちていたのではなく、ちょうをにがさずにつかまえておくためにおいてあったことを知ったのです。

5 松井さんがぼうしをつまみ上げたために、もんしろちょうはにげてしまいます。自分のせいで、ぼうしの持ち主の「たけの　たけお」という子どもが「がっかりするだろう」と考えて、松井さんはすまない気持ちになったのです。その気持ちが書かれているウが正解です。アは、松井さんは、ぼうしがわすれられたものでないことはもう分かっているし、ぼうしの持ち主に対して「こまった子ども」という気持ちももっていないので、まちがいです。イは、松井さんはぼうしのことではなく、にがしたちょうのことで「ため息をついている」のだから、まちがいです。

6 松井さんは、車にもどると、運転席から夏みかんを取り出しています。そして、「その夏みかんに白いぼうしをかぶせると」とあるように、夏みかんをぼうしの下においています。

7 松井さんは、にがしてしまったちょうの代わりに自分の夏みかんをおいてあげています。ちょうがにげてしまったと知ったときの男の子の気持ちを「どんなにがっかりするだろう」と思いやることのできる、やさしい人だと分かります。

8・9ページ　練習のワーク②

1 おかっぱのかわいい女の子
2 ウ
3 ぼうし・ちょうちょ〈またはちょう〉・（水色の新しい）虫とりあみ〈またはあみ〉
4 目…丸くしている。口…ぽかっと○の字に開けている。
5 ア
6 イ

てびき

1 松井さんが車にもどったとき、「ちょこんと後ろのシートにすわってい」たのは、「おかっぱのかわいい女の子」です。

2 女の子が、「つかれたような声」で松井さんに話しかけていることから、元気のない声であると考えられます。

3 「ぼくが、あのぼうしを開けるよ。だから、お母ちゃんは、このあみでおさえてね。」とあることから読み取りましょう。男の子は、ぼうしの下につかまえておいたちょうちょを、お母さんと二人で虫とりあみでとろうとしてやって来たのです。

4 「ハンドルを回しながら、松井さんは思います」の後に、「あの子」、つまりぼうしの持ち主である男の子の顔をそうぞうしているところがあります。

5 「おどろいただろうな。まほうのみかんと思うかな。なにしろ、ちょうが化けたんだから――。」と、男の子の顔をそうぞうした松井さんは、楽しくなって、「ふふふっ。」と「ひとりでにわらいがこみ上げてき」ているのです。松井さんは、ちょうをにがしたことをよいことだとは思っていないので、イはまちがいです。「男の子のお母さんのふしぎそうな顔」は松井さんの頭にうかんでいないので、ウも合いません。

6 直後に「バックミラーには、だれもうつっていません。ふり返っても、だれもいません。」と書かれています。松井さんは、後ろのシートにすわっていた女の子がいなくなっていたことにあわてているので、イが正解です。松井さんはバックミラーで後ろを見てあわてたのであり、アの「見たことのない場所」に来たからでも、ウの「まわりにちょうがたくさん飛んでいた」のを見たからでもありません。

図書館の達人になろう

10・11ページ　きほんのワーク

1 ❶ほうほう　❷ぶんるい　❸きかい　❹ししょ　❺じてん　❻しる　❼じゅん　❽きろく

2 ❶機械　❷事典　❸記録

3 イ

4 ❶7　❷8　❸4　❹9　❺3

5 ❶ア　❷ウ　❸イ

6 さいしょ・さくいん

てびき

4 ❸犬などの動物に関することは、4の「しぜんにかかわる本」に分類されます。❺税金など社会のルールに関することは、3の「社会の仕組みの本」に分類されます。

漢字辞典を使おう　きせつの言葉1　春の楽しみ

12・13ページ　きほんのワーク

1 ❶な　❷めじるし　❸とうざいなんぼく　❹やしろ　❺あいどくしょ　❻さくや　❼もと　❽しょか　❾ふうけい　❿む　⓫かいが　⓬りっしゅん

2 ❶辞典　❷音訓　❸静　❹城

3 1 ア○　イ×　ウ○　エ○　2 ④

4 ❶ウ　❷ア　❸イ

5 ❶三・さんずい　❷三・くさかんむり

6 （順じょなし）❶イ・ウ　❷ア・エ

てびき

3 1 イは、国語辞典についての説明です。
2 「幸運」は、よいめぐり合わせのことです。

4 「部首さくいん」で調べるときには、部首の画数を数えます。「総画さくいん」で調べるときには、漢字の総画数を数えます。

白いぼうし　漢字辞典を使おう

14・15ページ　まとめのテスト

1
1 ア
2 例ちょうをつかまえておくため。
3 イ
4 日の光・見事・すっぱい
5 例ちょうをにがしてしまった代わりに、夏みかんを受け取ってほしいということ。

2 サン〈またはさん〉・六〈または6〉・艹・十四〈または14〉

てびき

1
1 車道のすぐそばに小さなぼうしが落ちているのを見た松井さんは、「風がもうひとふきすれば、車がひいてしまうわい。」と心配しています。イのように、だれもぼうしに気づかないことをふしぎがったり、ウのように、ぼうしの持ち主のことを気にしたりしてはいません。

2 松井さんは、はじめは「小さなぼうしが落ちている」と思っていました。そこで、そのぼうしが車にひかれないよう、べつのところへうつそうとしますが、「ぼうしをつまみ上げたとたん」もんしろちょうが飛び出します。そのとき松井さんは、ぼうしが落ちているのではなく、もんしろちょうをつかまえておくためにおかれていたのだということに気づいたのです。

3 「たけの　たけお」という子どもがせっかくつかまえたもんしろちょうを、松井さんはまちがってにがしてしまったのです。「せっかくのえものがいなくなっていたら、この子は、どんなにがっかりするだろう。」と思った松井さんは、申しわけない気持ちでいっぱいになったのです。アの「ひどくおこっていた。」は、「かたをすぼめて」という様子に合いません。子どものことを考えていた松井さんは、おまわりさんやまわりのことなど気にしている様子ではないので、ウのようにはずかしがってもいません。

4 「その夏みかん」とは、松井さんが運転席から取り出した夏みかんのことで、「まるで、あたたかい日の光をそのままそめつけたような、見事な色」「すっぱい、いいにおい」と表されています。

5 もんしろちょうをにがしてしまい、「たけの たけお」という子どもに悪いことをしたと申しわけなく思っていた松井さんは、夏みかんをもんしろちょうの代わりに入れておきました。そうすることで、がっかりするであろう子どもの気持ちを、少しでも明るくしたいと思ったのです。

聞き取りメモのくふう
話し方や聞き方からつたわること

16・17ページ　きほんのワーク

❶ ①ひつよう　②もくてき　③もち

❷ ①必要　②目的

❸ 1　水そうのそうじをする
2　ア
3　遊ばない・なぜ

❹ ①ウ　②ア

❺ ①イ　②ア

てびき

❸ 1　生き物係の活動として、「水そうにいる金魚にえさをやったり」、「水そうのそうじをしたり」することの二つがあげられているので、田中さんはかじょう書きにしています。

2　田中さんは、生き物係の〈活動〉や〈おねがい〉の内容をそれぞれ分け、・を使って内容ごとに分けて書いています。また、〈　〉で書かれている〈活動〉や〈おねがい〉が、「見出し」になっているので、ウも合っています。

❺ 聞いている人が、話しかけている人の顔を見ていないと、話しかけている人は、きちんと話を聞いてもらえていないのではないかと思ってしまいます。

カンジーはかせの都道府県の旅1
漢字の広場①　三年生で習った漢字

18・19ページ　きほんのワーク

❶ ①とどうふけん　②みやぎ　③たなばた　④いばらき　⑤ぐんま　⑥じんこう　⑦かながわ　⑧にいがた

❷ ①栃木　②量

❸ ①北海道　②青森　③岩手　④宮城　⑤秋田　⑥山形　⑦福島　⑧茨城　⑨栃木　⑩群馬　⑪埼玉　⑫千葉　⑬東京　⑭神奈川　⑮新潟　⑯富山　⑰石川　⑱福井　⑲山梨　⑳長野　㉑岐阜　㉒静岡　㉓愛知　㉔三重

❹ ①鉄橋　②薬局

【練習】思いやりのデザイン
アップとルーズで伝える　ほか

20・21ページ　きほんのワーク

❶ ①つた　②あんないず　③せつめいず　④けしき　⑤しあい　⑥こうはん　⑦せんしゅ　⑧かんきゃくせき　⑨はた　⑩しょうり　⑪しゅざい　⑫かんけい

❷ ①案内図　②試合　③観客席　④旗　⑤勝利　⑥取材

❸ ①イ　②ア　③ウ　④イ　⑤ウ　⑥イ　⑦ウ

内容をつかもう！

✪ 伝えたい・見える

✪ （右から順に）2→3→1

22・23ページ　練習のワーク①

1　相手の立場

2　Aの案内図…だれが見ても分かる
Bの案内図…道順と目印になる建物

3　たくさんの道や目印があるため、どの道順で行けばよいのか、まよってしまう

4　ウ　5　A　6　イ

7　（どう見えると）分かりやすい・思いやり

てびき

1　②の段落で、「わたし（筆者）には、インフォグラフィックスを作るときに大切にしていることがあります。」と書いた後に、「それは、相手の立場から考えるということです。」と説明しています。

2　③の段落と④の段落の、初めの一文に着目します。③の段落では、「Aの案内図は、どこに、どんな建物があるかを、だれが見ても

分かるように表しています。」、④の段落では、「Bの案内図は、目的地までの道順と目印になる建物だけを表しています」と、二つの案内図のとくちょうをそれぞれ説明しています。

3 Aの案内図が「目的地が決まっている人」にとって役に立たない場合がある理由について、すぐ後で「たくさんの道や目印があるため、どの道順で行けばよいのか、まよってしまうかもしれません。」と筆者が考えた理由がのべられています。

4 Bの案内図のとくちょうについては、④の段落でくわしく説明されています。「目的地までの道順と目印になる建物だけを表しています。まよわず安心して目的地に向かえるように……見る人にとっていちばん分かりやすい道順にしぼってしめしています。」と、「目的地」という言葉をくり返し使って、「目的地が決まっている人にとって」分かりやすい案内図であることを説明しています。ア「たくさんの道や目印など」を表しているのは、Aの案内図です。イの「歩く人があきないくふうがされている」ということは、文章で説明されていません。

5 ③の段落で、Aの案内図について「どこに、どんな建物があるかを、だれが見ても分かる」と説明されています。さらに、④の段落ではBの案内図について「まち全体の様子を知りたい人にとっては、十分なものではありません」と書かれており、まち全体の様子を知りたい人にとっては、Aの案内図のほうが役に立つことが分かります。

6 ③の段落では、Aの案内図のとくちょうや長所・短所が説明されていて、④の段落では、Bの案内図のとくちょうや長所・短所が説明されています。③と④の段落でAとBの案内図をくらべるようにして説明しています。

24・25ページ 練習のワーク②

1 サッカーの試合

2 (1) コート全体・選手（たち）・観客席
(2) (「)ルーズ(」)

3 (1) 上げて・ける方向
(2) (「)アップ(」)

4 ルーズ…広いはんいをうつすとり方。
アップ…ある部分を大きくうつすとり方。

5 (1) （順じょなし）①・②
(2) ウ

てびき

1 文章の初めに「テレビでサッカーの試合を放送しています。」とあり、その後で画面に何がうつし出されているのかを具体的に説明しています。

2 (1) 次の二つの文で、「両チームの選手たちは、コート全体に広がって、体を動かしています。観客席は、ほぼ まんいんといっていいでしょう。」と書かれています。「両チーム」「まんいん」といった言葉に着目して、合う言葉をさがしましょう。

(2) 「コート全体」や「観客席」などの「会場全体」をうつすとり方のことです。③の段(だん)落から分かるように、「広いはんいをうつすとり方」は「ルーズ」のとり方です。

3 (1) 画面にうつっている「コートの中央に立つ選手」について、少し後で、「顔を上げて、ボールをける方向を見ているようです。」と様子を説明しています。

(2) 「コートの中央に立つ選手」の様子をうつし出すとり方のことです。③の段落から分かるように、「ある部分を大きくうつすとり方」は「アップ」のとり方です。

4 ③の段落で、「ルーズ」と「アップ」のとり方をまとめて説明しています。「ルーズ」は、①の段落の例にあげられていた「会場全体」をうつし出すような、「広いはんいをうつす」とり方で、「アップ」は、②の段落の例にあげられていた、「コートの中央に立つ選手」をうつし出すような、「ある部分を大きくうつす」とり方です。

5

①の段落（「ルーズ」の例） ←対比(ひ)→ ②の段落（「アップ」の例）

③の段落（「ルーズ」と「アップ」の説明と筆者の考え）

①と②の段落をくらべています。筆者は、

アップとルーズのちがいを説明したうえで、「何かを伝えるときには、このアップとルーズを選んだり、組み合わせたりすることが大切です。」と考えをのべています。

26・27ページ　練習のワーク③

1 (1) あせを光らせ・よろこび

(2) (順序なし)

・ゴールを決められたチームの選手（の様子）。

・それぞれのおうえん席（の様子）。

2 (1) おうえんした〈または おうえん席の〉・よろこび合っている〈または よろこび合う・よろこんでいる〉

(2) 各選手の顔つきや視線、それらから感じられる気持ち。

3 アップ…細かい部分　ルーズ…広いはんい

4 目的・切りかえ

5 ①・②・③

てびき

1 「アップ」でとると、そこにうつされた細かい部分の様子はよく分かりますが、それいがいのうつされていない部分の様子は分からないのです。①の段落の前半では、「アップ」でとると分かることについて、後半では分からないことについて書かれています。反対の内容なので、「しかし」という言葉が使われていることにも着目しましょう。

2 「試合終了直後のシーン」は、「ルーズ」でとられたものであることに注意します。「ルーズ」でとると、「選手とおうえんした人たちとが一体となって、勝利をよろこび合ってい」るという、「広いはんいの様子がよく分かります」が、「各選手の顔つきや視線、それらから感じられる気持ち」までは、なかなか分からないのです。

3 アップについては、①の段落で、「アップでとると、細かい部分の様子がよく分かります。」と書かれています。ルーズについては、②の段落で、「ルーズでとると、広いはんいの様子がよく分かります。」と書かれています。

4 ③の段落の、「テレビでは、ふつう、……目的におうじてアップとルーズを切りかえながら放送をしています」に着目します。

5 ①の段落では「アップ」、②の段落では「ルーズ」について説明し、③の段落で「このように」という形で、前の①と②の段落の内容をまとめています。

アップとルーズで伝える

28・29ページ　まとめのテスト

1 ゴール直後のシーン…ゴールを決めた選手

試合終了直後のシーン…勝ったチームのおうえん席

2 例 両手を広げ、口を大きく開けて走る様子。

3 ア×　イ○　ウ×

4 イ

5 アップとルーズには、それぞれ伝えられることと伝えられないことがあるから。

6 ウ

てびき

1 ①と②の段落では、それぞれ、「……のシーンを見てみましょう。」という文で始まり、次の文で、どんなシーンなのかをくわしく説明しています。「アップでとったゴール直後のシーン」では、「ゴールを決めた選手が両手を広げて走っています。」と書かれ、「試合終了直後のシーン」では、「勝ったチームのおうえん席です。」と書かれています。

2 「全身でよろこびを表しながら走る選手」は、「ゴールを決めた選手」のことです。この選手の様子について具体的に書かれている「両手を広げて走っています。ひたいにあせを光らせ、口を大きく開けて」の部分をまとめてあれば正答です。

3 アップで伝えられることは①の段落にくわしく書かれています。ゴールを決めた選手の動作や顔など、「細かい部分の様子」がアップで伝えられることです。反対に、細かくない全体的な部分や、画面にうつされていない多くの部分については、アップでは伝えられないため、アとウは×です。

4 「試合終了直後のシーン」では、「選手とおうえんした人たちとが一体となって、勝利をよろこび合ってい」る、「広いはんいの様子」

が「ルーズ」でうつされています。アの「観客に向かって手をあげる各選手の顔つきや視線」は、「アップ」でなくては分かりづらく、「ルーズ」では「顔つきや視線」がよく分かりません。また、ウの「各選手の気持ち」もよく伝わりません。

5 ③の段落に、「アップとルーズには、それぞれ伝えられることと伝えられないことがあります。それで、テレビでは……目的におうじてアップとルーズを切りかえながら放送をしています。」とあります。

6 ①の段落では、「アップでとったゴール直後のシーン」を例にあげて、アップでとることの長所と短所を説明しています。②の段落では、ルーズでとった「試合終了直後のシーン」を例にあげて、ルーズでとることの長所と短所を説明しています。二つの段落で、「アップ」と「ルーズ」を対比して説明してから、「このように」で始まる③の段落で、「伝えられることと伝えられないことがある」と、それまでの内容をまとめているので、ウが正答になります。②の段落では、①の段落の説明ではなく、①の段落と同じように例があげられているので、アはまちがいです。①の段落と②の段落の例を受けて、③の段落でそれに関する話題をつづけているので、イはまちがいです。

お礼の気持ちを伝えよう
漢字の広場② 三年生で習った漢字

30・31ページ きほんのワーク

1 ❶いがい ❷きせつ ❸しくちょうそん ❹ぐん

2 ❶以外 ❷季節 ❸郡

3 ❶波 ❷息 ❸夏祭 ❹全部 ❺荷物 ❻自由研究

4 1 ❶エ ❷ウ ❸ア ❹イ

2 ウ

3 住所・名前

てびき

4 1 「お元気ですか」など、相手の様子をたずねる言葉も、「初めのあいさつ」で書くようにします。

2 田村さんは、バーベキュー大会のときに、山本さんから教えてもらったことを具体的にあげてから、そのことに対して「本当にありがとうございました」とお礼をのべています。

一つの花

32・33ページ きほんのワーク

1 ❶せんそう ❷はいきゅう ❸はん ❹ず ❺ほうたい ❻な ❼ぐんか ❽へいたい ❾いちりん

2 ❶戦争 ❷配給 ❸飯 ❹包帯 ❺泣 ❻一輪

3 ❶ア ❷ウ ❸ウ ❹ア ❺イ ❻ア

内容をつかもう！ ❶ウ ❷ア ❸イ

34・35ページ 練習のワーク①

1 一つだけ・よろこび

2 イ

3 ア

4 お父さんが戦争に行く日。

5 おにぎりが入っていること。

6 ウ

てびき

1 直後のお父さんの言葉に着目します。お父さんは、戦争で物がなくて、「一つだけ」としか言えない時代に生まれたゆみ子のこれからの人生に、「よろこび」があるのかと心配しているのです。

2 「みんなちょうだい、山ほどちょうだいと言って、両手を出す」とあるので、かた手ではおさまらないほど、たくさん物をほしがることを表しています。

3 いつもおなかをすかして「一つだけちょうだい」と言うゆみ子のことをかわいそうに思いながら、おなかいっぱいに食べさせてやることができないお父さんは、「高い高い」をすることで、少しでもゆみ子をよろこばせてやりたいと思っているのです。

4　ゆみ子とお母さんは、戦争に行くお父さんを駅まで送っていったのです。

5　ゆみ子が言っている「おじぎり、一つだけちょうだい」の「おじぎり」とは、「お母さんのかたにかかっているかばん」の中に入っている「おにぎり」のことです。

6　すぐ後で「お母さんは、戦争に行くお父さんに、ゆみ子の泣き顔を見せたくなかったのでしょうか。」と理由が書かれています。戦争に行けば、お父さんはもう帰ってこられないかもしれません。お父さんとのさいごのわかれになるかもしれない日に、お母さんはゆみ子を泣かせたくなかったのです。

36・37ページ　練習のワーク❷

1　おにぎり

2　ア

3　ウ

4　ごみすて場・わすれられた・コスモス

5　一つ・大事

6　ア

7　例ゆみ子に幸せになってほしい。

てびき

1　「ゆみ子の『一つだけちょうだい。』が始まっ」て、お父さんがお母さんに「みんなおやりよ、母さん。おにぎりを――。」と言っていることに着目します。

2　戦争に行くお父さんは、ゆみ子ともう会うことができないかもしれません。だから、お父さんの言葉には、さいごにゆみ子をよろこばせてあげたいというねがいがこめられているのです。イの「ゆみ子がうるさい」や、ウの「ゆみ子のわがまま」といった、ゆみ子をよくない子だと考えるような気持ちは、お父さんにはありません。

3　この言葉は、お母さんの本当の気持ちではありません。お母さんは、ゆみ子を心配しながらも戦争に行かなければならないお父さんに、ゆみ子の泣き顔を見せて、悲しい思いをさせたくなかったのです。戦争に行ったら死んでしまうかもしれないので、アのような「戦争に行くことができて、本当によかった」という気持ちではありません。イのようなお母さんの気持ちは、文章中には書かれていません。

4　ゆみ子は、お母さんからおにぎりをもらうことができずに泣きだしてしまいますが、もうおにぎりはのこっていません。そのとき、お父さんは、「プラットホームのはしっぽの、ごみすて場のような所に、わすれられたようにさいていたコスモスの花を見つけ」ます。お父さんは、ゆみ子をよろこばせるために、コスモスの花をつんできて、ゆみ子にわたしたのです。

5　お父さんは、ゆみ子に、「一つだけのお花、大事にするんだよう――。」と言って、コスモスの花をわたしています。

6　すぐ前に「それを見て」とあります。泣いていたゆみ子がよろこんだのを見て、お父さんは安心したのです。イは、お父さんが、まわりの人たちのことを考えていたわけではないのでまちがいです。ウは、お父さんはおかしくてわらったわけではないのでまちがいです。

7　お父さんの立場からそうぞうしてみましょう。戦争に行くということは、ゆみ子とさいごのわかれになるかもしれない、ということです。ゆみ子の幸せをねがう思いや、ゆみ子のぶじをねがう思いが書けていれば正答になります。

つなぎ言葉のはたらきを知ろう

38・39ページ　きほんのワーク

❶　❶けんこう　❷し　❸しゅくじつ　❹ひゃっかてん　❺たいふう　❻じどうかん　❼きかん　❽よ　❾きのう

❷　❶夫　❷徒競走

❸　イ・ウ

❹　❶それとも　❷つまり　❸けれども　❹だから

❺　❶しかし　❷しかも

❻　❶イ　❷ア

てびき

3 アは、前の文を理由とする文が次に来ているので、「しかし」ではなく「だから」などのつなぎ言葉を使います。エは、前の文から予想されない文が次に来ているので、「しかし」「けれども」などのつなぎ言葉を使います。

5 ❶寒さがきびしくなってきたら、ふつうは半ズボンははきませんが、まだ半ズボンをはいていると、前の文から予想されない文が次に来ています。

❷「暗くなってきた」ことにくわえて、「雪もふってきた」という意味になります。

短歌・俳句に親しもう（一）
要約するとき

40・41ページ　きほんのワーク

1 ❶め　❷なら　❸うめ　❹ようやく

2 ❶梅　❷要約

3 1 さわらび
2 の

4 1 あ・う
2 梅・暖かさ
3 イ
4 イ

5 ア○　イ×　ウ○　エ×

てびき

3 1 「さわらび」とは、芽を出したばかりの植物の「わらび」のことです。

4 1 あは「一輪」、うは「そこのけ」がくり返されています。

3 川をわたるため、作者ははだしになり、「手に草履」を持っているのです。夏の日に、川に入ったときに感じたつめたさや気持ちよさが、「うれしさ」につながっています。

4 作者は、「雀の子」に対して「あぶないから、そこをどきなさい」と言っています。大きな馬と小さな雀の子の大きさのちがいをそうぞうしてみましょう。作者は、小さな雀の子を心配して、雀に語りかけているのです。

一つの花
つなぎ言葉のはたらきを知ろう

42・43ページ　まとめのテスト

1 1 コスモス（の花）・ゆみ子
2 （花をもらって）キャッキャッと足をばたつかせてよろこぶ
3 例帰ってこなかった
4 イ
5 ア○　イ○　ウ×　エ○

2 ❶イ　❷イ　❸ア

てびき

1 1 コスモスの花を見つけたお父さんは、それをつんでもどってきて、「さあ、一つだけあげよう。」と言って、ゆみ子にわたしたのです。

2 お父さんは、泣いていたゆみ子が花をもらって泣きやみ、よろこんだのを見て、ほっとしてわらったのです。

3 お父さんが戦争に行ってから、「十年の年月」がすぎていますが、その間ゆみ子は一度もお父さんに会っていないので、お父さんの顔をおぼえていないのだと考えることができます。

4 お父さんのねがいがこめられたコスモスの花に包まれて、ゆみ子が平和でおだやかなくらしを送っていることを感じさせる表現です。アは、「お金持ちになった」とありますが、ゆみ子の家が「とんとんぶきの小さな家」であることからまちがいです。ウは「ゆみ子が、花を買うことがすき」とありますが、ゆみ子が花を買うことがすきだとは文章中には書かれていません。

5 戦争が終わってからは、「お肉」や「お魚」を選べるほど、食べ物にこまらない時代になりました。お父さんは戦争から帰ってきませんでしたが、ゆみ子は「小さなお母さんになって、お昼を作る」ような、お母さんを助けるやさしい子になっています。ゆみ子は家の手伝いで買い物をしているので、ウの「はたらいてお金をかせいでいる」はまちがいです。

2 ❶大雨になったのに、予想に反して試合はつづいた、というつながりになります。

新聞を作ろう　アンケート調査のしかた

44・45ページ　きほんのワーク

❶ ❶くふう　❷つ　❸せいしょ　❹かいとう
❷ ❶付　❷清書
❸ ❶ウ　❷イ　❸ア
❹ （右から順に）2→1→4→3→（5）
❺ 発行者・図や写真・見出し
❻ ❶家にいる　❷買い物　❸5　❹読書
❺出かける

てびき
❹ 取材をする前に、どんな新聞を作るかを決める必要があります。

カンジーはかせの都道府県の旅2　季節の言葉2　夏の楽しみ

46・47ページ　きほんのワーク

❶ ❶しが　❷おおさか　❸とっとり
❹とくしま　❺かがわ　❻えひめ
❼ながさき　❽くまもと　❾おおいた
❿かごしま

❷ ❶香川　❷佐賀　❸熊本　❹沖縄
❸ ㉕滋賀　㉖京都　㉗大阪　㉘兵庫　㉙奈良
㉚和歌山　㉛鳥取　㉜島根　㉝岡山
㉞広島　㉟山口　㊱徳島　㊲香川　㊳愛媛
㊴高知　㊵福岡　㊶佐賀　㊷長崎　㊸熊本
㊹大分　㊺宮崎　㊻鹿児島　㊼沖縄
❹ ア

てびき
❹ 手のひらを返したところで人が進んでいく、踊りの動きに注目しています。

新聞を作ろう

48・49ページ　まとめのテスト

1 イ・ウ
2 (1) ❶エ　❷イ　❸ウ　❹ア
(2) ❶ア　❷ウ　❸イ
3 校長先生・インタビュー
4 ア×　イ○　ウ○　エ×

てびき
1 昼休みのすごし方とゴーヤの記事は四年一組に関すること、校長先生へのインタビューの記事は学校に関することです。アのちいきに関することは取り上げられていません。
2 (1) 伝えたいことがまとめられている見出しに着目しましょう。
(2) ❶新しい校長先生にインタビューをして、しゅみやすきなことわざなどをきいています。
❷四年一組の人が「昼休みにどんなすごし方をしているのか」を調べるために、アンケートを取っています。
❸ゴーヤについて、本で調べて分かったことを書いています。
3 にこにこ新聞でいちばん大きく取り上げられているのは、新しい校長先生についての記事です。見出しの「校長先生にインタビュー」も、新聞のいちばん上に大きく書かれています。
4 記事全体が「です」「ます」などのていねいな言葉を使って書かれていて、アンケートけっかのほうこくは、グラフと文章でしめされています。インタビューやゴーヤの記事、本のしょうかいの最後には、記事を書いた人の感想が書かれているので、アはまちがいです。「校長先生にインタビュー」「ゴーヤですずしく」などの見出しを入れているので、エもまちがいです。

本のポップや帯を作ろう　神様の階段

50・51ページ　きほんのワーク

❶ ❶ねったい　❷てつだ
❸しゅんかしゅうとう　❹はたら
❺えいよう　❻み

2 ❶働 ❷栄養
3 ❶どうどうと ❷こくこくと ❸もくもくと
4 ❶イ ❷ア ❸イ ❹ウ ❺ア ❻イ ❼ア

内容をつかもう！

☆ インドネシア・バリ島・田んぼ・アグン山・かんしゃの心

52・53ページ 練習のワーク

1 (1) 田植え・いねかり　(2) イ
2 (順序なし)
・田んぼの仕事のたいへんさ。
・働くことのよろこび。
3 人といっしょに牛がいる
4 例牛の首に付けたすずの音。
5 ア・エ

てびき

1 (1) 直前の段落に着目します。「田植えの時期」の田んぼや、緑の田んぼ、いねが実った田んぼ、「いねかり」の後の田んぼなどが同時に見られる風景を、筆者は「ふしぎ」に思ったのです。
(2) 文章の初めに、「バリ島は一年を通じて気温が高いので、決まった時期に田植えをする必要がない。」とあります。気温が高いから田植えをする時期が決まっていない、だから田んぼによっていねの育ち具合がちがい、田んぼの様子がちがって見えるのです。

2 筆者は、草の上に広げてある服やズボンは、田んぼで働いて「あせやどろでよごれてしまったものを、下の川でせんたくして、ほしているのだろう」と考えて、「田んぼの仕事のたいへんさ」と「働くことのよろこび」を感じとっているのです。

3 直前に「よく見ると、人といっしょに牛がいる。」とあることに着目します。人と牛がいっしょに働いている風景を見て、筆者は「うれしさがこみ上げてき」て、もっと近くで見ようと「あぜ道をかけ下りた」のです。

5 農家の人にとって、牛がどのように役に立っているのかを読み取ります。「土を深くたがやしてくれる」の部分が、エの内容に合います。牛のふんのひりょうについて、「栄養たっぷりの土ができる」と書いてあるので、アの内容に合います。川までせんたく物を運ぶのがだれかは書かれていないので、イはまちがいです。牛が、「農家の人に安らぎをあたえてくれる」かどうかは文章に書かれていないので、ウもまちがいです。

54・55ページ まとめのテスト

1 例明けていく
2 かがみ
3 ウ
4 ウ
5 例神様におそなえする。
6 神様の住むアグン山
7 ア

てびき

1 筆者が、「夜明け前」に田んぼに行ったことに着目します。「うす暗がり」「やみ」とあるように、まわりの様子は、初めは黒々としていましたが、「光の帯があらわれ」つまり太陽の光が差し始めて、夜が明けていくと、まわりが色づき始めてきたのです。

4 前の部分に「たわわに実った田んぼ」とあるように、「真っ黄色にかがやくいねの海原」というのは、いねが海のように一面に広がっていることを表しています。

5 「花をのせたお皿」は、「チャナンサリという、神様のためのおそなえ物」であることから考えます。「神様にささげる。」「おそなえ物にする。」などでも正答です。

6 文章中では「山に向かって重なるたな田」のことを「神様の階段」と表し、「田んぼは、神様の住むアグン山へつづく道」と書いています。

7 文章の最後の段落に着目します。バリ島の人たちは、森が水を育み、自分たちを生かしてくれていることを知っていて、筆者は、そうした「土地に対するかんしゃの心が、美しい風景を守りつづけている。」と考えています。

忘れもの／ぼくは川

56・57ページ　きほんのワーク

❶ ❶ま・か

❷
1 入道雲
2 イ
3 夏休み
4 ウ
5 イ
6 雲（の影）・さかな
7 ア

てびき

❷
2 「あたらしい光」とは、夏休みがすぎさった後の、秋の太陽の光のことです。
3 「だがキミ！　夏休みよ」と、「夏休み」に対して、「忘れもの」をとりにもどってこないかとよびかけています。
4 「もう一度　もどってこないかな」と、夏休みにもどってきてほしいと思っているのです。
7 「あたらしい日へほとばしる」という言葉がくり返されています。「ほとばしる」はいきおいよく飛びちるという意味で、前へ前へといきおいよく流れていく川、つまり「ぼく」の力強さが読み取れます。

あなたなら、どう言う／パンフレットを読もう

58・59ページ　きほんのワーク

❶ ❶ねえ　❷めいれい　❸いち

❷ ❶命令　❷位置

❸ イ

❹
1 中央清掃工場・ごみを処理している
2 ア×　イ×　ウ○　エ○
3 ア×　イ○　ウ×　エ○
4 ❶四百五十〈または四五〇〉　❷二百〈または二〇〇〉　❸二　❹二

てびき

❹
1 パンフレットのいちばん上にある大きな見出しに着目しましょう。
2 ウは「ごみ処理の流れ」の2と3、エは6と「中央清掃工場は、地球にやさしい！」という見出しの下の部分にある文章に着目しましょう。中央清掃工場で処理するのは「もやすごみ」なので、アの「どんなごみでも処理することができる」はまちがいです。「ごみにまざっていた金属は、回収されて、再生金属の材料になる。」ので、イの「分別してすてられる」はまちがいです。
3 パンフレットの中央には、ごみ処理の流れが言葉や絵などを使って説明されています。文章は「――だよ。」「――なんだ。」などの言葉が使われているので、子どもにとって分かりやすく、親しみやすい書き方になっています。また、ごみ処理の流れを矢印や数字を使って表すことで、作業の内容を分かりやすくしています。むずかしい言葉が使われているところはありますが、「ごみ処理の作業のふくざつさを表そうとしている」のではないので、ウはまちがいです。

どう直したらいいかな／いろいろな意味をもつ言葉

60・61ページ　きほんのワーク

❶ ❶ぎょぎょう　❷かいすいよくじょう　❸しゅっけつ　❹そつぎょうしき　❺たんこうぼん　❻けっか　❼ちょっけい　❽ふくだいじん　❾がいとう

❷ ❶直径　❷副大臣

❸ ア○　イ○　ウ×　エ×

❹ ❶つける　❷おろす

❺ （右から順に）❶ウ・ア・イ　❷ア・ウ・イ

てびき

❸ ア他の文は、文の終わりが「です・ます」になっているので、全体をそろえます。イの「じょ行」という言葉は、小学四年生では知らない人が多そうなので、分かりやすい言葉に書きかえます。ウ田中さんは、自転車に乗

るときのルールを守ってほしいと思って文章を書いたので、田中さんの思いが表されている部分はのこしておきます。エ内容のまとまりごとに段落を分けないと、かえって文章が読みにくくなってしまいます。

4 ❶明かりを「つける」は、明るくなるように作動させる、あとを「つける」は、後を追う、日記を「つける」は、記入する、気を「つける」は、注意する、という意味です。❷大根を「おろす」は、おろし金という器具を使ってすりつぶす、魚を「おろす」は、切り分ける、荷物を「おろす」は、高いところから下にうつす、貯金を「おろす」は、あずけていたお金を引き出す、という意味です。

ローマ字を使いこなそう
漢字の広場③ 三年生で習った漢字

62・63ページ きほんのワーク

❶ ❶えいご ❷さんこう ❸がっしょう ❹しおけ ❺ちすい ❻いんさつ

❷ ❶参考 ❷印刷

❸ ❶急 ❷礼 ❸幸福 ❹箱

❹ ❶おかやま ❷あおもり ❸ひがしなかの

❺ ❶hukuro ❷shashin

❻ ❶（順じょなし）zibun・jibun ❷（順じょなし）gassyô・gasshô

❼ ❶イ ❷ア

❽ ウ

てびき

❼ 自分の名前をローマ字で書いて外国人にわたすときは、❶「し」は「shi」、❷「つ」は「tsu」、「ち」は「chi」のように、英語の発音を参考にして考えられた書き方で書くほうが、分かってもらいやすくなります。

❽ 「CHIZUWOMIYOU」でも入力することはできますが、ウよりも入力の回数が一回多くなってしまいます。

あせの役わり

64・65ページ まとめのテスト

1 例 人の脳が、体温が上がるのを感知して、ひふのかんせんという器官に、「あせを出せ」という命令を出したとき。

2 ❶オ ❷エ ❸イ

3 (1) 赤く・青や緑
(2) あせをかくことで、ひふの温度が下がっていること。

4 (1) ア・エ
(2) （暑い日に）熱中症

てびき

1 脳が、体温が上がるのを感知→かんせんに「あせを出せ」という命令を出す→あせが作られる、という順番になっています。

2 直前の「これ」は、「あせ」が「ひふ」からじょうはつすることで、体の表面の熱をうばい、「体温」が上がりすぎるのをふせいでいます」という内容を指しています。

3 あせをかく前のがぞうで赤い色が多いのは、ひふの温度が高いことを表しています。それに対して、あせを三十分間かいた後のがぞうで青や緑が多いのは、ひふの温度が低いことを表しています。

4 (1) 「ふだんから運動したり、外でたくさん遊んだりして、あせをかき、かんせんをきたえておけば」とあることに着目します。
(2) 「かんせんをきたえておけば、暑い日に熱中症をよぼうするのに役立ちます」とあります。「よぼう」とは、病気などを前もってふせぐという意味です。

ごんぎつね
言葉を分類しよう

66・67ページ きほんのワーク

❶ ❶へんか ❷けつまつ ❸なたね ❹や ❺つづ ❻おがわ ❼お ❽つ ❾まつ ❿ふしぎ ⓫さ ⓬ねん ⓭かた ⓮びん ⓯はくぶつかん ⓰あさ

❷ ❶変化 ❷差 ❸博物館 ❹浅

❸ ❶ウ ❷イ ❸イ ❹ウ ❺ア ❻イ

✪ **内容をつかもう！** ❶イ ❷ア ❸ウ

68・69ページ 練習のワーク❶

1 はりきりあみ・魚
2 ア
3 （順じょなし）（太い）うなぎ・（大きな）きす
4 ア
5 ウ
6 ぬるぬるとすべりぬける
7 ウ
8 うなぎが首にまき付いたまま。

てびき

1 「魚をとるはりきりというあみ」のことを、後の部分で「はりきりあみ」とよんでいます。初めの二つの段落で、兵十のしていたことをとらえましょう。
・「魚をとるはりきりというあみをゆすぶっていました」
・「水の中から持ち上げました」
・「びくの中へ、そのうなぎやきすを、……ぶちこみました」
・「また、ふくろの口をしばって、水の中へ入れました」
これらの行動から、兵十がはりきりあみで魚をとっていると分かります。

2 はぎの葉が顔についていることにかまわないほど兵十は一生けんめいだったのです。

3 はりきりあみの中には、「しばの根や、草の葉や、くさった木切れなど」の他に「白い物」、つまり「太いうなぎのはらや、大きなきすのはら」が見えています。

4 次の文に、「ごんは、びくの中の魚をつかみ出しては、はりきりあみのかかっている所より下手の川の中を目がけて、ぽんぽん投げこみました。」とあります。ごんは、兵十がせっかくとった魚をにがそうとしているのです。

5 「ぽんぽん」は、「いきおいよく次々と」という意味です。

6 うなぎがぬるぬるして手でつかめなかったので、じれったくなってごんは口でくわえたのです。

7 兵十は、びくのそばで、ごんがうなぎの頭をくわえているのを見て、「ぬすっとぎつねめ」と言っているのです。

8 前の文に、「うなぎは、ごんの首にまき付いたままはなれません」とあります。

70・71ページ 練習のワーク❷

1 イ
2 花…赤・ひがん花　季節…秋
3 そうしきの出る合図。
4 ❶かみしも　❷いはい　❸元気のいい　❹しおれて
5 (1)（兵十の）うなぎを取ってきてしまったこと。
(2) ア

てびき

1 すぐ前の「ああ、そうしきだ。」「兵十のうちのだれが死んだんだろう。」から、ごんが村の墓地へ行って、そうしきの様子を見ようとした理由が分かります。

2 「ひがん花が、赤いきれのようにさき続いていました」と、ひがん花を「赤いきれ」にたとえていることから、花の色が分かります。

4 ごんは、兵十のかっこうがいつもとちがうことや、「いつもは、赤いさつまいもみたいな元気のいい顔が、今日はなんだかしおれてい」たのを見て、「死んだのは、兵十のおっかあだ」と気がついたのです。

5 (1) ごんは、「わしがいたずらをして、うなぎを取ってきてしまった」といたずらについて思い返しています。
(2) ごんは、いたずらをして、兵十がとったうなぎを取ってきてしまいました。そして、そのために、兵十はおっかあにうなぎを食べさせることができず、そのままおっかあは死んでしまったと考え、自分のしたいたずらのことを後かいしているのです。イは、ごんは、兵十が自分のためにうなぎをとっていたとは思っていないので、まちがいです。ごんは、うなぎを分けてほしいと思っていたわけではないので、ウはまちがいです。

72・73ページ 練習のワーク❸

1 イ
2 いわし売り〈[または]いわし屋〉
3 （五、六ぴきの）いわし

4 つぐない
5 ウ
6 ぬすびと・ひどいめにあわされた〈または ぶんなぐられた〉
7 ア

てびき

1 ごんもひとりぼっちなので、兵十のさびしさがよく分かるのです。そして、兵十に共感する気持ちが、いわしを投げこむという行動につながったのです。

2 「いせいのいい声」とは、「いわしの安売りだあい。生きのいい、いわしだあい。」という「いわしを売る声」のことです。

4 次の段落に、「ごんは、うなぎのつぐないに、まず一つ、いいことをしたと思いました。」と、いわしを投げこんだ理由が書かれています。

5 すぐ後に、「ごんは山でくりをどっさり拾って、それをかかえて兵十のうちへ行きました」とあります。ごんは、いわしを投げこんだ後も、何度もつぐないをしようとしているのです。アのように「これで、兵十はゆるしてくれる」とごんが思っていたら、いわしを投げこんだ次の日にもくりを持って兵十のうちに行くということはしないので、正しくありません。イは、この時点では、まだごんの心の中にはない考えです。

6 ごんがいわし売りのかごからいわしをとって、兵十のうちへ投げこんだせいで、兵十はぬすびとと思われてしまい、いわし屋になぐられてしまったのです。

7 ごんは、「うなぎのつぐないに、まず一つ、いいことをした」と思っていたのに、ごんのしたことで兵十はいわし屋になぐられてしまい、かえって兵十をひどいめにあわせてしまいました。だから、ごんは「しまった」と思ったのです。イのように、ごんは自分の心配はしていません。「兵十のきずにつける薬」のことは文章中に出てこないので、ウもちがいます。

74・75ページ まとめのテスト

1

1 例くりをとどけるため。
2 いたずら
3 ア
4 （ドンと）うった
5 見たもの…土間・くり
気がついたこと…例いつもくりをくれたのはごんだったということ。
6 イ
7 例大変なことをしてしまった。ごめんよ、ごん。

2

❶ウ ❷イ ❸ウ ❹ア ❺イ

てびき

1

1 ごんが「くりを持って」出かけたことに注意しましょう。「何のため」と問われているので、「——ため。」と答えるようにします。

2 兵十は、「こないだ、うなぎをぬすみやがったあのごんぎつねめが、またいたずらをしに来たな。」と思っています。

3 このとき、兵十はまだごんのつぐないに気づいていないので、ごんのことを、うなぎをぬすんだ悪いきつねだとしか思っていないのです。この後、兵十がごんを火縄じゅうでうったことを考えると、イの「なか直りをしよう」や、ウの「お礼をしてあげよう」は正しくありません。

4 兵十は、「戸口を出ようとするごんを、ドンとうちました」とあります。

5 ごんのもとにかけよってきた兵十は、土間に固めて置いてあるくりを見て、「ごん、おまいだったのか、いつも、くりをくれたのは。」とおどろいています。

6 ごんは、兵十の「ごん、おまいだったのか、いつも、くりをくれたのは。」という言葉を聞いてうなずいています。ごんは、兵十がごんの行いに気づいてくれたことがうれしかったのだと考えられます。アは、ごんが兵十をにくんでいるかどうかは文章中に書かれていないのでちがいます。ごんは「いたずら」をしたわけではないので、ウもちがいます。

7 兵十は、ごんのつぐないの気持ちを知らずに、火縄じゅうでうってしまったのです。自分のことを思ってくれているごんをうった兵十の気持ちをとらえましょう。兵十が後かいしていることが分かる言葉や、あやまる言葉が書かれていれば正答です。

2 ❶と❸は様子を表す言葉です。❷と❺は「走る」「すわる」という動きを表しています。❹は「運動会」という事がらを表しています。

漢字を正しく使おう　季節の言葉3　秋の楽しみ

76・77ページ　きほんのワーク

1 ❶そうこ　❷なふだ　❸まご　❹せいこう　❺さんか　❻ぼくじょう　❼とくほん　❽か　❾みょうごにち　❿べいさく　⓫こがい　⓬こ　⓭なか

2 ❶名札　❷孫　❸成功　❹参加　❺牧場

3 (1) ❶イ　❷ア
(2) ❶ア　❷イ
(3) ❶イ　❷ア

4 ❶開・空
❷関心・感心
❸休息・急速

5 ❶教わる　❷必ず

6 ❶つ・と　❷けい・ぎょう

7 ❶かく・ウ　❷が・ア　❸かく・イ

8 イ・エ・カ・キ

てびき

3 それぞれの意味を考えて使いましょう。
(1) 指す…指でしめす。
差す…光が当たる。
(2) 丸い…球形である。
円い…円形である。
(3) 事典…いろいろな事がらをかいせつした本。
辞典…言葉の読み方・意味・使い方を説明した本。

4 (1) 開く…しまっていたものが開いたじょうたいになる。
空く…そこにあったものがなくなり、空白の部分ができる。
(2) 関心…心をひかれること。もっと知りたいと思うこと。
感心…りっぱだ、えらいなど、心に深く感じること。
(3) 休息…心身を休めること。
急速…物事の起こり方や進み方がはやいこと。

7 ❶「計画」は、やり方などを考えることなのでウの意味です。❷「画家」は絵をかく人のことなのでアの意味です。❸は土地などにさかいめをつけて区切ることなのでイの意味です。

8 イ「すすき」は秋の植物。エ「七五三」は子どもの長生きや幸せをねがう行事で、十一月十五日に行います。カ「もみじがり」は、秋に山などに行って、紅葉を楽しむことをいいます。キ「月見だんご」は、九月のお月見のときにおそなえするものです。

クラスみんなで決めるには

78・79ページ　きほんのワーク

1 ❶あ　❷きょうりょく　❸せっきょくてき
❹もと

2 ❶挙　❷協力

3 ❶イ　❷ウ　❸ア

4 1　岸
2　ア
3　自分たちの気持ちを、言葉にして伝えることができる
4　ウ

てびき

4 1・2　岸さんは、「……何をするかを決めます。」「初めに、……。次に、……話し合います。」と、話し合いの目的と議題、話し合いの進め方をしめしています。司会の大切な役わりの一つです。
3　案を出すだけではなく、「……からです。」と理由をのべることで、聞いている人になるほどと思ってもらえます。
4　大木さんは、「わたしは、べつの案ですが」と、前の人とはちがう案を話すことを初めにのべています。

未来につなぐ工芸品
工芸品のみりょくを伝えよう

80・81ページ きほんのワーク

❶ ❶みらい ❷こうげいひん ❸かくち ❹ざいりょう ❺しぜん

❷ ❶未来 ❷各地 ❸材料 ❹自然

❸ (右から順に)5→2→3→1→4

❹ ❶イ ❷ウ ❸イ ❹ア ❺ア ❻ウ ❼イ

☆内容をつかもう！

1 初め…イ　中…ウ　終わり…ア

2 ア・イ・ウ

82・83ページ 練習のワーク❶

1 手仕事・毎日のくらし

2 工芸品のよさ

3 イ

4 例日本の文化やげいじゅつを未来にのこせる

5 (1) ア・エ
(2) 今・未来
(3) 茶道で使う茶わん、落語家のせんす、祭りのときのちょうちんや和だいこなど。

てびき

1 「みなさんが毎日のくらしで使っている」ものの中で、「職人の手仕事で一つ一つ作られているものが、『工芸品』とよばれています」と説明されています。

2 筆者は職人と工芸品が大すきで、「工芸品のよさを伝える仕事をしています」とのべています。

3 すぐ前に「日本人の生活の変化などから」とあります。日本人の生活の中に、大量生産による品物があふれてきて、伝統的なものを使う人がへってしまったのです。

4 「一つ目の理由」として、工芸品が「日本の文化やげいじゅつを、未来につないでくれる」ことが挙げられています。また、最後の一文で「工芸品があるからこそ、日本の文化やげいじゅつを未来にのこせる」とくり返しのべています。

5 (1) まず、「墨は、今も消えることなくのこってい」るとのべています。さらに、「色合いが美しく、かきごこちのよい」という奈良墨のとくちょうをしめしています。よって、アとエが正答です。書家や画家以外に「墨で文字や絵をかくことを楽しむ人たち」も使っているのでイはまちがいです。「日本の文化の中心」とは言っていないのでウもまちがいです。
(2) 「当時の文化をわたしたちに伝えてくれています」とあるので、昔の文化を今に伝えていることが分かります。さらに「未来に、今を伝えてくれることでしょう」とあります。
(3) 奈良墨の説明の後で、「茶わん」「せんす」「ちょうちんや和だいこなど」が挙げられています。

84・85ページ 練習のワーク❷

1 イ・ウ

2 すなとねん土・型・さび・うるし

3 自然にある素材・さびにくく、じょうぶ

4 (1) 例工芸品を未来の日本にのこすため。
(2) 例道具としての便利さ、使いごこち、色や形、もようの美しさなど。

てびき

1 「材料や作り方の面で、かんきょうへの負荷が少ない」とあるのでイが正答です。また、「長く使えるように作られているので、ごみをへらすことにもなります」とあるのでウも正答です。

2 まず、「火山岩のすなとねん土」で型を作ります。「そこに……鉄を流しこんで」とありますが、「そこ」とは直前の「型」のことです。木炭で熱してさびをふせぐのは南部鉄器の大きなとくちょうの一つです。最後にうるしで色をつけます。

3 材料や作り方については、「自然にある素材で、電気や化学薬品を使わなくても作ることができる」と説明されています。また、「さびにくく、じょうぶなので、五十年、百年と使い続けることができ」るのです。

4 (1) 直前に「そのために」とあるので、すぐ前に「その」が指す内容をさがすと、「工芸品を未来の日本にのこしたい」という筆者の希望が書かれています。
(2) 「よさ」が一つではないことに注意しま

す。「道具としての便利さ、使いごこち、色や形、もようの美しさなど、さまざまなよさがあります」と、工芸品のよさについて挙げられています。

慣用句　短歌・俳句に親しもう（二）　ほか

86・87ページ　**きほんのワーク**

1 ①なか　②ろう　③や　④ひ　⑤こんじき　⑥て
2 ①焼　②冷
3 ①世界　②面積　③仕事　④昭和　⑤歯　⑥笛　⑦軽　⑧神話
4 ①馬が合う　②鼻にかける　③頭をひねる
5 1 塔・雲
2 の
3 言葉…柿　季節…秋
4 ウ

てびき

4 それぞれの意味をかくにんしましょう。
①「馬が合う」…気が合う。
②「鼻にかける」…じまんをする。
③「頭をひねる」…よく考える。
「息をのむ」…とてもおどろいて、息を止める。

5 1 薬師寺の塔を見上げると、一片の「雲」がうかんでいるのが見えた、と作者はよんでいるのです。
2 「の」が六回使われています。実際に声に出して読んでみると、リズムを作っていることが分かります。
3 動物や植物、行事など、季節のとくちょうを表しているものに着目しましょう。
4 鐘の音を聞いて、作者は「ああ、法隆寺の鐘だ。」と思ったのです。

未来につなぐ工芸品　工芸品のみりょくを伝えよう

88・89ページ　**まとめのテスト**

1 1 ア○　イ○　ウ○　エ×　オ○
2 例未来に今を伝える・奈良墨
3 （右から順に）3→2→4→1
4 例さびにくく、じょうぶだから。
5 例工芸品は、日本の文化やげいじゅつ、かんきょうを未来につないでくれるから。

2 表紙…ウ
うら表紙…ア

てびき

1 1 直後の説明に注目しましょう。奈良墨を使うのは「書家や画家、墨で文字や絵をかくことを楽しむ人たち」で、「多くいます」とあるので、エはまちがいです。それ以外は正答です。
2 直前を見ると、「奈良墨」について、「未来に、今を伝えてくれる」とあります。他の工芸品もこれと同じだとのべているのです。直後の「日本の文化やげいじゅつを未来にのこせる」も同じ意味なので、こちらを書いても正解です。
3 南部鉄器の作り方は、「火山岩のすなとねん土」で型を作り、「鉄を流しこんで」、「さびをふせぐために木炭で熱し」、「うるしをぬって色をつける」と説明されています。
4 前の文に「さびにくく、じょうぶなので、五十年、百年と使い続けることができます。」と「長く使える」理由が説明されています。
5 「一つ目の理由は」「二つ目の理由は」と理由を二つ説明しているので、両方をまとめる必要があります。一つ目は、工芸品が「日本の文化やげいじゅつを、未来につないでくれること」、二つ目は、「かんきょうを未来につないでくれること」です。両方書けていて正解です。

2 表紙には、何についてのリーフレットなのかが分かるように、しょうかいする伝統工芸の名前と写真や絵をのせましょう。イの「調べた工芸品のみりょくを伝える文章」は、リーフレットの中心的な内容なので、内がわのページにまとめます。うら表紙には、文章にはまとめきれなかった、追加の内容や、文章を書くときに参考にした資料をのせましょう。

友情のかべ新聞

90・91ページ　きほんのワーク

❶ ❶す　❷せいはんたい　❸さいこう
❹はんせい　❺ほうかご　❻むり
❼みぎがわ　❽あらた　❾しょうじき
❿いっしゅう
❷ ❶好　❷反省　❸右側　❹改
❸ ❶緑　❷感想　❸相談　❹意見
❹ ❶ア　❷ウ　❸ウ　❹イ　❺ア　❻ア
❼ウ

内容をつかもう！
1 正反対・悪い・よい
2 ぼく

92・93ページ　練習のワーク❶

1 イ
2 無理だ・かべ新聞
3 例仲の悪い二人がどうして協力してかべ新聞を作れたのだろうということ。
4 (1) 仲よく
(2) イ
5 いっしょにすごす

てびき
1 二人が協力するのは「無理だよ。」「ぜったい、けんかするね。」とみんながうわさしています。二人の仲が悪いことが分かります。
2 教室に「真新しい紙に書かれたかべ新聞」がはられていたことに、「ぼくら」はびっくりしています。みんな「無理」「けんかする」と思っていたのに、二人がりっぱなかべ新聞を作り上げたので、おどろいているのです。
3 思った内容は「どうして――。」の部分です。「――」の部分を、話の流れから考えましょう。みんなは、仲が悪い東君と西君が、どうやって協力してかべ新聞を作ることができたのか、不思議に思っているのです。
4 (1) 先生は「仲よく作業すると、気持ちいいだろ。」と言っています。この言葉から、かべ新聞を作る作業を通して、二人を仲よくさせようとしていたことが分かります。
(2) 先生の言葉を聞いた二人は「顔を見合わせてから、うつむく」とあります。顔を見合わせたのは、先生が言っていることについて、先生には言えない何かを二人がかくしていることを表しています。後ろめたいことがあるので、二人ともうつむいているのです。
5 話し合いをした結果、みんなの意見は「仲よくするのは無理だ」というけつろんになりました。しかし、二人は「休み時間をいっしょにすごすようになった」のです。

94・95ページ　練習のワーク❷

1 (1) 例二人が協力してかべ新聞を作っていないこと。
(2) 右と左の半分・好きなものを好き勝手に
2 イ
3 ア・オ
4 例二人が正直に先生にあやまりに行くこと。
5 緑のシートの上を走る青い線。
6 例青の油性ペンで、けいじ板をよごしてしまった。

てびき
1 直後に「二人が協力して作っていないことが分かった」とあります。ぱっと見たときは気づかなかったけれど、よく見ると、「紙を右と左の半分に分けて、それぞれが、好きなものを好き勝手に書いた内容だ。」ということに気づいたのです。それぞれ自分のスペースに勝手に書いているのですから、協力して作っているとはいえません。
2 かべ新聞をはがす前に、「ぼく」に何が見えたのかに注目します。「けいじ板のシートに青いよごれが付いているのが見えた」とあります。よごれが何なのか気になったので、かべ新聞をはがしてたしかめようとしたのです。
3 二人は「うなだれて、それでもどこかほっとした顔」をしています。「うなだれる」は、うまくいかなくてがっかりしたときの様子を表します。ひみつがばれてがっかりしているのです。そのいっぽうで、もうばれてしまったのだから、これ以上がんばってかくさなくてもいいと分かって安心して、「ほっとした顔」になっています。ひみつにしておくのがつらかった二人の気持ちが分かります。

4 今から職員室にあやまりに行くと聞いて、「そうか、よかった。」と感じています。

5 かべ新聞がやぶれたときに、「緑のシートの上を走る青い線があらわれた」とあります。けいじ板にかかれた青い線を、かべ新聞でかくしていたのです。

6 「東君と西君は、青の油性ペンで、けいじ板をよごしてしまったんだね」という中井先生の言葉に、二人はうなずいています。

96・97ページ まとめのテスト

1 (1) 例 青にするか赤にするか〈または 何色にするか〉

(2) 相手はさんせいしない〈または 相手の意見に反対する〉

(3) ア

2 (1) 例 相手が勝手に先生にひみつを打ち明けないように見はるため。

(2) 楽しく

3 ウ

てびき

1 5行目の「ここからは、ぼくのすいりだ。」の後の内容に注目しましょう。

(1) 「新聞をふち取ろう」としたときに、青か赤かで二人がもみ合ったため、まちがって青の油性ペンがけいじ板のシートに付いてしまったとすいりしています。

(2) どちらかが「正直にあやまろう。」と言っても、相手の意見に反対するくせがついているので、二人の意見がいっちしなかったのだろうとすいりしています。

(3) 「相手が、先生に言ってしまうのではないか」と心配しています。しかも、悪いのは全部自分の方だと言われてしまってはこまるので、よけいに心配しているのです。

2 (1) 新しい心配のせいで、二人は「おたがいから目をはなせなくな」っています。相手を見はっていないと、いつ先生に言いつけられてしまうかと、心配なのです。

(2) 最初は相手を見はるためにいっしょにいたのですが、いっしょにいると「相手がどんなやつか分かって」きて、「二人でいるのが楽しくなってきた」とあります。

3 「それ」は、すぐ前の、相手を知るうちに「そんなにいやなやつじゃない」と分かってきたという内容を指しています。いっしょにいて、いやなやつじゃないと分かれば、「無理に仲よくなろうとしたんじゃない」のに、仲よくなれるのだということを表しています。

もしものときにそなえよう 季節の言葉4 冬の楽しみ

98・99ページ きほんのワーク

❶ ❶がい ❷う ❸がん

❷ ❶害

❸ 1 ウ

2 ①

3 イ・エ

❹ 初め…イ

中…ア

終わり…ウ

❺ 1 ❶ウ・十二 ❷ア・十二

❻ 1 イ

2 ウ

てびき

❸ 1・2 竹内さんの文章の組み立てをとらえましょう。①の段落で「じしんへのそなえで大切なことは、自分や家族にとって必要な物を用意することだ」と自分の考えを書いています。②と③の段落では、自分の妹や犬にとって用意しておくとよい物の具体例を書いています。よって、②の段落の初めには、「例えば」が入ります。

3 竹内さんの文章では、③の段落で「ふだんからほえないようにしつけ、キャリーバッグや食事を用意しておく」と市の資料をそのまま引用しているので、イは正答です。また、赤ちゃんと犬という二つの例を挙げているので、エも正答です。ア「友達の感想」は書かれていないのでまちがいです。ウは、かじょう書きにはしていないのでまちがいです。

5 ❶「正月事始め」は、十二月十三日に行われます。お正月のじゅんびを始める日のことです。❷「冬至」は、十二月二十二日ごろです。

6 節分で、いつもは使っていない部屋も明るくして豆を撒く様子をえがいた俳句です。家中に豆を撒いて家族の幸せをねがう気持ちが表れています。

自分だけの詩集を作ろう 言葉から連想を広げて ほか

100・101ページ きほんのワーク

1 ❶きょうつうてん ❷れんそう ❸ぼくとう ❹りゅうせい ❺ちくりん ❻じんりき ❼でんごん ❽がんぼう ❾しょうしつ ❿しゅうへん ⓫こうてい ⓬しょうはい ⓭ろうぼく ⓮かいてい ⓯かいひょう ⓰ちゃくりく ⓱けっかん ⓲がんせき ⓳いふく ⓴うせつ

2 ❶高低 ❷海底

3 ❶短 ❷信号・待 ❸手帳 ❹屋根

4 イ

5 ❶前に進む ❷深い海

6 ❶ウ ❷イ ❸エ ❹ウ ❺エ ❻ア ❼イ ❽ア

てびき

4 書き出した言葉を組み合わせたり、言葉の順序を変えたりすることで、連想を広げた表現になります。

6 ❶は「親しい友」、❷は「明るい」と「暗い」、❸は「火を着ける」、❹は「外の国」、❺は「国に帰る」、❻はどちらも「まわる」という意味、❼は「出席」と「欠席」、❽はどちらも「はじめる」という意味です。

風船でうちゅうへ

102・103ページ きほんのワーク

1 ❶かんせい ❷じっけん ❸べつ ❹ざんねん ❺きぼう ❻どりょく

2 ❶完成 ❷実験 ❸別 ❹残念 ❺希望 ❻努力

3 ❶イ ❷ア ❸ウ ❹ア ❺ア ❻ア ❼ウ

内容をつかもう!

1 カメラ・うちゅう
2 一
3 例ぼけていた
4 十六

104・105ページ 練習のワーク

1 (1) はっぽうスチロール・二十五個の風船
(2) うちゅうをさつえいするため。

2 ひも・百メートル

3 (1) ぐわんぐわんとゆれたえいぞう・ポコポコという音
(2) ゆれ
(3) 少し大きな風船を一個だけ付けた。

4 (1) ウ
(2) (順序なし)
・ひもの結び方がゆるかったこと。
・風の弱い日まで実験を待てなかったこと。

てびき

1 (1) 一号機については、「カメラをはっぽうスチロールでおおったそうちに、二十五個の風船を付けたもの」と説明されています。
(2) 筆者は、このそうちでうちゅうをさつえいしようとしていたのです。

2 実験については、「百メートルほどの高さまで飛ばしてみる」と説明されています。ただし、「どこかへ行ってしまわないように、ひもを付けて、地上とつなぐ」とあります。

3 (1) 「回収したカメラ」に注目しましょう。「ぐわんぐわんとゆれたえいぞう」「ポコポコという音も聞こえました」とあります。
(2) 「わたしは、……考えました。」という形で筆者の考えがのべられています。筆者は、「ポコポコ」という音から、風船どうしがぶつかっているとそうぞうし、そのゆれがカメラに伝わってしまったために、えいぞうがゆれたと考えたのです。

(3) 失敗のげんいんは、風船をたくさん使ったせいだと考えた筆者は、風船の数を一個にしたのです。そうすれば風船どうしがぶつかることはないので、えいぞうもぶれないと考えたのです。

4

(1) 「二号機はあっというまに風に流されて、空のかなたへ消えました」とあります。さらに「カメラを回収できなかった」とも書かれているので、二号機がどこかに飛んでいってしまったことが分かります。

(2) 「げんいんは……ことと、……ことでした。」という形で、二つ説明しています。「ひもの結び方がゆるかったこと。」「風の弱い日まで実験を待てなかったこと。」の二つが書けていれば、順番はどちらが先でもかまいません。

つながりに気をつけよう

106・107ページ きほんのワーク

1 ①やくそく ②やちょう ③す ④う ⑤てんこう ⑥かんさつ ⑦とく ⑧みずか ⑨はちじゅういっちょう ⑩さんぜんおく ⑪ぼうえんきょう

2 ①約束 ②観察 ③望遠鏡

3 ①なることだ ②見ることです

4 ①姉はわらいながら、テレビを見ている妹をよんだ。

②姉は、わらいながらテレビを見ている妹をよんだ。

5 1 例ぼくは、くつをぬいで、手をあらい、いすにすわった。

2 それから・すると

てびき

3 ①「夢(ゆめ)は」が主語です。「夢は……なりたい」では主語と述語(じゅつ)がたいおうしていません。「なりたい」を「なることだ」と直すとうまくつながります。また、主語を「ぼくは」に直した場合は、述語は「なりたい」のままでうまくつながります。

・主語「ぼくの夢は」→述語「なることだ」。

・主語「ぼくは」→述語「なりたい」。

②主語は「目的は」なので、「見ることです」とすると、うまくつながります。

4 読点の位置によって「わらいながら」が姉の動作なのか妹の動作なのかが変わります。文の意味自体が変わるので、注意しましょう。

（わらっているのは姉）

・姉はわらいながら、テレビを見ている妹をよんだ。

（わらっているのは妹）

・姉は、わらいながらテレビを見ている妹をよんだ。

5 1 主語が同じ文が続く場合は、一文にまとめたほうが分かりやすくなります。

2 文は、短すぎても長すぎても読みにくくなります。長い場合は、一文を分けて書くようにしましょう。そのときに、「それから」や「すると」などでつなぐと、文のつながりが分かり、読みやすくなります。

風船でうちゅうへ

108・109ページ まとめのテスト

1 例気象台で調べている、さまざまな高さの気温や風速、風向のデータ。

2 (1) えいぞうがあまりぶれていないこと (2) ウ

3 速度・数

4 イ

5 (1) ア (2) 例きれいな写真を連続してとれるカメラにかえたり、レンズがくもらない工夫をしたりした。

てびき

1 こそあど言葉が指す内容(よう)は、それより前に書かれています。ここでは、「気象台(しょう)で、さまざまな高さの気温や風速、風向を調べている」とあるのに注目しましょう。

2 (1) 直後で「風船を三つにしたにもかかわらず、えいぞうがあまりぶれていないのです」と説明しています。筆者は、一号機の実験での失敗で、風船が多いと、たがいにぶつかり合ってカメラがゆれてしまうと思っていたのですが、今回は風船を三個にしたのにあまりぶれていなかったので、「意外」と言っているのです。

(2) 筆者は、意外な発見から、えいぞうがぶれるげんいんをもう一度考え直した結果、「ひもがなければ、風船は一つでなくてもよい」ということが分かったのです。

3 「これが課題の一つになりました」とあるので「これ」の指す内容をさがしましょう。「これ」の前の部分に注目すると、「風船の数」と「風船が上がる速度」についてのべられています。風船の速度がおそいと、いろいろと問題が起こるので、速度を上げる必要があるのですが、風船の速度は、風船の数と関係していたのです。

4 筆者は、「ゆれではなく、上がる速度の問題」を解決するために、つまり、風船の速度を速くさせるために、風船を一個にすると決めています。

5 (1) 「試行錯誤」は、「何度もためしたり、失敗したりをくり返しながら、問題を解決していく」という意味です。「悪戦苦闘」は、苦しいじょうきょうで必死に戦うという意味です。どちらもつらいじょうきょうで、なんとか成功させようとがんばっているところが同じです。

(2) 「……と、さまざまな試行錯誤を重ね」という形になっているので、「……と」の部分に、じっさいにどのようなことをしたのかが書かれています。

心が動いたことを言葉に　調べて話そう、生活調査隊

110・111ページ　きほんのワーク

❶ (右から順に) 2→4→3→1
❷ イ・エ
❸ 伝えたい・組み合わせ・順序
❹ ア○　イ×　ウ○
❺ 初め…(順序なし) イ・エ
中…ウ
終わり…ア
❻ 分けて・強く、ゆっくり・指しめす
❼ ❶ウ・㋒　❷エ・㋓　❸イ・㋐　❹ア・㋑

てびき

❶ まず、何を書きたいのかを決めてから、詩の組み立てを考えて、詩を書きます。できあがったものを友達と読み合うことで学びが深まります。

❷ どんな詩にしたいのか、行数や連の数などから組み立てを考えます。

❸ 詩を書くときには、自分の伝えたいことに合った言葉を使うことが大切です。また、言葉の組み合わせや順序を工夫することで、詩の世界が広がります。

❹ 詩の感想を伝えるときは、書いた人が何を伝えたかったのかに注意して詩を読み、表現にどんな工夫があったのかなど、詩のよいところを伝えましょう。

❼ ぼうグラフは、数量が高さや長さとして表されるのでくらべやすいです。折れ線グラフは数量の変化を線で見ることができます。また、グラフはせいかくな数字は分かりにくいですが、表は具体的な数字が読み取りやすいです。

スワンレイクのほとりで　漢字の広場⑥　三年生で習った漢字

112・113ページ　きほんのワーク

❶ ❶はくちょう　❷さんぽ　❸みん　❹さ　❺ゆうき　❻わら
❷ ❶白鳥　❷散歩　❸民　❹覚
❸ ❶必死　❷君
❹ ❶ア　❷ウ　❸イ　❹ア　❺ア　❻ウ　❼イ

内容をつかもう!

1 四年生の一年間をふり返って、いちばん心に残っていること。
2 だれ…お父さん　どこ…アメリカ
3 グレン
4 スワンレイク

114・115ページ　練習のワーク①

1 例アメリカには、いろんな人が住んでいるということ。
2 イ
3 移民・アメリカ人
4 (1) 森

5 (2) （順序なし）
・虫や小鳥の観察をすること。
・湖のほとりで絵をかくこと。

だれが…歌　だれと…グレン

てびき

1　すぐ後に、「いちばんおどろいたのは、アメリカには、いろんな人が住んでいるということ。」とあります。

2　日本とアメリカをくらべている部分に注目しましょう。アメリカでは、「わたしたちを外国人だと思っている人は、いないのかもしれない」とあります。例えば、日本では道をたずねるときに、わざわざ外国人に聞いたりしないと思いますが、アメリカでは、歌たちが散歩をしていると、「道をたずねてくる人もいた」のです。はだの色やかみの色などの見た目で「外国人」とはんだんしていないことが分かります。

3　直前の真琴さんの言葉に注目しましょう。「アメリカは、移民がつくりあげた国」なので、「いろんな人種の人たちみんなが同じ、アメリカ人」なのだと教えてくれています。

4　アメリカでのわたしの生活は、「わたしは、毎日のように森へ遊びに行って、虫や小鳥の観察をしたり、湖のほとりで絵をかいたりしていた。」の部分に書かれています。

5　「友達になれたらいいな。」は、歌の心の中の言葉なので、「だれが」は「歌」です。歌が友達になりたいのは、真琴さんが話してくれた「グレン」という男の子です。

116・117ページ　練習のワーク❷

1　ウ

2　(1) 例歌の顔を見つめたまま、だまっていた。
(2) 例通じなかった

3　例何を話したらいいのか、さっぱり分からなかったから。

4　だれとだれが…（順序なし）歌・グレン
どこに…野菜畑

5　ア

てびき

1　「勇気を出して、わたしから声をかけてみた。」とあるので、積極的にグレンと仲よくなろうとしていることが分かります。また、そのために前のばんに、お父さんからあいさつの言葉を教えてもらって練習していたのです。こうした行動から、歌がグレンと仲よくなりたいと思っていることが分かります。

2　(1)　歌の言葉を聞いたときの、グレンの様子に注目しましょう。「わたしの顔を見つめたまま、だまっている」とあります。「わたし」とは歌のことです。
(2)　グレンの様子を見た歌は、「あれっ、わたしの英語、通じなかったのかな。」と思っています。

3　直前に「何を話したらいいのか、さっぱり分からなくて」とあります。あいさつは練習したのでうまくできましたが、そのあとの会話が続かなかったのです。

4　「うん、行ってくる。」は、歌が真琴さんに言った言葉です。真琴さんの言葉に注目しましょう。グレンが歌といっしょに野菜畑へ行きたいと言っていると教えてくれています。それを聞いた歌は、グレンといっしょに野菜畑に行こうとしているのです。

5　最初に歌があいさつしたときは、グレンがちょっとだまっていました。グレンがあいさつを返してくれたあとは、歌が何を話していいのか分からなくてだまってしまいました。そんなとき、グレンが歌を野菜畑にさそいました。おたがいに言葉が分からない歌とグレンが、とまどいながらも少しずつ相手に話しかけて、何とかコミュニケーションを取ろうとしている様子が分かります。正答はアです。イは「話がどんどんはずんでいって」、ウは「打ちとけられない」がまちがいです。

118・119ページ　まとめのテスト

1　イ

2　(1) ウ
(2) 例むねがくすぐったくなり、急に自分の名前が好きになった。

3　ウ

4　(1) 例グレンに出会った
(2) もっと英語の勉強をして、いろんなことをグレンと話してみたいという思い。
(3) イ

てびき

1 「むねをはる」は、どうどうとした様子を表す言葉です。歌が自信をもって自分の名前について説明していることが分かります。

2 (1) グレンは「まぶしそうに、目を細めて」とあります。自分の名前をどうどうと説明する歌がとてもまぶしく見えていたことが分かります。「なんて……なんだろう」というおどろきの表現からも、グレンが歌の名前のすばらしさに心から感動していたことが分かります。

(2) グレンに名前をほめられた歌の気持ちは、「むねがくすぐったくなった。急に自分の名前が好きになった。」とあります。「むねがくすぐったい」は、うれしいけれどはずかしいような、照れくさい気持ちを表します。

3 場面の情景には、登場人物の気持ちが遠回しに表されていることが多いです。□の情景では「すずしい夏の風」が気持ちよさそうにふいていて、湖の表面の「細かい波」が「わたしたちといっしょに、笑っているかのよう」と表現されています。歌とグレンの二人の時間が、ここちよく楽しいものだということが伝わってきます。

4 (1) 湖のほとりでグレンとすごした日のことは、「きらきら、かがやいている」「まぶしそうに、目を細めて」など、光にあふれた様子がえがかれていて、「あのまぶしい夏の午後」という表現と重なり合っています。

(2) 歌は「もっともっと英語の勉強をして、いろんなことをグレンと話してみたい」と感じています。

(3) 歌は、グレンについて「今は、遠くはなれた場所でくらしているけれど、わたしたちは、友達。」と思っているので、イが正答です。二人は共通の思い出で通じ合っているので、アの「今は分かり合えない」はまちがいです。また、友達ではありますが「心のささえとなる人」とは言っていないので、ウもまちがいです。

手ぶくろを買いに

120ページ まとめのテスト

1 手ぶくろ

2 例きつねの手が手ぶくろをくれと言った

3 イ

4 白どうか（を）二つ。

5 例子ぎつねがぼうし屋さんにわたしたお金が、ほんとのお金だと思ったから。

てびき

2 ぼうし屋さんが「おやおや」と思った後に、「きつねの手です。きつねの手が、手ぶくろをくれと言うのです。」とあります。「きつねの手だった」などでも正答です。

3 手ぶくろを買いに来たのがきつねだと分かったぼうし屋さんは、「これはきっと、木の葉で買いに来たんだな」と思っています。木の葉のお金では、ぼうし屋さんがそんをしてしまいます。だから、手ぶくろをわたす前にお金をもらって、本物かどうかをかくにんしようとしたのです。イが正答です。ぼうし屋さんは、お金が本物だと分かるとすぐに子ぎつねに手ぶくろをわたしているので、からかおうと思ったわけではありません。よってアはちがいます。ぼうし屋さんのお店の決まりは、どこにも書かれていないので、ウもちがいます。

5 ぼうし屋さんが、子ぎつねに手ぶくろをわたす前に何をしていたのかに注目します。二つの白どうかをかち合わせて音をたしかめています。すると、「チンチン」と、金ぞくの音が聞こえたので、このどうかが木の葉ではなく、本物のお金だと分かりました。だから手ぶくろをわたしたのです。

実力判定テスト　答えとてびき

夏休みのテスト①

1 白い水玉もよう・ヒトデ
2 ウ
3 楽くんの顔
4 ウ
5 後ろになびいて
6 例楽くんへのラブレター。

てびき

1 ともかちゃんが選んだレターセットは、便せんの「下のすみにヤドカリとヒトデの絵がかいてある」ものです。「ヤドカリの貝は白い水玉もよう」でした。

2 ともかちゃんは、ヤドカリのレターセットを、「かわいいよね」と言って、むねにかかえています。「すごくうれしそうなえがお」をしているのは、気に入ったレターセットが見つかって満足しているからです。

3 ともかちゃんにきかれて、愛美には「楽くんの顔」がうかびました。それは、「朝の光の中で、笑ってた顔」です。

4 愛美はともかちゃんに「わたしと仲良しレターしてみる？」ときかれました。頭を横にふるのはことわる気持ちを表すしぐさなので、愛美はともかちゃんと仲良しレターをしたくないのです。それは、「楽くんにだけ（手紙を）書いてみたい」からです。

5 絵の馬の「たてがみが後ろになびいて」いたので、愛美は「この馬、全力で走ってるんだ」と分かりました。

6 最後の文に、「この便せんで、楽くんにラブレターを書きたい。」とあります。愛美が楽くんに書きたい手紙はラブレターなので、「楽くんへの手紙」では十分な答えではありません。「楽くんにあてたラブレター。」などと答えても正答です。

夏休みのテスト②

1 ❶たてもの ❷めじるし ❸ときょうそう ❹そくたつ ❺せんしゅ・つた ❻ひょうほん・ぶんるい ❼しゅくじつ・しず

2 ❶健康 ❷方法 ❸必要 ❹以外 ❺城・案内図 ❻包帯・兵隊 ❼梅・季節

3 ❶九 ❷十 ❸にんべん ❹うかんむり

4 ふ〈またはフ〉・音訓

5 ❶それとも ❷でも ❸また

6 ❶栃 ❷福 ❸岡 ❹和 ❺歌

てびき

1 ❶「建」の訓は「た（てる）」「た（つ）」ですが、「建物」は「たもの」ではなく「たてもの」と読みます。❷「めしるし」ではないので注意しましょう。

2 ❶「健」は「建」と形がにているので注意しましょう。❷「法方」と書きまちがえないようにしましょう。❸「要」の上の部分は、「西」ではありません。❼「季」は「委」と形がにているので注意しましょう。

3 ❶の「及」、❷の「己」ともに三画です。❸は「亻」、❹は「宀」が部首です。

4 調べたい漢字の読み方が分かっている場合に使うのは、音訓さくいんです。

5 ❶右と左のどちらかを選ばせています。❷前の文から予想されない文が、次に来ています。❸前と後ろの文が、同じようにならんでいます。

6 ❶「栃」は右の部分の形に注意して書きましょう。❷「福」の左の部分は「礻（しめすへん）」です。「衤（ころもへん）」を書かないようにしましょう。

実力判定テスト 答えとてびき

冬休みのテスト①

1 イ

2 ウ

3 ❶ヒゲクジラ ❷ハクジラ

4 四メートル前後より小さな

5 ア・ウ

6 五分から十分くらい。

てびき

1 最初の文に注目します。クジラの生物の分類について、「魚類ではなく、ほ乳類です」とあります。海にすみ、外見は魚ににていますが、魚類ではないのです。

2 一段落目に「ほ乳類」について「肺で呼吸をし、赤ちゃんを乳で育て、体温がいつも一定の生き物」と説明されています。クジラも人間もこの条件を満たしているので、どちらも同じほ乳類なのです。

3 三段落目に、クジラは『ヒゲクジラ』と『ハクジラ』に分かれます」とあり、『ヒゲクジラ』は……大型のクジラ」『ハクジラ』は、小さめのクジラ」と説明されています。「シロナガスクジラ」は「ヒゲクジラ」の例の一つで、分類ではありません。

4 クジラとイルカのちがいは大きさです。「体長が四メートル前後以上のものをクジラ、それより小さなものをイルカとよんでいます」とあります。

5 「これが、クジラの潮吹きの正体です。」とあるので、「これ」が指す前の二文が潮吹きの正体です。「息をはくとき、鼻孔にたまっている海水がふき上がること」(=ア)、「湿気の多いあたたかい息がいきおいよくふき出したとき、周囲の空気に冷やされて水滴になること」(=ウ)とあります。

6 最後の段落に「ふつうは五分から十分くらい」とあります。

冬休みのテスト②

1 ❶きせい ❷しゅっけつ ❸なふだ ❹がいとう ❺はくぶつかん・まわ ❻こうげいひん・つづ ❼まご・す

2 ❶放課後 ❷結果 ❸差 ❹塩気 ❺積極的・協力 ❻位置・変化 ❼便・借

3 ❶ウ ❷ア ❸ウ

4 ❶手 ❷足 ❸耳 ❹口 ❺目 ❻顔

5 ❶まる ❷げる ❸びる

6 ❶ア ❷イ ❸イ

てびき

1 ❶「きせい」とは、ふるさとに帰ることです。

2 ❸「差す」を「指す」と書かないようにしましょう。❹は「気」を「け」と読むことにも注意しておきましょう。❺「積極的」とは、物事を自分から進んで行おうとする様子を表す言葉です。

3 ❶「水をかける」は「上から注ぐ」という意味、❷「まどを全部あける」は「とじたものを開く」という意味、❸「ひもをひく」は「一部分を持って、自分のほうに近づける」という意味で使われています。

4 それぞれ、次のような意味で用いられます。

❶手を焼く…うまくとりあつかえないで、とてもこまる。

❷足を運ぶ…出かけていく。

❸耳をすます…注意深く聞く。

❹口をはさむ…他の人の話にわりこんで話す。

❺目がない…ひじょうに好きである。

❻顔が広い…つきあいが広く、多くの人に知られている。

6 ❷病気をなおす場合は「治す」を使います。「直す」は、「正しくする」「こわれていたものを元にもどす」という意味です。❸家にもどるようにさせるという意味なので、「帰す」を使います。

実力判定テスト　答えとてびき

学年末のテスト①

1 公園のそば・水がおちる

2 例水道から水がたれる音。

3 よしみちゃん…耳をすます
ミカ…しんけい

4 もっと高くてすんだ・小さなガラスのかけら

5 例その音をきいていると、からだがぽかぽかあたたかくなってきたから。

6 ウ

てびき

1 よしみちゃんは、春の足音について、「公園のそばを歩いていたら、きこえたの。」「ピーンピーンピーンて、水がおちるような音。」と言っています。

2 ミカは、**1**のよしみちゃんの言葉の後で、「水道から水がたれてたのよ」と言っています。

3 二人が公園で、春の足音を聞いているときの様子を読み取ります。よしみちゃんについては、「足をとめて、空をあおぎ、耳をすますしぐさをしました」とあります。ミカについては、「耳にしんけいをあつめます」とあります。

4 「かすかな音」の二つの特ちょうを読み取ります。「水道からおちる水てきより、もっと高くてすんだ音」、「まるで、空から小さなガラスのかけらがおちてくるようなかんじ」とあります。

5 すぐ前に、「その音をきいていると、からだがぽかぽかあたたかくなってきました。」と、理由が書かれています。

6 すぐ前のミカの言葉に注目します。「うん、きっとそうだよ。そうか、春って、こんな足音がするんだ。」とあり、ミカは、春の足音を聞くことができたと感じて、うれしかったのです。

学年末のテスト②

1 ①ゆうき　②ねんがん　③のこ　④さ　⑤ぼくじょう・う　⑥す・かんさつ　⑦かいひょう・かんり

2 ①共通点　②約束　③希望　④連想　⑤特・努力　⑥周辺・着陸　⑦天候・散歩

3 ①エ　②ウ　③イ　④ア

4 ①満足　②乗車　③苦楽　④欠点

5 ①例勉強するところです　②例とることです

6 ①母は手をふりながら、近づいてくる少年にほほえみかけた。
②母は、手をふりながら近づいてくる少年にほほえみかけた。

てびき

1 ②「念願」とは、長い間心にかけて思い願っていることです。

2 ⑥「周」は、「週」とまちがえないようにしましょう。

3 ア「下山」は「山を下りる」となり、「――を」に当たる意味の漢字が下に来ています。イ「黒板」は「黒い板」となり、「黒い」が「板」を修飾しています。

4 ①は「絵」と「画」なので、にた意味をもつ漢字の組み合わせです。②は「学（校）に通う」となり、「――に」に当たる意味の漢字が下に来る組み合わせです。③は「終わり」と「始め」で反対の意味をもつ漢字の組み合わせです。④は「多い数」なので、上の漢字が、下の漢字を修飾する関係にある組み合わせとなっています。

5 ①主語は「学校は」という場所をしめす言葉なので、述語が「勉強します」では合いません。「勉強する場所です」などでも正答です。
②主語は「目標は」なので、述語の「とります」を「とることです」に書き直します。

6 手をふるのが「母」の場合は、「母は手をふりながら」で切れます。「少年」の場合は、「母は」でいったん切った後に、「手をふりながら近づいてくる少年」と続けます。

実力判定テスト　答えとてびき

漢字リレー①

1 梅
2 以
3 察
4 栃
5 完治
6 散る
7 梨
8 欠席
9 英
10 氏
11 愛媛
12 菜種
13 司
14 鹿
15 阪
16 特別
17 児
18 億
19 飯
20 塩

21 参観
22 貨
23 飛ぶ
24 課
25 松
26 必ず
27 順位
28 芽
29 成功
30 覚える
31 票
32 副
33 兵隊
34 借りる
35 標
36 各
37 改札
38 周り
39 街
40 潟

41 府
42 試験
43 滋賀
44 祝う
45 富
46 最低
47 管
48 臣
49 笑う
50 辺り
51 器官
52 末
53 関
54 付録
55 変わる
56 信
57 清い
58 協
59 議
60 旗

61 衣類
62 照る
63 辞典
64 焼く
65 勇ましい
66 伝達
67 季節
68 令
69 熊
70 求める
71 浴びる
72 茨城
73 説く
74 井
75 例
76 陸
77 泣く
78 省く
79 鏡
80 共

漢字リレー②

81 初孫
82 折る
83 冷たい
84 岐阜
85 戦い
86 軍
87 輪
88 包帯
89 浅い
90 老いる
91 訓
92 然
93 巣
94 群れる
95 倉
96 佐
97 失敗
98 結果
99 郡
100 博

101 漁夫〈または漁父〉
102 約束
103 径
104 側
105 景
106 卒
107 積極
108 建てる
109 単
110 沖縄
111 固い
112 置く
113 埼
114 材
115 徒
116 念願
117 差
118 兆
119 仲
120 候

121 静岡
122 的
123 崎
124 民芸
125 唱える
126 昨
127 灯
128 奈良
129 刷る
130 印
131 徳
132 労働
133 未満
134 栄える
135 養う
136 牧
137 底
138 加える
139 給
140 料

141 努める
142 希望
143 健康
144 法案
145 不要
146 量産
147 選ぶ
148 挙
149 香り
150 残る
151 好き
152 競争
153 機械
154 無い
155 熱
156 便利
157 害
158 連続

3 2 1 0 9 8 7 6 5 4
* * D C B A